U0907413

中国职业发展指南丛书

CHINA CAREER DEVELOPMENT GUIDELINES

中国职业发展指南

·新职业卷Ⅱ·

中国职业发展指南丛书编委会　组织编写

中国人事出版社

图书在版编目（CIP）数据

中国职业发展指南 . 新职业卷 . Ⅱ / 中国职业发展指南丛书编委会组织编写 . -- 北京 : 中国人事出版社，2024. -- ISBN 978-7-5129-2083-5

Ⅰ . D669.2-62

中国国家版本馆 CIP 数据核字第 2024PN2105 号

中国人事出版社出版发行

（北京市惠新东街 1 号　邮政编码：100029）

*

北京利丰雅高长城印刷有限公司印刷装订　　新华书店经销

787 毫米 × 1092 毫米　16 开本　24 印张　357 千字

2024 年 11 月第 1 版　　2024 年 11 月第 1 次印刷

定价：108.00 元

营销中心电话：400-606-6496

出版社网址：https://www.class.com.cn

中国职业发展指南丛书专家委员会

《中国职业发展指南·新职业卷Ⅱ》编委会

前 言

近年来，我国职业发展教育和就业创业指导方兴未艾、成效显著。目前全国各省区市普遍设立了学生职业体验中心，对学生进行职业引导、职业认知、职业规划和职业发展教育。从就业服务情况看，在全国公共就业服务机构和人力资源服务机构中，职业指导师、创业指导师专业化程度越来越高，在促进劳动者高质量就业方面的作用越发凸显。我国职业发展教育和就业创业指导工作起步较晚，特别是有关国家职业分类体系和职业类型的图书品种不多，社会迫切需要一套解读权威、系统地介绍我国职业结构和职业类型的参考书籍。

中国职业发展指南丛书（以下简称《指南》）是对《中华人民共和国职业分类大典（2022 年版）》（以下简称《大典》）的再创作、科普化，总体遵循《大典》分类原则及其基本的职业信息描述，通过信息补充采集、整理、挖掘，进一步丰富有关劳动者职业角色特征和劳动力市场特征的职业信息；重点选取社会关切度较高的新职业、数字职业、绿色职业以及社会急需紧缺的职业，创新《大典》有关大类、中类、小类归类办法，以职业族或职业簇为依据对所解读的职业重新归类，以专业视角、平实语言、生动多元化形式创作就业人员和学生读得懂、用得上、有感知的《大典》科普版。

《指南》聚焦高质量发展和国家重大战略需求，系统解读我国职业结构变迁过程中涌现的新职业，数字职业，绿色职业以及因技术进步、职业活动内容已发生重大调整的社会急需紧缺职业。《指南》近期出版 6 卷，分别为《中国职业发展指南・新职业卷Ⅰ》（此卷已于 2022 年 10 月出版）、《中国职业发展指南・新职业卷Ⅱ》、《中国职业发展指南・数字职业卷》、《中国职业发展指南・绿色职业卷》、《中国职业发展指南・建筑建材职业卷》、《中国职业发展指南・人力资源和商务职业卷》。各卷选取若干代表性职业，各职业均从十个方面进行研究描述，即职业情景（职业的一天）、职业定义概况、主要工作职责、薪酬福利待遇、知识技能要求、专业教育现状、就业创业信息、职业贯通发展、职业发展前景及职业发展政策支持等，使劳动者和学生能够快速、系统地了解该职业基本概况。

《指南》收录的职业涉及制造业，建筑业，信息传输、计算机服务和软件业，交通运输、仓储及邮政业，农业，金融业，租赁和商务服务业，卫生健康、社会保障和社会福利业等领域。其功能主要表现在指导院校学生进行职业规划和就业分析，使其对所学专业及意向发展的就业领域拥有基础认知，利于更合理地规划个人职业发展方向；为现有从业人员在转岗、换岗及晋升的过程中提供新职业知识技能支持，便于其了解相邻、相近职业情况，有助于顺利实现工作角色转换；为退役军人群体、待业人员、失业人员等提供职业知识技能的学习参考，使其了解职业和行业领域的发展前景，有益于确定目标职业及发展方向；为院校、企业里从事就业、创业指导规划的人员提供有关职业的政策指引和信息参考；也可作为人力资源管理和服务专业人员的业务指导工具书。

《指南》专家委员会及编委会由中国人事科学研究院、中国劳动和社会保障科学研究院、中联研究院、《大典》修订专家委员会等机构的有关专家共同组成，编者来自行业协会、高等职业院校、科研院所等各企事业单位。特别感谢中联企业管理集团有限公司、北京智训通教育科技有限公司、咸宁职业技术学院、深圳市学到在线教育科技有限公司在本卷编写过程中给予的大力支持。作为该领域开创性的研究探索，编写过程及结果难免存在认识不全面、理解不深刻、表述不规范等问题，恳请广大读者不吝批评指正，使《指南》在体系、内容、时效及实用性方面不断提高与完善。

编委会

2024 年 5 月

目 录

体育学研究人员

职业编码：2-01-04-03

人们对于体育的认知大多还停留在竞技层面，甚至把体育框定在纯粹的身体活动这样一个狭窄的范围，实际上学术界对于体育的概念与定位远不仅限于此。在体育领域有这样一群人，他们跑不快、跳不远，甚至球都不会打，从外表看似乎不是人们眼中的体育人，但是在当今迅猛发展的社会中，这群人已经成为推动体育事业发展不可或缺的重要力量，他们就是体育学研究人员。体育学研究人员通过对体育领域的深入研究和探索，在促进身体健康、提升运动表现等方面提供科学指导和支持。他们的工作对于促进体育学发展、推动科学运动的应用有着重要的意义。

一、体育学研究人员的一天

记录时间：2023 年 6 月 15 日　　记录人：王某杰

上午工作情况

8 点 30 分：

体育学研究人员到达办公室，与团队成员在实验室开会，讨论前一天测试结果和进展。研究人员、助理和实验技术人员分享自己的观点和意见，共同探讨可能的实验假设、设计和实施要求以及下一步的研究方向。（小组讨论）

9 点 30 分：

根据小组讨论结果制定详尽的研究方案。（制定研究方案）

10 点：

利用心电和肌电测量设备对测试者心电和肌电进行测试，借助现代设备记录关键指标，如心率、肌肉活动和运动表现等。（实验测试）

10 点 30 分：

对测试的数据进行分析讨论，并设计新的实验方案，以验证之前的研究结果，同时与团队成员探讨，以进一步优化实验方案。（制定校验测试方案）

下午工作情况

14 点：

对校验测试方案收集到的测试对象数据进行统计分析和处理，寻找与第一次实验的潜在关联性和差异之处。（校验分析数据）

15 点 30 分：

研究人员参加有其他专业人士参与的相关主题研讨会，分享研究成果并获取反馈。（学术交流探讨）

17 点 30 分：

查找相关文献和最新相关研究资讯，并结合研讨和实验过程，撰写实验总结。（实验总结）

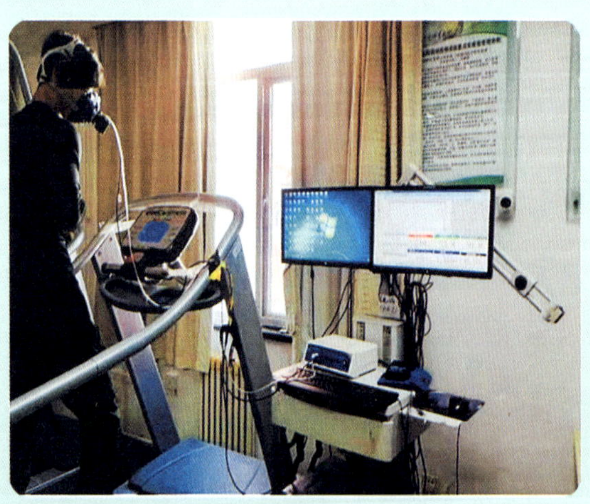

利用测量设备对测试者进行测试

二、什么是体育学研究人员

职业定义。体育学研究人员是指从事体育学理论和应用研究的专业人员。

定义解读。体育学研究人员通过观察、实验、社会调查、数据分析等方法，探索运动和身体活动对人类生理、心理和社会方面的影响。通过系统性的研究和探索，深入了解体育活动的原理、规律、效应及影响因素，以推动体育学发展和运动健康知识的传播。相关研究成果和发现有助于提高训练效率、提升训练成绩、促进健康和预防运动损伤，同时也为体育政策的制定提供理论支持。

关联职业。密切关联的职业有社会体育指导员、高等教育（体育）教师和其他事业（体育）单位负责人等。虽然他们都要进行一些学术性的研究和探讨，但他们工作的侧重点是不同的。社会体育指导员的工作任务是提高群众的科学健身意识和能力，带领群众广泛地参与全民健身，扩大体育健身的社会服务供给。高等教育（体育）教师负责指导训练，组织和管理体育比赛和训练活动，同时通过对学生或公众的体育教育，促进健康生活方式和体育文化的普及。其他事业（体育）单位负责人承担体育机构、体育组织或大型体育赛事的管理任务，负责规划和组织体育项目、制定政策和策略、管理运动场馆等，推动体育事业的发展和管理。

相应岗位。体育科研单位负责人、教练员、体育用品制作人员、其他教学（体育）人员、其他体育工作人员等。

三、体育学研究人员的主要工作职责

1. 研究设计和实施：制定科学研究方案，选择适当的研究方法和工具，设计实验或调查方案，记录、收集数据并进行处理。

2. 文献综述和理论分析：了解体育学前沿知识和研究进展，对已有的体育学研究和学科理论文献进行综述与分析，并结合自身研究主题进行深入讨论和分析。

3. 数据收集和分析：收集和整理相关数据，通过实验、调查、观察等手段获得数据。运用统计分析方法和软件对数据进行处理和分析，得出有意义的研究结果。

4. 论文和报告撰写：将研究成果撰写为学术论文、研究报告，向学术界或相关机构传播研究发现。

5. 参与项目管理：参与体育学研究项目的策划、组织和管理。

6. 制订训练计划和建议：基于自身的储备知识、研究成果和运动理论知识，为运动员、教练员或健身者制订个性化的训练计划和建议。

7. 教学和科普宣传：在大学或相关机构进行体育学科教学工作，培养学生的科学研究和运动能力。同时，通过科普宣传活动向公众普及体育学知识，促进健康和运动文化的普及和传播。

四、体育学研究人员的薪酬福利待遇

平均薪酬水平。根据国家统计局发布的《中国统计年鉴 2022》，2021 年文化、体育和娱乐业城镇非私营单位就业人员平均工资为 11.73 万元，其中，北京地区为 22.4 万元，而河北省仅为 7.8 万元，河北相关行业的薪资和北京相比差距比较大。

与类似职业对比。体育学研究人员的薪酬福利待遇在不同地区、机构会有所不同，平均薪酬水平也会有很大的差异。类似职业薪酬水平见表 2-01-04-03-1。

表 2-01-04-03-1　类似职业薪酬水平

职业名称	薪酬水平（元 / 月）
体育学研究人员	6000~23000
高等教育（体育）教师	5000~21000
社会体育指导员	4000~26100
运动防护师	6500~10000

五、从事体育学研究人员工作需要哪些本领

该职业从业人员需具备的知识和技能主要包括体育学研究基础知识、体育科研论文撰写能力、教学和科普宣传能力、训练计划制订与实施能力等。

体育学研究人员需具备的知识和技能见表 2-01-04-03-2。

表 2-01-04-03-2 体育学研究人员需具备的知识和技能

职业功能	工作内容	知识和技能要求
科研论文撰写	体育学科基础知识储备	具备扎实的体育学科基础知识，包括运动生理学、运动心理学、运动训练学、运动营养学、运动康复学等方面的理论和实践知识
	科研方法运用	熟悉科学研究方法和常用的研究设计，包括实验设计、调查问卷设计、观察和统计分析等的方法和技巧
	数据分析和统计	掌握数据处理和统计分析的方法，能够熟练运用统计软件进行数据的处理、统计和解读
	文献综述和学术写作	具备阅读和分析学术文献的能力，熟悉文献检索和综述方法。能科学规范地撰写学术论文、研究报告
管理、创新	项目管理	具备项目策划、组织和管理的能力，能够合理安排研究进程，协调团队成员，确保项目的高效完成
	创新思维和解决问题	具备独立思考和创新的能力，能够针对问题提出合理的解决方案，并灵活应用科学理论和研究方法解决实际问题
教学指导	教学、指导	具备良好的教学能力，包括课程设计、教材编写、培养学生科研能力等方面的能力

六、体育学研究人员的专业教育现状

（一）相关专业

目前已有许多院校开设了与该职业相关的专业，涉及普通本科院校、职业院校等。普通本科院校开设的专业有体育教育、运动训练、社会体育指导与管理、运动人体科学、运动康复、体能训练、冰雪运动、运动能力开发、应用心理学（运动心理学方向）等。职业院校开设的专业有社会体育、运动训练、民族传统体育、运动防护、体育保健与康复、健身指导与管理、运动健康指导、运动数据分析、体育运营与管理、冰雪设施运维与管理等。

（二）开设相关专业的院校（排名不分先后）

★ 相关院校：北京体育大学、上海体育大学、首都体育学院、成都体育学院、福建师范大学、华东师范大学、宁波大学、郑州大学、沈阳体育学院、武汉体育学院、北京大学、清华大学、复旦大学等。

◆ 相关院校：浙江体育职业技术学院、北京体育职业学院、广州体育职业技术学院、湖北体育职业学院、安徽体育运动职业技术学院、新疆体育职业技术学院、四川体育职业学院、云南体育运动职业技术学院、海南体育职业技术学院等。

七、体育学研究人员的就业创业信息

体育学研究人员的就业领域相对广泛，主要集中在以下几个方面。高等教育机构和研究机构：这是体育学研究人员主要的就业选择，这些机构通常设有体育学院、运动科学研究中心等，是提供教学和科研岗位的相关部门。政府部门和非营利组织：政府部门和非营利组织在体育政策制定、运动促进、健康推广等方面需要体育学研究人员的专业知识和技能。体育组织和俱乐部：体育组织和俱乐部也要雇用体育学研究人员来指导运动训练、提高竞技水平、制订训练计划等。

吸纳体育学研究人员就业较多的用人单位如下。

1. 高等教育机构：清华大学、北京师范大学、上海体育大学、华东师范大学、华南师范大学、山东大学、东北师范大学、福建师范大学、南京师范大学、浙江大学、陕西师范大学、广西师范大学、西南大学、宁波大学、首都体育学院、天津体育学院、武汉体育学院、成都体育学院、沈阳体育学院、哈尔滨体育学院、广州体育学院等。

2. 研究机构：国家体育总局体育科学研究所、北京市体育科学研究所、国家体育总局运动医学研究所、广东省体育科学研究所、江苏省体育科学研究所、广州市体育科学研究所、重庆市体育科学研究所、上海体育科学研究所、辽宁省体育科学研究所、甘肃省体育科学研究所、四川省体育科学研究所、浙江体育科学研究所、沈阳市体育科学研究所、天津市体育科学研究所等。

3. 政府部门和非营利组织：国家体育总局、浙江省体育局、江苏省体育局、景宁畲族自治县文化和广电旅游体育局等。

4. 体育组织和俱乐部：中体产业集团股份有限公司、中奥体育集团、浙江金华盛棠体育发展有限公司、厦门赛卡优跑体育文化有限公司、上海天马体育发展有限公司、伯乐（苏州）体育咨询服务有限公司、广东鸿天体育管理有限公司、力盛云动（上海）体育科技股份有限公司、北京国体世纪质量认证中心有限公司等。

注：以上机构信息仅供参考，不代表编写出版方对其推荐或认可。

八、体育学研究人员的职业贯通发展

该职业的发展路径主要有三条。管理路线，即从普通工作人员晋升到单位中层，再向更高的领导职务发展。专家路线，即不断提高科研水平，成为体育学研究领域专家。复合人才路线，即向其他行业跨越或职业转型，例如，通过学习相关知识和技能转型为裁判员、健身器材制作工等。体育学研究人员职业贯通发展如图 2-01-04-03-1 所示。

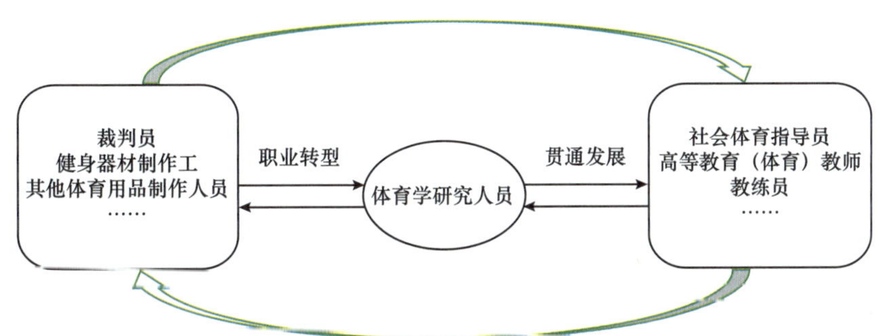

图 2-01-04-03-1　体育学研究人员职业贯通发展

九、体育学研究人员的发展前景

从市场供需看。国务院于 2021 年 7 月发布的《全民健身计划（2021—2025 年）》提出，到 2025 年，经常参加体育锻炼人数比例达到 38.5%，县（市、区）、乡镇（街道）、行政村（社区）三级公共健身设施和社区 15 分钟健身圈实现全覆盖，每千人拥有社会体育指导员 2.16 名，带动全国体育产业总规模达到 5 万亿元。随着民众健康意识的增强和生活水平的提高，人们对于运动、健康和体育科学的需求正在日益增加，对于社会体育指导员的需求量也相应增加。而社会体育指导员需要体育学研究人员的指导，其中很多体育学研究人员同时也是社会体育指导员。社区专业体育人员的缺口是很大的，这为体育学研究人员提供了更多的就业机会。

从产业发展看。体育产业在全球范围内都呈现快速增长的趋势。2021 年 10 月，国家体育总局印发《“十四五”体育发展规划》，提出体育产业总规模达到 5 万亿元，增加值占国内生产总值比重达到 2%，居民体育消费总规模超过 2.8 万亿元，从业人员超过 800 万人等目标。体育学研究人员专业知识和技能的不断推广和应用，将有效地促进体育娱乐、健康训练、体育医疗和竞技赛事等体育产业高质量发展。

从政策红利看。2023 年 7 月，国家体育总局办公厅印发《关于恢复和扩大体育消费的工作方案》，提出加大高质量赛事供给、丰富群众健身活动、持续深化体教融合、大力传播体育文化、普及推广运动技能等多项扩大体育消费的措施。此外，各地政府也纷纷推出一系列的体育政策和计划，加速体育科研发展。

十、相关内容链接

国家职业标准：暂缺。

相关政策文件：见表 2-01-04-03-3。

表 2-01-04-03-3　体育学研究人员相关政策文件

发布或通过时间	发布或通过机构	文件名称
2021 年 7 月	国务院	《全民健身计划（2021—2025 年）》
2021 年 10 月	国家体育总局	《“十四五”体育发展规划》
2023 年 7 月	国家体育总局办公厅	《关于恢复和扩大体育消费的工作方案》

供稿：浙江广厦建设职业技术大学体育学院　王仲杰

公路养护工程技术人员

职业编码：2-02-15-09

“公路通，百业兴”，为了让生产之路更畅通、出行之路更便捷、回家之路更安全，公路养护工程技术人员“以路为业”，在大地上维护着一条条幸福之路。“路好行、行好路、好行路”，这是公路养护人的梦想。

一、公路养护工程技术人员的一天

记录时间：2023 年 8 月 28 日　　记录人：周某

上午工作情况

8 点：

1. 对照相应标准和规范确定公路的养护等级，根据工程性质和技术状况确定公路的养护性质。（项目识别）

2. 按照养护面积为养护公路配备养护设备、检测设备及专业养护技术人员，编写日常养护计划。（制订养护计划）

3. 建立公路养护技术档案，建立城镇道路养护管理系统。（档案建立）

4. 来到项目现场，对路面状况进行日常巡查，及时采取相应的养护措施，并填写设施损坏通知单。（日常巡查）

11 点：

1. 赶往路面沉陷现场，设置警示防护标志，并启动应急预案。（处理突发异常事件）

2. 对路面状况进行定期检查，检测损坏情况、判断损坏原因，并确定养

护范围和方案。（定期检测）

3. 来到路面及附属设施超过设计使用年限的路段，检测道路结构强度。（特殊检测）

4. 回到单位后，按相关规定对检测资料进行整理、归档、上报。（资料上报）

下午工作情况

14点：

1. 为公路养护施工选用专用机械及快速维修方法施工，与材料供应商约定材料型号及供应时间。（施工准备）

2. 来到施工现场，对公路养护工程施工全过程进行管理和指导。（施工组织）

3. 组织人员对已经完工的路段进行自查，建立自查技术档案，并参与项目整体验收。（项目验收）

4. 回到公司后，对养护工程施工项目建立施工台账及自查技术档案。（资料归档）

16点：

1. 来到养护评定路段，根据公路现场情况界定病害与缺陷，确定养护状况调查的内容与方法。（确定调查方法）

2. 组织工作人员采集公路养护状况调查数据。（数据收集）

3. 回到公司后，依据养护状况评定指标对公路进行养护状况评定，并编制检查评价报告。（编写评定报告）

二、什么是公路养护工程技术人员

职业定义。公路养护工程技术人员是从事公路技术状况检测与评定、养护需求分析、养护工程设计、施工指导、技术管理与服务的工程技术人员。

定义解读。公路养护是一项经常性、及时性、危险性、复杂性、科技性的工作，涉及对象广，除道路、桥涵、隧道及其沿线附属设施之外，还包括交通工程设施，监控、通信、照明设施，绿化、环保、园林设施，棚亭建筑设施，以及各种生活服务设施等。这些设施的养护和管理几乎涵盖了道桥、建筑、园林、机电、光电、机械、计算机等多种专业，形成了一个内容广泛、互有联系、缺一不可的综合养护体系。

关联职业。密切关联的职业有道路交通工程技术人员和土木建筑工程技术人员，公路养护工程技术人员在项目实施过程中与其工作配合，联系颇多。道路交通工程技术人员是指从事道路交通政策研究、规划设计、管理控制、安全评估的工程技术人员。土木建筑工程技术人员是指从事工业与民用建筑、市政基础设施等建造施工、监督管理的人员。道路交通工程技术人员对道路进行规划设计，土木建筑工程技术人员根据规划设计，完成道路建造施工，道路在使用过程中，公路养护工程技术人员对道路进行护理。

相应岗位。主要面向公路、桥梁施工和养护企业，在公路施工、养护、管理岗位群，从事公路测量、试验检测、养护、施工组织等工作。

三、公路养护工程技术人员的主要工作职责

1. 进行公路技术状况检测与评定，对定期检测的结果，应按相关规范进行道路评价和定级。定期检测的情况记录、评价及对养护维修措施的建议，应及时整理、归档、上报。

2. 进行公路工程养护需求分析，按养护面积配备养护设备、检测设备及专业养护技术人员。

3. 制订日常养护及专项养护计划，应按道路养护等级分别制定巡查周期。

4. 编制日常养护工程技术方案，对盐渍土、湿陷性黄土、软土、多年冻土等特殊土质路基产生的病害的处治，应制定专项方案。

5. 公路养护工程应根据其工程性质和技术状况分为预防性养护、矫正性养护、应急性养护。矫正性养护包括保养小修、中修、大修和改扩建工程，中修、大修和改扩建工程应进行专项设计。

6. 指导作业人员进行公路养护工程施工，进行项目管理。

7. 进行养护工程质量控制、工程验收、项目后评估、监理咨询等技术服务，养护工程的计划、设计文件、竣工文件、统计审计等技术资料，应按相应的规定进行归档管理。

公路养护工程技术人员工作场景一

公路养护工程技术人员工作场景二

四、公路养护工程技术人员的薪酬福利待遇

平均薪酬水平。从区域看，在经济发展较快的区域，如长三角、粤港澳大湾区、京津冀等地区，公路养护工程技术人员平均工资为 7800~11000 元 / 月（部分有年终奖或项目设计提成），其薪酬水平明显高于其他地区（如南宁为 5000~6500 元 / 月）。

与类似职业对比。2023 年 9 月招聘平台数据显示，在经济发展较快的区域，该职业的薪酬一般低于道路交通工程技术人员、土木建筑工程技术人员的薪酬，与工程测量工程技术人员的薪酬基本持平。类似职业薪酬水平见表 2-02-15-09-1。

表 2-02-15-09-1　类似职业薪酬水平

职业名称	薪酬水平（元 / 月）
公路养护工程技术人员	7800~11000
道路交通工程技术人员	7500~12200
土木建筑工程技术人员	8600~11900
工程测量工程技术人员	8000~10900

五、从事公路养护工程技术人员工作需要哪些本领

该职业从业人员需具备的知识和技能主要包括工程力学知识、工程岩土知识、道路建筑材料知识，工程试验检测能力、工程测量能力、道路工程施工能力、道路病害处治能力、施工组织能力、项目管理能力、道路养护管理能力、智慧养护系统运维能力、新技术在公路养护中的应用能力等。

公路养护工程技术人员需具备的知识和技能见表 2-02-15-09-2。

表 2-02-15-09-2　公路养护工程技术人员需具备的知识和技能

职业功能	工作内容	知识和技能要求
制订计划	项目识别	能对照相应标准和规范确定公路的养护等级，能根据养护等级和技术状况对公路建立养护管理系统，并根据工程性质和技术状况确定公路的养护性质

续表

职业功能	工作内容	知识和技能要求
制订计划	制订养护计划	能制订日常养护计划，能对中修、大修和改扩建工程进行专项设计，能按养护面积配备养护设备、检测设备及专业养护技术人员
	档案建立	能对每条公路建立养护技术档案，对城镇道路养护建立城镇道路养护管理系统
道路检查	日常巡查	能对路面外观变化、结构变化、道路施工作业情况及附属设施等状况进行检查，对发现设施明显损坏或影响车辆、行人安全的情况，应及时采取相应养护措施，填写设施损坏通知单；能处理在巡查过程中遇到的特殊异常情况
	定期检测	能对照公路资料卡的基本情况，现场校核公路的基本数据；能检测损坏情况、判断损坏原因，并确定养护范围和方案
	特殊检测	能在特殊检测前收集公路设计、检测评价等信息；能检测道路结构强度，调查道路破坏产生的原因
	技术评价	能根据路面行驶质量、路面损坏状况、路面结构强度、路面抗滑能力等，对公路进行技术状况评价
	养护对策	能根据道路养护等级、交通量、结构与材料的使用性能变化、检测结果等因素提出养护对策
	资料上报	能按相关规定对检测资料进行整理、归档、上报
工程施工	施工管理	能合理选择公路养护机械及方法，把控养护维修材料质量，满足强度、耐久性和稳定性要求，对主要材料进行检验；能解决公路养护工程施工的技术问题，能对公路养护工程施工全过程进行管理和指导，参与验收
	资料归档	能按相关规定对养护工程建立施工台账及自查技术档案；收集施工过程检验、监理、竣工验收等文件；对大修、改扩建工程根据新建工程进行资料归档
项目评定	养护评定	能根据公路现场情况界定病害与缺陷；能确定养护状况调查的内容与方法；能组织公路养护状况调查数据的采集工作；依据养护状况评定指标对公路进行养护状况评定，并编制检查评价报告
	档案管理	收集公路养护状况检查评定原始资料，与评定结果整理造册，收录公路养护管理档案，并建立电子文档

六、公路养护工程技术人员的专业教育现状

（一）相关专业

目前仅有部分院校开设了与公路养护相关的专业，数量不多。公路养护工程技术人员的学历大部分为大专及以上学历。在普通高等学校本科专业目录中，与公路养护最相关的是道路桥梁与渡河工程，属土木类专业，相关专业有土木工程、交通运输等。在高等职业教育专科和高等职业教育本科专业目录中，与公路养护最相关的是道路养护与管理，属道路运输类，相关专业有道路与桥梁工程技术、道路机械化施工技术、道路工程检测技术、道路工程造价等。

（二）开设相关专业的院校（排名不分先后）

★ 相关院校：东南大学、哈尔滨工业大学、西南交通大学、长安大学、吉林大学、武汉理工大学、郑州大学、河北工业大学等。

◆ 相关院校：山西工程科技职业大学、湖南交通职业技术学院、湖北交通职业技术学院、黄河水利职业技术学院、河北交通职业技术学院、辽宁省交通高等专科学校、陕西交通职业技术学院等。

七、公路养护工程技术人员的就业创业信息

目前我国公路养护行业企业主要集中于经济发达的东部、中部地区，主要包括我国的华东地区、华中地区以及京津冀地区，随着我国大量早期修建的公路陆续进入改扩建及大中修养护阶段，路面的大规模维修养护仍将主要围绕这几个重点区域，未来公路养护工程技术人员供给也将围绕这几个重点区域发展。

吸纳公路养护工程技术人员就业较多的用人单位如下。

1. 道路交通施工企业：山东省路桥集团有限公司、浙江交通科技股份有限公司、中国交通建设股份有限公司、杭州市路桥集团股份有限公司、河南省路嘉路桥股份有限公司、河南省高远公路养护技术有限公司等。

2. 规划设计研究院：中交公路规划设计院、北京市市政工程研究院、天津市政工程设计研究总院、上海市政工程设计研究总院、江苏省交通规划设计院、安徽省交通规划设计研究总院、山东省交通规划设计院等。

3. 道路交通工程监理公司：北京华通公路桥梁监理咨询有限公司、天津路驰工程咨询有限公司、上海公路工程监理有限公司、江苏润通项目管理有限公司、杭州公路工程监理咨询有限公司、浙江公路水运工程监理有限公司、山东平安路桥工程咨询有限公司、中铁武汉大桥工程咨询监理有限公司等。

4. 道路交通工程材料公司：中国建材集团有限公司、中建西部建设股份有限公司、云南建投绿色高性能混凝土股份有限公司等。

注：以上信息仅供参考，不代表编写出版方对其推荐或认可。

八、公路养护工程技术人员的职业贯通发展

该职业的发展路径主要有四条。管理路线，即从员工晋升到组（所）长 / 单位中层，再晋升到经理 / 单位领导层，甚至向更高的领导职务发展。专家路线，即不断提高技能水平，进行技术职称评定，最高可评定为研究员级高级工程师，成为公路养护行业领域专家。复合人才路线，即以公路养护工程技术人员所积累的技术能力为依托，向市政工程行业相关岗位转型，如通过学习转型为道路交通工程技术人员、土木建筑工程技术人员、道路工程造价人员、工程测量工程技术人员等。创业路线，即基于个人综合能力进行创新创业，成立公路工程试验检测（咨询）公司、造价咨询公司等。公路养护工程技术人员职业贯通发展如图 2-02-15-09-1 所示。

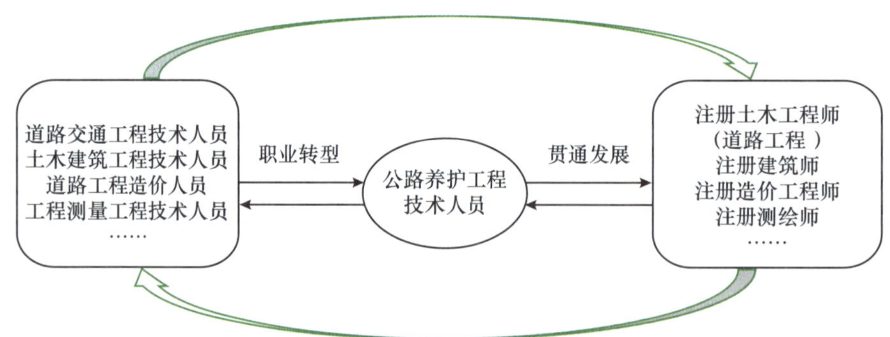

图 2-02-15-09-1　公路养护工程技术人员职业贯通发展

九、公路养护工程技术人员的发展前景

从市场供需看。中国公路网络已基本形成，大规模建设后必然带来繁重的养护任务，公路养护已由传统的“抢修时代”过渡到“全面养护时代”。近年来，公路行业养护人员年龄偏大、知识老化问题比较突出，学习新知识、接受新事物、掌握新技术方面问题较多。随着公路等级大幅度提高，新技术、新工艺、新材料、新设备的应用将越来越广泛，养护管理的标准也将越来越高，特别是随着机械化养护程度的快速普及、信息化程度的提升、各种作业分工的细化，公路养护单位在管理、技术、创新等方面正遇到越来越多的问题，迫切需要高技能实用人才以适应公路事业快速发展的需求。

从产业发展看。交通运输部数据显示，截至 2022 年年底，公路养护里程已达到 535.03 万公里。根据中共中央、国务院 2021 年 2 月印发的《国家综合立体交通网规划纲要》，未来我国将建设国家高速公路网、普通国道网，合计 46 万公里左右。其中，国家高速公路网 16 万公里左右，由 7 条首都放射线、11 条纵线、18 条横线及若干条地区环线、都市圈环线、城市绕城环线、联络线、并行线组成；普通国道网 30 万公里左右，由 12 条首都放射线、47 条纵线、60 条横线及若干条联络线组成。公路养护的基础里程仍将增长，公路养护工程技术人员未来发展机会及空间巨大。

从政策红利看。2022 年 4 月，交通运输部发布《“十四五”公路养护管理发展纲要》，规划着力推进设施数字化、养护专业化、管埋现代化、运行高效化、服务优质化，全面提升公路养护管理水平，促进公路交通可持续健康发展，提出到 2025 年，高速公路技术状况（MQI）优等路率保持在 90% 以上，普通国道 MQI 优良路率达到 85% 以上，普通省道 MQI 优良路率达到 80% 以上，农村公路 MQI 优良中等路率达到 85% 以上。公路交通是国民经济的基础性、先导性、战略性产业和服务性行业，国家及相关部门越来越关注公路养护行业的发展状况，出台了一系列政策来促进公路养护行业的发展。

十、相关内容链接

国家职业标准：暂缺。

相关政策文件： 见表 2-02-15-09-3。

表 2-02-15-09-3　公路养护工程技术人员相关政策文件

发布或通过时间	发布或通过机构	文件名称
2021 年 2 月	中共中央、国务院	《国家综合立体交通网规划纲要》
2022 年 4 月	交通运输部	《“十四五”公路养护管理发展纲要》

供稿：咸宁职业技术学院　郑靓婧

民航飞行签派工程技术人员

职业编码：2-02-16-04

民航的职业是否都如同人们想象中的一样“高大上”呢？风度翩翩的飞行员、美丽大方的客舱乘务员、热情周到的候机楼值机员等，他们通常代表民航的职业形象。但民航系统仍有许多幕后英雄，他们默默地为整个民航系统的正常运行挥洒汗水，其中最典型的就是民航飞行签派工程技术人员，他们又被称为不会操纵飞机的机长或地面上的飞行员。

一、民航飞行签派工程技术人员的一天

记录时间：2023 年 5 月 18 日 **记录人：陈某星**

上午工作情况

8 点：

1. 交接当前公司航班动态信息。（交接班）

2. 根据当日航班计划和执行动态，为例会准备材料。（信息收集）

9 点：

1. 利用席位计算机所安装的飞行计划系统，为将要在 14 点出港的国际航班 AA1014（航班号仅为举例，下同）准备飞行计划。（制订飞行计划）

2. 检查此航班所使用机场的航行通告。（航前准备）

3. 检查此航班所执行航路的天气实况和预报。（航前准备）

4. 使用不同的巡航高度和航路，生成多份飞行计划，根据航路天气威胁、飞行时间、燃油消耗量等参数，做出评估并选择最优化的一份，发布到

运行指挥系统上。（签派放行）

10点：

1. 为15点出港的航班AA1015作出与上述同样的航前准备。（航前准备）

2. 接到此时在空中巡航的AA1002航班发来的下行报文，表示其未按时收到天气报文。对计算机实施检查后发现，上行报文逻辑出现错误，手动补发天气信息并告知飞行机组原因。（动态监控）

11点：

1. 与AA1014的飞行机组完成线上准备会，为其详细讲解飞行计划、通告、天气及飞机载重与平衡状态等信息。（签派放行）

2. 因目的地能见度不佳，飞行机组提出减少业载从而增加起飞总油量，经过重新计算与评估，与机组达成一致意见。（签派放行）

12点：

1. 准备简餐，其间持续监控所辖航班动态。（动态监控）

2. 与AA1015的飞行机组完成线上准备会，为其详细讲解飞行计划、通告、天气及飞机载重与平衡状态等信息。（签派放行）

下午工作情况

13点：

1. 落实AA1014航班的后勤保障措施，如配餐、装卸、清洁、机务放行等。（勤务保障）

2. AA1014航前维护发现一条需要保留放行的状态信息，对其做好信息录入。（维护保障）

14点：

1. 监控到AA1009航班因航路天气绕飞偏航距离较远，触发一级偏航预警，主动与此航班通过卫星电话交流，告知周围可用机场天气，并持续监控AA1009航班动态情况。（动态监控）

2. 落实AA1015航班的后勤保障措施。（勤务保障）

15 点：

1. AA1014 航班将进入北太平洋区域，按公司标准流程发送报文，并持续监控 AA1014 航班动态与天气情况。（动态监控）

2. 为 AA1009 更新目的地并告知目的地备降场天气情况。（动态监控）

民航飞行签派工程技术人员工作场景

二、什么是民航飞行签派工程技术人员

职业定义。民航飞行签派工程技术人员是指从事飞机运行性能、航行情报、航空气象等信息评估，进行航空公司飞行签派、监控的工程技术人员。

定义解读。签派（dispatch）通常用于描述派遣人员或分配任务的过程。签派可以指派人员去执行某项任务、分发物品或将信息传递给相应的人员或部门。这个词在很多领域都有使用，如交通运输、应急服务、快递服务等。在交通运输领域，签派通常指调度和安排车辆或航班的过程。例如，出租车公司可能会使用签派系统来分派出租车司机去接客人。航空公司会以飞行签派员制作的飞行计划为基础，进行航班调度、分配飞机、规划飞行路线、保持信息沟通以及对飞行中的航班实施实时监控等，从而将飞机安排到合适的航线上，并保证机组人员执行飞行任务时周围环境的安全。

关联职业。密切关联的职业有飞行驾驶员、飞机性能工程师、民航地面服务员等。飞行驾驶员要安全地驾驶飞机到达目的地；飞机性能工程师的职责则是完成飞行性能分析，如起飞或着陆所需跑道长度、航路飘降所需氧气要求等。他们都需要飞行签派员提供对应航班的飞行计划和所使用飞机的载重平衡数据。民航地面服务员根据飞行签派员所指定的停机位来指引旅客登机、提供各种地面服务。

相应岗位。民航飞行签派工程技术人员一般隶属于运行指挥中心，通常分为现场调度与签派放行两大席位，根据不同的公司结构，还会有不同的细分方向。

三、民航飞行签派工程技术人员的主要工作职责

1. 评估、制订运行飞行计划，签派放行航班。
2. 编排和调整机队航班计划，评估航班飞行运行的风险，提供运行决策支持。
3. 监控航班的飞行运行进程，并向机组提供飞行安全所需信息，实施紧急情况应急处置。
4. 制作航班运行的航路走向，分析、传递与评估机场、航路设备信息。
5. 制作和维护航班运行导航数据库。
6. 评估机场、航路和特殊复杂天气对飞行运行的影响。
7. 评估民用航空器运行性能，进行起飞、航路和着陆性能分析。
8. 制作地形复杂机场起飞、复飞一发失效应急程序。
9. 分析、评估高原航线飞机飘降、座舱释压供氧能力。
10. 制定飞机重量和重心限制标准，评估分析航班载重、重心与配平。

四、民航飞行签派工程技术人员的薪酬福利待遇

平均薪酬水平。根据 2023 年国内各主要航空公司校招计划，常见薪酬范围是 6000~8000 元 / 月。一般具有 3~4 年经验，薪酬待遇有望突破万元。据业内不完全统计，目前国内各大航空公司不担任行政职务的在岗资深签派员，月平均工资可达 14000 元。

与类似职业对比。类似职业薪酬水平见表 2-02-16-04-1。

表 2-02-16-04-1 类似职业薪酬水平

职业名称	薪酬水平（元 / 月）
民航飞行签派工程技术人员	6000~8000
民航机务	5000~8000
飞机性能工程师	8000~11000
民航地面服务员	4000~7000

五、从事民航飞行签派工程技术人员工作需要哪些本领

该职业从业人员需具备的知识和技能主要包括组织能力、时间管理能力、航空知识、软件应用能力、沟通能力、紧急情况应对能力等。

民航飞行签派工程技术人员需具备的知识和技能见表 2-02-16-04-2。

表 2-02-16-04-2 民航飞行签派工程技术人员需具备的知识和技能

职业功能	工作内容	知识和技能要求
生产计划	组织与时间管理	需要良好的组织能力和时间管理能力，能够有效地安排航班计划、资源分配和任务调度；必须能够处理多个任务，并在有限的时间内做出准确的决策
签派放行	为航班制订飞行计划	需要具备航空知识，包括航空器性能、气象学、导航、航空法规和安全要求等知识；需要了解飞行操作和航班计划的基本原理，并能运用这些知识来指导飞行任务的执行
	电子飞行计划系统及软件应用	需要熟悉和运用相关的技术工具和软件，用于航班计划、气象分析、导航规划和飞行数据分析等方面
	成为汇总协调处理各类信息的中心	需要与机组人员、航空管制部门和其他相关方进行有效的沟通和协调；必须清晰地传达飞行计划和任务要求，需要具备解决问题和处理紧急情况的能力，并在各方之间建立良好的合作关系

续表

职业功能	工作内容	知识和技能要求
动态跟踪	跟踪飞机动态并及时处理紧急情况	需要具备应对紧急情况和突发事件的能力，必须能够快速做出决策，并采取适当的行动来保证航班的安全
勤务保障	保障航班间隔期间的后勤需求	保障后勤服务调度
维护保障	为故障飞机联系机务维护并按需调整航班计划	需要具备良好的应对压力和保持冷静的能力，以便在复杂的情况下做出准确的判断和决策

六、民航飞行签派工程技术人员的专业教育现状

（一）相关专业

目前，已有较多的院校开设了与该职业相关的专业，涉及普通本科院校和职业院校等。院校相关专业有交通运输、机场运行服务与管理、民航运输服务等。

（二）开设相关专业的院校（排名不分先后）

★ 相关院校：中国民航大学、中国民用航空飞行学院、南京航空航天大学、山东航空学院等。

◆ 相关院校：上海民航职业技术学院、广州民航职业技术学院等。

七、民航飞行签派工程技术人员的就业创业信息

吸纳民航飞行签派工程技术人员就业较多的用人单位是航空公司，如中国国际航空股份有限公司、中国东方航空股份有限公司、中国南方航空股份有限公司、海南航空控股股份有限公司、深圳航空有限责任公司、厦门航空有限公司、四川航空股份有限公司、上海吉祥航空股份有限公司等。

注：以上信息仅供参考，不代表编写出版方对其推荐或认可。

八、民航飞行签派工程技术人员的职业贯通发展

民航飞行签派工程技术人员的职业发展路径主要有以下四条。管理路线，即从飞行签派员晋升到飞行签派主管，再进一步发展为航空公司的运营管理层，最终向更高的领导职务发展，走上管理岗位，成为企业负责人。专家路线，即持续提升专业知识与技能水平，成为航空领域中的飞行签派专家。例如，利用公司平台和资源，通过自学或接受对应培训，成为风险管理师或航空产品支援工程技术人员。复合人才路线，即向其他与航空相关的行业或职业发展。例如，利用本职业的相关知识，参与气象研究或通信导航方面的工程技术研发，成为航空气象员或航空通信导航监视员；深度学习如何规划管理和制订计划，向管理学方向转型为标准化工程技术人员或管理学研究人员等。创业路线，即基于自己在飞行签派和航空领域的知识与经验，创办相关的航空服务公司或咨询公司，提供专业的服务与解决方案，成为商务专业人员。民航飞行签派工程技术人员职业贯通发展如图 2-02-16-04-1 所示。

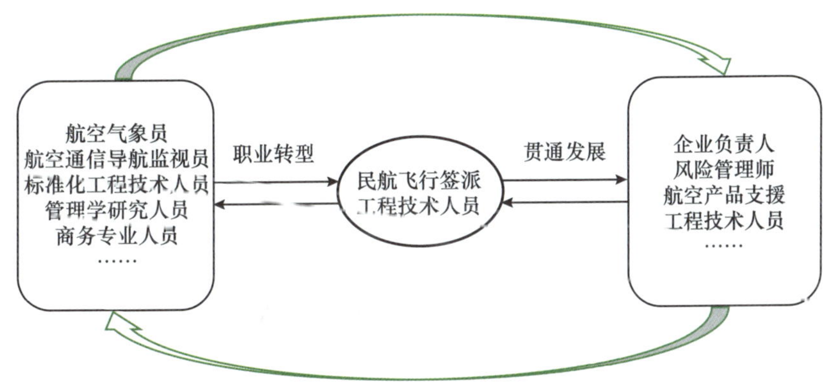

图 2-02-16-04-1　民航飞行签派工程技术人员职业贯通发展

九、民航飞行签派工程技术人员的发展前景

从市场供需看。我国《2022 年民航行业发展统计公报》显示，截至 2022 年年底，持照签派员 11256 名，比 2021 年增加 434 名。未来随着航空业的进一步壮大，我国对持照签派员的需求将会持续增长，人才缺口预期也会扩大。

从产业发展看。民航业正在经历数字化和技术革命的时代，这使得民航飞行

签派工程技术人员不仅需要对航空器有深入的了解，还需熟悉先进的信息技术。在人工智能深度发展的未来，有可能实现空地联动，目前空中客车公司正在研究空中仅由一名飞行员和高级自动驾驶执行航班，地面由签派员密切跟踪并随时沟通的可行性，通过减少人为因素的影响，实现成本与安全的双赢。目前，全国从事这一工作的航空公司及服务公司相对有限，但随着技术进步和市场需求增加，会有更多的机构和企业涉足此领域。因此，熟悉相关法规政策要求的签派专家可能会在新赛道上获得先机。

从政策红利看。2021 年 7 月，中国民用航空局发布《CCAR-65 部飞行签派员训练机构合格审定程序》，2022 年 8 月，交通运输部公布《民用航空飞行签派员执照和训练机构管理规则》，进一步贴合了快速发展的民航业、范围日益扩大的航空器运行、日趋复杂的运行环境的需求。以上政策主要调整了申请飞行签派员执照的资格要求，增加了飞行签派员执照权利和责任内容，完善了飞行签派员训练机构管理制度，修订了监督管理制度及法律责任。调整后的执照申请考试相关要求相对放宽，允许在校学生完成相应培训后参加执照理论考试，大幅缩短了职业培训周期和成本，有利于个人职业成长。

十、相关内容链接

国家职业标准：暂缺。

相关政策文件：见表 2-02-16-04-3。

表 2-02-16-04-3　民航飞行签派工程技术人员相关政策文件

发布或通过时间	发布或通过机构	文件名称
2021 年 7 月	中国民用航空局	《CCAR-65 部飞行签派员训练机构合格审定程序》
2022 年 8 月	交通运输部	《民用航空飞行签派员执照和训练机构管理规则》

供稿：中国南方航空货运有限公司　麦斯云

混凝土工程技术人员

职业编码：2-02-19-04

现代城市中高楼大厦鳞次栉比，立交桥纵横交错；江河之上大桥飞架南北，天堑变通途；高原上交通隧道穿山凿洞，贯通发展之路；更有众多水利工程，修筑大坝拦洪蓄水，灌溉千顷良田，水电站点亮万家灯火……所有这些伟大的工程建设，都离不开混凝土——一种由水泥、石子、沙、矿物掺合料、外加剂和水等原材料混合搅拌形成的建筑材料，它和钢筋一起，组成了大部分建筑物的骨骼结构，以及墙板、路面砖等围护填充结构。可以说，举目望去，我们看到的每一座建筑物，无不凝聚着混凝土工程技术人员的辛勤汗水，他们也成就了我国建筑施工行业“基建狂魔”的赫赫威名。

一、混凝土工程技术人员的一天

记录时间：2023 年 6 月 20 日 **记录人：王某林**

上午工作情况

8 点：

1. 来到搅拌站，了解工厂生产中采用的混凝土配合比，特别是减水剂掺量、用水量等关键指标，并询问上一班组生产中出现的问题，以及解决这些问题的办法。（生产质量控制）

2. 打开当天当日混凝土生产任务和计划书，确认各项目的开盘计划、开盘时间、混凝土需求等信息，安排生产任务。（指导生产）

3. 来到库房，查看沙、石、水泥等的库存及质量情况，取一定量的沙、

石样本，进行每天例行的含水率检测。（原材料质量评估）

4. 做好各类入厂原材料的检测、验收和留样，规范地填写入库记录，并将各种不同种类的原材料运至专门的库区，进行分类存储。（储存管理）

10 点：

1. 根据今天的项目需求，确定总体生产任务，选择配制混凝土的原材料的种类和用量，给生产人员下发混凝土配合比。（设计混凝土材料的配合比）

2. 组织实验室人员，针对每个班次生产的混凝土进行开盘鉴定，确定混凝土的工作性能是否满足项目要求。（进行混凝土性能检测评价）

3. 对于满足要求的混凝土，进行混凝土的出厂检测、取样和留样，并规范填写各项记录。（储存管理）

4. 对之前留样的混凝土样品，按时进行性能检测，填写并保存检测记录。（混凝土性能检测评价、储存管理）

下午工作情况

14 点：

1. 混凝土出厂之后，与混凝土施工现场保持联络，根据现场反馈及时进行混凝土配合比的调整，保证混凝土的质量。（混凝土材料应用技术服务）

2. 接到施工现场的电话，了解到施工人员在混凝土的浇筑过程中遇到了一些问题。来到施工现场开展技术服务，协助施工人员成功解决了问题。（混凝土材料应用技术服务）

16 点：

1. 检验之前完成的混凝土项目，用混凝土回弹仪对结构进行回弹试验，检验混凝土强度，检验结果良好，与项目方进行结果沟通。（制品质量检验评价）

2. 巡视搅拌站，检查生产计量设备、实验设备等是否出现了问题，进行例行的维修和保养。（生产设备维护）

3. 做好交接班记录，对配合比调整情况、原材料使用情况、现场交付情况以及其他事项进行详细说明，为下一班组工作做好准备。（生产质量控制）

混凝土工程技术人员工作场景一

二、什么是混凝土工程技术人员

职业定义。混凝土工程技术人员是指从事混凝土和水泥制品及其生产工艺、施工技术研究、设计，进行工程应用、质量管控等工作的工程技术人员。

定义解读。混凝土是指把胶结材料（如水泥）、水、细骨料、粗骨料，需要时掺入化学外加剂与矿物掺合料，按适当比例配合，经过均匀拌制、密实成型及养护硬化而成的人工石材。混凝土工程技术人员是指对混凝土材料配合比、生产工艺和施工技术进行设计、研究，在混凝土生产施工中负责技术指导、监督和检测结果评价的工程技术人员。

关联职业。密切关联的职业有水泥混凝土制品工、预拌混凝土生产工。水泥混凝土制品工一般在水泥制品和预制混凝土构件工厂工作，他们操作配料搅拌、成型等设备，将混凝土各组分材料制成水泥混凝土制品和构件。预拌混凝土生产工在混凝土搅拌站工作，他们将沙、石、水泥、外加剂及填料等原材料搅拌、混匀，制成混凝土。混凝土工程技术人员负责对以上两个工种进行技术指导和生产管理，下达生产任务，进行质量检测评价，并对生产的设备、工艺技术等进行创新和提升。

相应岗位。混凝土与水泥制品企业的混凝土材料技术人员、实验室技术人员等，建筑施工企业的材料工程师、施工技术人员等。

三、混凝土工程技术人员的主要工作职责

1. 研究、设计预拌混凝土、预制混凝土构件、水泥制品等水泥混凝土材料生产工艺与应用技术，进行各组分原材料的质量评估与物理化学性能检测评价，设计混凝土材料的配合比。

2. 设计混凝土制品成型工艺、生产工艺、钢筋混凝土制品结构、制品模具、养护工艺，进行生产设备选型。

3. 制定生产过程质量控制流程，测试与评价混凝土性能。

4. 进行制品浇筑成型、养护、成品保护、储存运输、质量检验与评价等技术管理，指导生产。

5. 开发与选择混凝土和水泥制品施工技术，并管理和指导施工应用。

6. 提供混凝土材料应用技术服务，改进优化混凝土搅拌、生产、输送、成型等技术。

7. 制定、修订混凝土材料与制品生产、工程施工的技术标准规范、操作技术规程、产品质量标准。

混凝土工程技术人员工作场景二

四、混凝土工程技术人员的薪酬福利待遇

平均薪酬水平。建筑英才网 2023 年 6 月数据显示，不同地区的混凝土工程技术人员的平均月薪略有不同，在经济发展快的地区，如北京、上海等的平均月薪为 10000~12000 元，高于其他地区（如天津为 9358 元，重庆为 8415 元）。不同工作年限以及不同级别的混凝土工程技术人员的实际月薪差别较大，如江苏地区，工程技术人员实际月薪为 7000~24000 元。行业中不乏高薪从业者，龙头企业的总工程师等年薪可达 50 万 ~60 万元。

与类似职业对比。建筑英才网 2023 年 6 月数据显示，在江苏地区，该职业的薪酬一般要高于水泥混凝土制品工、装配式建筑施工员、预拌混凝土生产工、混凝土工的薪酬。类似职业薪酬水平见表 2-02-19-04-1。

表 2-02-19-04-1　类似职业薪酬水平

职业名称	薪酬水平（元 / 月）
混凝土工程技术人员	7000~24000
水泥混凝土制品工	5000~10000
装配式建筑施工员	10000~15000
预拌混凝土生产工	6000~15000
混凝土工	5000~10000

五、从事混凝土工程技术人员工作需要哪些本领

该职业从业人员需具备的知识和技能主要包括原材料性能评价及深加工技术，混凝土材料配合比设计技术，混凝土性能测试评价技术，混凝土输送、成型及养护技术，混凝土工程应用技术，混凝土预制构件深化设计技术，混凝土生产管理能力等。

混凝土工程技术人员需具备的知识和技能见表 2-02-19-04-2。

表 2-02-19-04-2　混凝土工程技术人员需具备的知识和技能

职业功能	工作内容	知识和技能要求
企业管理	生产管理及维护	了解相关产品质量、建设工程相关法律法规
	产品评价及验收	了解相关混凝土及原材料设计、施工及验收相关标准规范
	建立并优化管理体系	了解相关质量管理体系、环境管理体系、职业健康和安全管理体系等相关知识
	工程项目对接	了解相关建筑设计、施工、运维、管理等相关知识
生产制造及施工	原材料质量检测及加工	具备原材料性能评价技术，能够通过固废粉磨、级配以及颗粒整形等深加工技术对原材料进行必要的性能改进
	混凝土的生产制造	能够进行混凝土材料配合比设计、混凝土试配技术、生产工艺及施工技术的开发与选择
	水泥制品的生产制造	能够选择与开发相应的混凝土搅拌均化技术、模具设计技术、振动密实技术、制品结构深化设计技术及养护技术
	工程施工	能够选择与开发相应的混凝土泵送技术、自密实混凝土施工技术、装配式建筑部件安装技术、混凝土现场养护技术等
科技研发与规划	情报管理	开展专业领域科技战略研究、战略情报研究、科技政策研究与决策咨询服务
	科技规划	坚持科技创新驱动，支撑供给侧结构性改革，指导各时期内科技研发创新，提供公司战略发展支撑
	科技研发	从材料、工艺、产品、技术等方面，开展常规品、特制品和新产品的设计和开发，从技术、经济效益角度确保产品质量与成本
	技术问题处理	解决产业链的重大技术需求，支撑产业高质量发展，解决行业在生产运营和管理中存在的问题，推动企业高质量发展
	科技成果转化	提高科技创新与产业发展的深度融合，促进科技成果应用

六、混凝土工程技术人员的专业教育现状

（一）相关专业

目前有部分院校开设了与混凝土行业相关的专业。普通本科院校的相关专业有材料科学与工程、土木工程等。职业院校的相关专业有新型建筑材料生产技术、建筑材料工程技术、装配式建筑工程技术等。

（二）开设相关专业的院校（排名不分先后）

★ 相关院校：武汉理工大学、同济大学、东南大学、重庆大学、清华大学、哈尔滨工业大学、浙江大学、华南理工大学、西安建筑科技大学、沈阳建筑大学等。

◆ 相关院校：哈尔滨铁道职业技术学院、绵阳职业技术学院、山东水利职业学院、湖南城建职业技术学院、河南建筑职业技术学院、河南质量工程职业学院、江西工业贸易职业技术学院、广西理工职业技术学校、陕西省建筑材料工业学校等。

七、混凝土工程技术人员的就业创业信息

该职业从业人员在全国各地均有分布，在经济发展较快、人口集中及工程建设任务繁重的地区较为集中，如长三角、珠三角、京津冀地区等。

吸纳混凝土工程技术人员就业较多的用人单位如下。

1. 预拌混凝土企业：中国建材股份有限公司、中建西部建设股份有限公司、上海建工建材科技集团股份有限公司、华新混凝土有限公司、金隅冀东（唐山）混凝土环保科技集团有限公司、上海法信投资控股有限公司等。

2. 水泥制品及混凝土构件企业：上海隧道工程有限公司构件分公司、上海建工建材科技集团股份有限公司、建华建材（中国）有限公司、宁夏青龙管业集团股份有限公司、中铁六局集团丰桥桥梁有限公司、北京榆构有限公司等。

3. 工程检测机构：国家建筑材料测试中心、北京市建设工程安全质量监督总站、北京建筑材料检验研究院股份有限公司等。

4. 建筑施工企业：中国建筑集团有限公司、中国铁路工程集团有限公司、中国交通建设集团有限公司、中国冶金科工集团有限公司、上海建工集团股份有限

公司、中国水利水电建设集团有限公司等。

注：以上信息仅供参考，不代表编写出版方对其推荐或认可。

八、混凝土工程技术人员的职业贯通发展

该职业的发展路径主要有四条。管理路线，即从员工晋升到组（所）长/单位中层，再晋升到经理/单位领导层，甚至向更高的领导职务发展。专家路线，即不断提高技能水平，进行技术职称评定，最高可评定为正高级工程师，成为混凝土行业领域专家。复合人才路线，即以混凝土工程技术人员所积累的技术能力为依托，向混凝土行业相关岗位进行转换，如通过学习转型为建筑工程技术人员、建筑安装施工人员等。创业路线，即基于个人综合能力进行创新创业，成立预拌混凝土企业、水泥制品与预制构件生产企业等。混凝土工程技术人员职业贯通发展如图 2-02-19-04-1 所示。

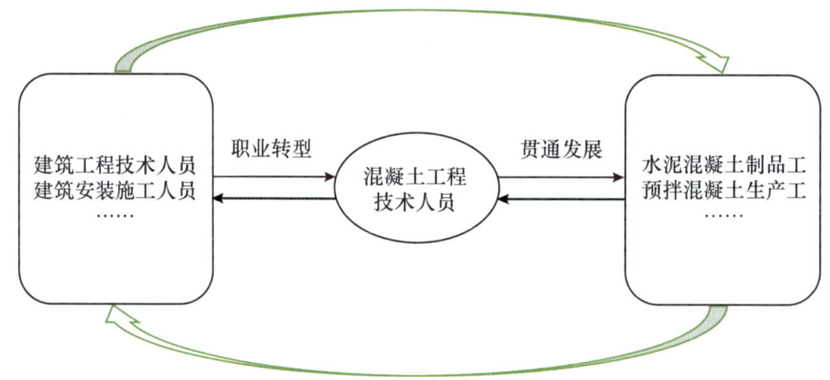

图 2-02-19-04-1　混凝土工程技术人员职业贯通发展

九、混凝土工程技术人员的发展前景

从市场供需看。我国混凝土工程技术人员存在较大的缺口。混凝土材料与制品行业发展很快，目前全国范围内有 1.2 万余家企业，按照每个企业有 5 名混凝土工程技术人员的保守数字进行测算，至少需要 6 万名混凝土工程技术人员。根据中国混凝土与水泥制品协会对会员企业进行的调研，60% 以上在混凝土行业工作

的技术人员在进入本行业时从未接受过混凝土相关的专业教育和技能培训，人才缺口严重。我国新型工业化、信息化、城镇化和农业现代化及“一带一路”倡议正在全面推进，国内外大规模工程建设将持续相当长的时期，对混凝土工程技术人员的需求更大、要求更高，这为混凝土工程技术人员的职业发展提供了更广阔的空间。

从产业发展看。混凝土与水泥制品行业是我国建材行业第一大产业，是“大建造”全产业链的重要环节。2021 年，我国建筑业年产值达 29.30 万亿元，其中水泥混凝土用量约 70 亿立方米，产值约 3.5 万亿元。与此同时，作为大量利用尾矿、粉煤灰、建筑垃圾等固体废弃物的混凝土与水泥制品行业，已经成为参与国家环保事业的重要力量。

从政策红利看。近年来，国家建筑工业化进程加快，智能制造不断升级，对混凝土工程技术人员的技术门槛和信息化管理要求越来越高。2020 年 7 月，住房城乡建设部等部门发布《关于推动智能建造与建筑工业化协同发展的指导意见》，提出要围绕建筑业高质量发展总体目标，以大力发展建筑工业化为载体，以数字化、智能化升级为动力，形成涵盖科研、设计、生产加工、施工装配、运营等全产业链融合一体的智能建造产业体系；大力发展装配式建筑，加快建筑工业化升级。另外，随着我国环保利废压力增大，环保对大宗固体废弃物利用的需求越来越迫切。2021 年 3 月，国家发展改革委等部门发布了《关于“十四五”大宗固体废弃物综合利用的指导意见》，2021 年 12 月，生态环境部等部门发布了《“十四五”时期“无废城市”建设工作方案》，鼓励工业固体废弃物在建材生产等领域的规模化利用，从而明确了混凝土与水泥制品行业所具备的消纳工业固体废弃物的功能，并为本行业开展工业固体废弃物的综合化资源利用提供了指引和方向。

十、相关内容链接

国家职业标准：暂缺。

相关政策文件：见表 2-02-19-04-3。

表 2-02-19-04-3　混凝土工程技术人员相关政策文件

发布或通过时间	发布或通过机构	文件名称
2020 年 7 月	住房城乡建设部等 13 部门	《关于推动智能建造与建筑工业化协同发展的指导意见》
2021 年 3 月	国家发展改革委等 10 部门	《关于"十四五"大宗固体废弃物综合利用的指导意见》
2021 年 12 月	生态环境部等 18 部门	《"十四五"时期"无废城市"建设工作方案》

供稿：中国混凝土与水泥制品协会　陈玉

招标采购专业人员

职业编码：2-06-07-15

招标采购专业人员在人们的眼中是“香饽饽”职业，受人尊重。但其实，该职业责任重大，不仅需要较强的专业性，更需要见识多、渠道广、信息灵。该职业需要运用系统思维和项目管理思维，通过合理合规的专业方法，解决好“采什么”“怎么采”“采得好不好”等问题。招标采购做得好，采购的成本和费用就会大大降低，采购的投入产出比就会大大增加。在制造业中，采购成本一般占产品总成本的50%~70%，若采购环节节约1%成本，相当于企业利润增加5%~10%。能通过节约采购成本、帮助企业产生“纯利润”的专业人才，就是合格的招标采购专业人员。

一、招标采购专业人员的一天

记录时间：2023年6月9日　　记录人：陆某人

上午工作情况

8点：

1.根据紧急申购需求，在企业资源计划（enterprise resource planning，ERP）系统上接收紧急采购条目，完成采购岗审核流程。（审核采购需求）

2.整理和确认当日单位自行开标所需的工具、表格和资料，设置和开启评标系统，提醒参与评标的供应商和评标专家按时进入系统完成签到。（完成招标准备）

9点30分：

1. 组织开标工作，进行各供应商投标资格符合性审查，依次解密技术标和商务标，计算价格得分，汇总综合得分，协助评标专家完成评标。（组织招标采购）

2. 填写劳务费发放清单，请业主单位以外的评标专家签字，联系财务部，发放评标专家劳务费。（组织招标采购）

3. 拟定中标公告，在规定网站上发布。（采购公告发布）

下午工作情况

14点：

1. 审核ERP系统中各部门提交的采购申请、采购方式变更申请、仓库到货验收申请等工作流程，发起采购用款申请、合同会签、重要事项报备、付款申请、本部门费用报销等工作流程。（日常工作流程处理）

2. 对于招标结果公示到期的采购项目，根据招标文件草拟合同，联系法务初审合同，联系中标单位沟通合同签订事项，要求其交纳履约保证金，按期供货。（采购合同发起）

3. 接待前来获取招标文件的供应商，回复投标单位提出的质疑，催促逾期的供应商尽快交货，维护供应商档案库信息。（供应商维护）

16点：

1. 学习招标采购法律法规和上级部门文件，修订本单位采购实施细则，编制采购平台使用手册和常见问题解答，接听和回复各供应商、单位内各部门的业务咨询和建议。（业务咨询解答）

2. 编写采购周报交部门主管，整理和归档本周形成的采购相关文件资料。（采购文件管理）

二、什么是招标采购专业人员

职业定义。招标采购专业人员是指从事招标采购业务的专业人员。

定义解读。根据《辞海（第七版）》，招标与“投标”相对，是指当事人一方（招标人）公开提出自己的条件，征求他方（投标人）承包的意思表示。招标人可先公布招标要求，邀请投标人书面应征。到规定日期，由招标人召集所有投标人当场开标，择优选定中标人，双方订立合同。采购是指个人或企业为满足个人需要或保证企业生产及经营活动正常开展，在一定的条件下从供应市场获取产品或服务作为个人或企业所需资源的系列行为及活动。专业人员是指从事专业技术工作的人。

关联职业。密切关联的职业有律师、会计师、工程造价师、资产管理师等。这些职业所具备的法律法规、财务管理、工程造价、资产管理等专业知识和技术技能，正是招标采购全过程中需要涉及和运用的，它们为招标采购提供了技术支持和专业保障，是招标采购各环节顺利实施的必要保证。

相应岗位。招标采购助理、招标专员、招标代理专员、采购跟单员、采购工程师等与招标采购、供应销售相关的岗位。

三、招标采购专业人员的主要工作职责

1. 了解采购方的需求，考察相关采购对象的市场价格与行情，根据供需关系制订合理的采购计划，确定采购渠道和采购方式，确保采购合理合法合规，确保单位的正常日常运作和生产经营。

2. 按既定的采购计划组织实施和管理采购全过程，包括公布采购需求、制作采购文件、维护电子采购系统、开展招标采购、与供应商谈价、处理争议和质疑、确认采购结果、签订采购合同等。

3. 督促供应商按合同供货，追踪采购订单进度，严密跟踪采购单进展情况，及时与供应商沟通，确保采购对象及时到位，组织采购验收和退换货工作。

4. 协调供应商和财务部门关系，接收合规发票，完成货款支付。

5. 进行市场调研，开拓采购渠道，评估供应商情况，选择有品质、价格合理的供应商进行维护，完善供应商档案。

6. 完成招标采购相关文件资料的整理和归档。

7. 定期或按需出具招标采购相关的总结材料和分析报告。

8. 接受采购方、供应商、采购专家等各采购相关部门和个人的业务咨询，并及时妥善地给予答复。招标采购专业人员主要工作职责如图 2-06-07-15-1 所示。

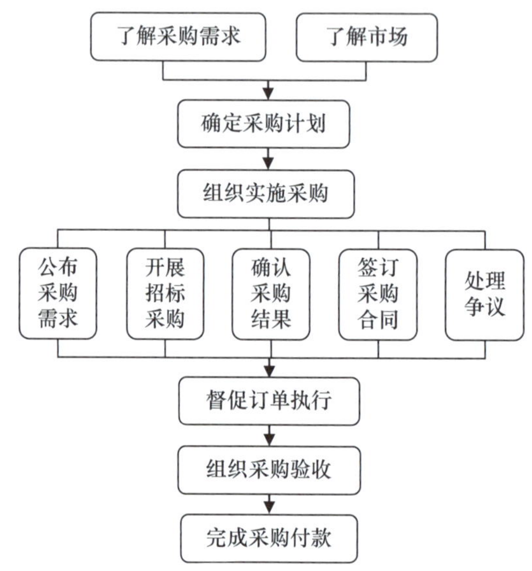

图 2-06-07-15-1　招标采购专业人员主要工作职责

四、招标采购专业人员的薪酬福利待遇

平均薪酬水平。招标采购专业人员属于商务专业人员。国家统计局数据显示，2021 年，租赁和商务服务业城镇非私营单位就业人员平均工资为 10.25 万元。从区域看，北京、上海、海南等经济发展较快的地区，租赁和商务服务业城镇非私营单位就业人员平均工资在 10 万元以上，高于其他中西部地区城市（如河南租赁和商务服务业城镇非私营单位就业人员平均工资为 5.67 万元）。

与类似职业对比。智联招聘网 2023 年 6 月数据显示，在北京，该职业的薪酬与商务管理专员、房地产经纪人、销售经理、医药代表等职业的薪酬基本相当。类似职业薪酬水平见表 2-06-07-15-1。

表 2-06-07-15-1　类似职业薪酬水平

职业名称	薪酬水平（元 / 月）
招标采购专业人员	5000~25000
商务管理专员	6000~20000
房地产经纪人	8000~25000
销售经理	6000~20000
医药代表	8000~25000

五、从事招标采购专业人员工作需要哪些本领

该职业从业人员需具备招标采购专业知识和相关法律法规知识，组织实施招标采购、解决招标采购争议问题、管理招标采购合同和文档资料、提供招标采购业务咨询等方面的技能。

根据《招标代理服务规范》和相关文件，招标采购专业人员需具备的知识和技能见表 2-06-07-15-2。

表 2-06-07-15-2　招标采购专业人员需具备的知识和技能

职业功能	工作内容	知识和技能要求
方案制定	制定招标采购方案	能了解采购方明确的采购需求；能运用专业的、合适的调查方法进行市场需求调查和价格调查；能熟练运用系统思维和项目管理思维，应用招标采购相关理论、法律法规，根据招标采购需求，合理制定招标采购方案
方案实施	实施管理招标采购过程	能按照相关法律法规做好采购前的文本拟定和信息公开工作；能应用项目管理相关知识组织实施和管理协调工程、货物、服务招标采购全过程；对于公开招标项目，能熟练掌握开标流程，组织实施招标采购项目管理；能操作评标系统等电子化交易工具进行采购和交易；能按照合同规定督促供应商按期交货；能组织进行采购对象验收和货款支付；能运用合理的方法对供应商进行评估并建立和完善供应商档案库；能根据档案管理要求，对采购相关文件进行整理、归档和保管

续表

职业功能	工作内容	知识和技能要求
争议解决	解决招标采购相关争议	能应用招标采购相关理论、法律知识解决招标采购实际问题；能根据具体情况，合理合规妥善解决招标采购过程中发生的争议；在招标采购过程中遇到异议、投诉等问题时，能依据法律法规和招标采购文件提供书面答复意见；在遇到巡视、审计提出的有关招标采购方面的问题时，能依据法律法规、招标采购文件做出书面解释
合同管理	制定、管理招标采购合同	能熟练掌握和应用《中华人民共和国政府采购法》《中华人民共和国档案法》《中华人民共和国民法典》等相关法律法规，起草和制定合理合规可行的招标采购合同；能组织和参与合同谈判及合同交底；能按规范管理和归档招投标相关文件
业务咨询	提供招标采购咨询与指导	能熟练掌握招标采购的专业知识与法律法规；能根据服务对象需求，给予具有针对性、可行性的咨询意见和指导建议

六、招标采购专业人员的专业教育现状

（一）相关专业

目前与该职业相关的专业还不多，已开设的专业大多与建筑工程招投标相关。普通本科院校相关专业主要有物流管理、工程管理、工程造价等。职业院校相关专业主要有政府采购管理、现代物流管理、建设工程管理、工程造价等。

（二）开设相关专业的院校（排名不分先后）

★ 相关院校：北京物资学院、河北地质大学、同济大学、北京交通大学、华中科技大学、福州大学、江西财经大学、宁波大学、绍兴文理学院、上海对外经贸大学等。

◆ 相关院校：陕西财经职业技术学院、北京科技职业学院、浙江工业职业技术学院、山西省财政税务专科学校、四川财经职业学院、广州番禺职业技术学院、

深圳信息职业技术学院、东莞职业技术学院、贵州财经职业学院、钟山职业技术学院等。

七、招标采购专业人员的就业创业信息

该职业的从业人员主要集中在北京、上海、广州、深圳等城市，以及经济发展较快或人口较多的省份，如浙江、江苏等。

吸纳招标采购专业人员就业较多的用人单位如下。

1. 行政事业单位：省市县各级行政单位、中国信息通信研究院、中国科学院上海技术物理研究所、浙江工业职业技术学院、绍兴市人民医院等。

2. 咨询公司和代理机构：中信国际招标有限公司、北京诚公管理咨询有限公司、上海沪中建设工程造价咨询有限公司、杭州市钱江新城投资集团有限公司、辽宁万宸项目管理有限公司等。

3. 建筑工程公司：建华建材（四川）有限公司、合力胜装饰工程有限公司、必凯威（北京）建筑科技有限公司、深圳市恒升园林工程有限公司、盘锦天安房地产开发集团有限公司等。

注：以上机构信息仅供参考，不代表编写出版方对其推荐或认可。

八、招标采购专业人员的职业贯通发展

该职业的发展路径主要有四条。管理路线，即从普通员工晋升到项目主管或单位中层，再晋升到单位领导层，甚至向更高的领导职务发展。专家路线，即不断提高专业技术技能，向招标采购管理师、招标采购工程师、招标采购专家晋升，成为招标采购领域的专家人才。复合人才路线，即在熟练掌握了招标采购技术技能后，结合本身所学专业和兴趣爱好，可向其他行业跨越，如转型为建筑工程技术人员、房地产开发专业人员、国际商务专业人员、供应链管理师等。创业路线，即基于个人兴趣爱好进行相关领域的创新创业，如创办招标采购代理公司、商务咨询公司等。招标采购专业人员职业贯通发展如图 2-06-07-15-2 所示。

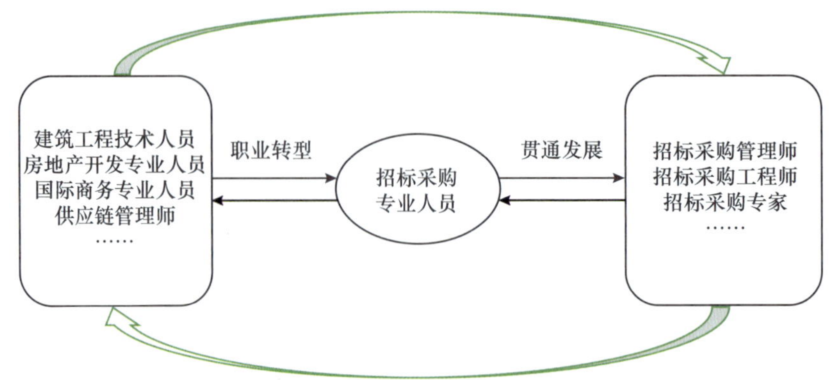

图 2-06-07-15-2　招标采购专业人员职业贯通发展

九、招标采购专业人员的发展前景

从市场供需看。根据财政部印发的《政府采购代理机构管理暂行办法》的第十一条，代理机构代理政府采购业务应当“拥有不少于 5 名熟悉政府采购法律法规、具备编制采购文件和组织采购活动等相应能力的专职从业人员”。华经产业研究院统计数据表明，截至 2022 年年底，我国已有 4.63 万家招标代理机构。此外，政府采购、企业采购、跨国采购等采购活动的“招标人（采购人）”和“投标人（供应商）”也都急需招标采购专业人员。因此，既具有专业理论知识，又具有丰富实践经验的招标采购专业人员，已成为我国目前非常紧缺的人才。

从产业发展看。2023 年 7 月，中国物流与采购联合会发布的《中国公共采购发展报告（2022）》指出，2022 年我国公共采购总额超过 48 万亿元，约占当年国民生产总值的 40%。其中，在全国公共资源交易平台上交易的工程招标投标、政府采购、土地使用权、矿业权、国有产权交易领域的交易数量达 146 万个，交易额达到 22 万亿元，同比分别增长 21% 和 8%。华经产业研究院发布的《2023—2028 年中国招标代理行业市场发展现状及投资规划建议报告》指出，截至 2022 年年底，我国已有 4.63 万家招标代理机构；2022 年我国招标代理行业市场规模约为 641.8 亿元，同比增长 15.33%；2022 年我国招标代理行业中标金额达到 21.49 万亿元，同比增长 7.6%。新形势下，随着制度建设、采购模式、信息技术、信用评价等领域的不断发展和升级，招标采购行业必将迎来更广阔的发展前景。

从政策红利看。满足条件的招标采购专业人员，可以申请进入招标采购的评审专家库。招标采购评标专家，可以参与评标获得劳务报酬。《政府采购评审专家管理办法》第二十四条规定，省级人民政府财政部门应当根据实际情况，制定本地区评审专家劳务报酬标准。中央预算单位参照本单位所在地或评审活动所在地标准支付评审专家劳务报酬。例如，《浙江省政府采购评审专家管理办法》规定了集中采购机构、部门集中采购机构、社会中介代理机构及部门、单位自行组织的政府采购项目专家评审费发放标准。参加公开招标、邀请招标、竞争性谈判、竞争性磋商、单一来源、询价项目的省本级及各设区市政府采购专家评审费标准为半天（3 小时）500 元 / 人，超过半天的，每超过 1 小时增加 100 元 / 人。每天（8 小时）评审劳务费最高不超过 1000 元。连续评审时间超过 8 小时的，每超过 1 小时增加 200 元 / 人。担任评审小组组长的专家增发 100 元 / 人。邀请异地专家参加评审的，除参照以上评审费标准外，还应按采购人执行的差旅费管理办法相应标准，由采购人或集中采购机构向评审专家凭据报销城市间交通费用。

十、相关内容链接

国家职业标准：暂缺。

相关政策文件：见表 2-06-07-15-3。

表 2-06-07-15-3　招标采购专业人员相关政策文件

发布或通过时间	发布或通过机构	文件名称
2016 年 11 月	财政部	《政府采购评审专家管理办法》
2018 年 1 月	财政部	《政府采购代理机构管理暂行办法》

供稿：浙江工业职业技术学院　杨博

职业技术实训指导专业人员

职业编码：2-06-08-04

习近平总书记在党的十九大报告中指出，要深化产教融合。有这样一类从业人员，他们通过对职业技术实训指导的课程设计与实施，把岗位对人才的知识、能力、素质需求作为最高原则，统筹兼顾职业性、技能性、实用性等岗位特征，培养懂技术、会操作、能管理的职业技术人才。他们是使企业需求与学校教学无缝衔接，与技术发展方向合拍的践行者，他们就是职业技术实训指导专业人员。

一、职业技术实训指导专业人员的一天

记录时间：2023 年 6 月 2 日　　记录人：谷某峰

上午工作情况

8 点：

1. 整理和制作实训项目课件，检查课件与最新的职业技术更新迭代情况。（知识管理）

2. 按照 6S 管理制度布置实训设备现场。（环境管理）

3. 按照设备使用管理制度调试实训设备。（设备管理）

4. 整理和发放职业技术实训指导手册，按照人力资源绩效管理制度记录相关实训数据及成绩。（绩效管理）

10 点：

1. 按照人力资源培训管理制度讲解实训相关环节的概念和注意事项。（培训管理）

2. 结合当前真实的生产活动，展示和剖析实训项目案例。（培训管理）

3. 结合当前真实的生产分工，布置安排实训任务。（培训管理）

4. 按照实训设备使用管理制度操作实训设备设施。（设备管理）

5. 结合当前真实的生产分工，展开实训活动。（培训管理）

职业技术实训指导专业人员工作场景

下午工作情况

15 点：

1. 检查受训人员实训过程中对相关职业技术掌握熟练情况，监督指导实训进度，组织段落性汇报实训成绩。（知识管理）

2. 复盘和总结实训结果，展示与讨论实训人员实训绩效目标完成率，按照人力资源绩效管理制度记录相关实训数据及成绩。（绩效管理）

3. 记录受训人员实训绩效情况，做好实训指导手册项目关键节点注意事项的笔记。（培训管理）

17 点：

1. 实训人员自由练习项目安排。（自主管理）

2. 实训人员互相评价和讨论。(团队建设)

3. 布置实训人员结合相关课程与实际生产工作活动的课后拓展练习。(自主管理)

实训人员在自由练习中

二、什么是职业技术实训指导专业人员

职业定义。职业技术实训指导专业人员是指在职业教育机构、企业及相关培训机构中，从事职业技术培训需求分析、方案策划、训练实施、效果评估、改进指导等工作的专业人员。

定义解读。职业技术实训指导专业人员可以理解是在职业技术院校、企业及相关培训机构中，依靠和吸收企业技术骨干、学者专家，利用实习实训基地等场所，亲身为用人单位培养生产、建设、管理和服务第一线需要的高技能人才的专业人员。

关联职业。密切关联的职业有企业人力资源专业人员、院校实习实训指导教师。他们的相同点在于，职业技术实训指导专业人员、企业人力资源专业人员、院校实习实训指导教师都是与培养职业技术人才直接相关的职业，都需要掌握职业技术实训指导等方面的知识。他们的不同点在于，企业人力资源专业人员需要对企业用人需求了解到位，所以侧重职业技术技能；院校实习实训指导教师大多侧重职业理论知识；职业技术实训指导专业人员是使企业需求与学校教学无缝衔接、与技术发展方向合拍的践行者，所以侧重职业技术技能的实训课程设计与实施。

相应岗位。人力资源培训专业人员、职业技能训练师等。

三、职业技术实训指导专业人员的主要工作职责

1. 对标行业职业技术用人要求，根据职业技术实训教学计划和实训教学大纲的要求，认真编写或选用实训指导书，以保证实训的教学质量。

2. 根据职业技术院校、企业及相关培训机构人才培养方案及实训课程标准要求，做好实训前的准备工作，保证实训课按计划开展。

3. 掌握有关仪器设备的原理、性能、调试和使用技术，严格执行实训室规章制度，做好日常的管理工作。

4. 根据课程标准的要求，详细讲解课程的目的、要求、内容、操作规程及安全注意事项，并按要求做好示范操作，指导学生做好实训前的准备工作。

5. 巡视学生实训的整个操作过程，随时解答学生的提问，发现问题及时纠正，为学生做好实训指导服务，保证实训课程按照实训大纲要求进行。

6. 实训项目结束前，指导人员要进行讲评，评述学生本次实训的情况，分析实训项目的重点、难点并做好学生答疑工作。

7. 重视和研究实训室仪器设备的开发利用，做好仪器设备及测量工具的维护、计量、校准、标定工作，保持仪器设备处于良好的工作状态。

8. 负责学生实训成绩的考核，综合学生对待实训的态度、能力和水平，实训作业、总结报告的质量和考试成绩等方面，对学生进行综合考量，考核结果按优秀、良好、中等、及格和不及格五级评分。

9. 根据单位制定的仪器设备管理办法，保持仪器设备的性能稳定，在实训中如果仪器设备出现故障或者发生事故，要及时报告和处理，防止事态扩大，以避免引起不必要的损失，并认真做好有关记录。

10. 指导人员应根据实训要求及时填报学期实训教学计划。

11. 重视实训技术标准的使用，树立职业化意识，指导教育学生养成尊重事实、重视标准依据、善于分析的良好习惯。

12. 及时吸收最新的职业技术成果，用于实训指导，研究、探索和改革实训技能训练方法，努力提升实训指导质量。

四、职业技术实训指导专业人员的薪酬福利待遇

平均薪酬水平。从 2023 年 7 月看准网反馈的信息可知，职业技术实训指导专业人员月薪为 8000~10000 元的占 28.7%。按学历统计，大专文凭的职业技术实训指导专业人员月薪约为 7800 元。按经验不同，资深的职业技术实训指导专业人员月薪为 12000~15000 元。大集团公司的职业技术实训指导专业人员月薪为 6000~12000 元（一般在 8000 元上下浮动）。

与类似职业对比。从 2023 年 7 月看准网反馈的信息可知，职业技术实训指导专业人员的薪酬比就业培训机构培训师的薪酬有优势，更加显著高于企业人力资源专业人员、院校实习实训指导教师。类似职业薪酬水平见表 2-06-08-04-1。

表 2-06-08-04-1　类似职业薪酬水平

职业名称	薪酬水平（元 / 月）
职业技术实训指导专业人员	6000~12000
就业培训机构培训师	6000~8000
企业人力资源专业人员	4500~6000
院校实习实训指导教师	4500~6000

五、从事职业技术实训指导专业人员工作需要哪些本领

该职业从业人员需具备的知识和技能主要包括安全生产基础知识、6S 管理制度知识、设备设施操作规范知识、人力资源管理知识、PDCA 持续改善实训管理知识、团队建设以及个体激励的培训技能等。

职业技术实训指导专业人员需具备的知识和技能见表 2-06-08-04-2。

表 2-06-08-04-2　职业技术实训指导专业人员需具备的知识和技能

职业功能	工作内容	知识和技能要求
人员管理	知识管理	检查课件与最新的职业技术更新迭代情况，确保受训人员得以接受最新的职业技术与技能培训
	培训组织与指导	注意严格按照人力资源培训管理制度组织实训
环境管理	场所管理	能检查实训场所清洁、消毒过程和状态，能检查实训场所废弃物处理情况
	职场管理	注意严格按照 6S 管理制度布置现场
设备设施管理	维护管理	能检查实训设备设施的使用和维护情况
	安全作业管理	能检查实训设备设施的正常启动工作情况，能处置实训设备设施作业异常情况
过程管理	职场管理	结合当前真实生产活动与分工展开实训，确保受训人员得以接受真实的职业技术与技能培训
	实训过程管理	检查受训人员实训过程中对相关职业技术掌握熟练情况，确保受训人员得以接受最新的职业技术与技能培训
	绩效管理	按照人力资源绩效管理制度记录相关实训数据及成绩
	可追溯管理	忠实记录受训人员每次实训绩效情况
生涯管理	自主管理	能够引导实训人员自由练习项目安排，培养受训人员的自主学习意识及自主管理能力
	团队建设	善于组织实训人员互相评价和讨论，培养受训人员的团体学习意识及协同作业能力
	生涯管理	勤于鼓励实训人员结合相关课程与实际生产工作活动，展开拓展学习与操作

六、职业技术实训指导专业人员的专业教育现状

（一）相关专业

目前国内已有众多院校开设了与该职业相关的专业，涉及普通本科院校和职业院校。普通本科院校专业有工商管理、人力资源管理、市场营销、物流管理等。职业院校专业有人力资源管理、劳动与社会保障、行政管理、质量管理与认证等。

（二）开设相关专业的院校（排名不分先后）

★ 相关院校：中国人民大学、北京工商大学、北京林业大学、北京师范大学、北京语言大学、中央财经大学、对外经济贸易大学、首都经济贸易大学、中央民族大学等。

◆ 相关院校：天津职业技术师范大学、山西工程科技职业大学、广西农业职业技术大学、广西职业师范学院、兰州石化职业技术大学、兰州资源环境职业技术大学、石家庄信息工程职业学院、河北政法职业学院等。

七、职业技术实训指导专业人员的就业创业信息

该职业就业前景较好的城市有上海、北京、重庆、广州、天津、武汉、南京、成都、石家庄、苏州、长沙、常州、东莞、佛山、福州、杭州、合肥、南通、宁波、青岛、深圳、无锡、西安、厦门、郑州等。

吸纳职业技术实训指导专业人员就业较多的用人单位如下。

1. 职业院校：上海南湖职业技术学院、北京信息职业技术学院、重庆工业职业技术学院、广州民航职业技术学院、苏州工业园区职业技术学院、天津职业技术师范大学、山西工程科技职业大学、广西农业职业技术大学、广西职业师范学院、兰州石化职业技术大学、兰州资源环境职业技术大学、河北工业职业技术学院等。

2. 全国培训就业连锁机构：北京中公教育科技有限公司、北京光环国际教育科技股份有限公司、北京无忧创想信息技术有限公司、北京北大青鸟软件系统有限公司、北京凌阳爱普科技有限公司、图播零（上海）教育科技股份有限公司、北京华图宏阳教育文化发展股份有限公司、开元教育科技集团股份有限公司、北

京粉笔蓝天科技有限公司等。

3. 智能制造企业：京东方科技集团股份有限公司、中国宝武钢铁集团有限公司、三一重工股份有限公司、珠海格力电器股份有限公司、中控技术股份有限公司、四川长虹电器股份有限公司、上海机电股份有限公司、楚天科技股份有限公司、同方威视技术股份有限公司等。

注：以上机构信息仅供参考，不代表编写出版方对其推荐或认可。

八、职业技术实训指导专业人员的职业贯通发展

该职业的发展路径主要有四条。管理路线，即从普通员工晋升到主管 / 单位中层，再晋升到经理 / 单位领导层，甚至往更高的领导职务发展。专家路线，即不断提高技能水平，成为产教融合行业专家。复合人才路线，即向其他行业跨越或职业转型，如通过学习相关知识技能转型为就业培训机构培训师、实训课程架构师、职业信息分析专业人员等。创业路线，即基于个人兴趣爱好进行创新创业。职业技术实训指导专业人员职业贯通发展如图 2-06-08-04-1 所示。

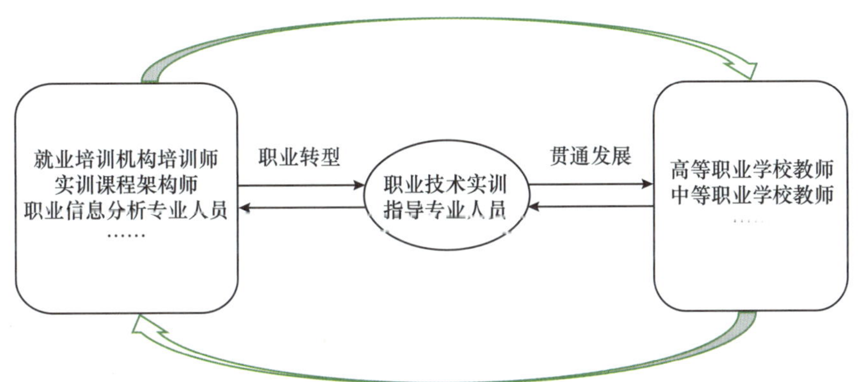

图 2-06-08-04-1　职业技术实训指导专业人员职业贯通发展

九、职业技术实训指导专业人员的发展前景

从市场供需看。艾媒咨询发布的《2021 年中国职业培训市场研究报告》显示，2021 年，中国职业培训市场规模达到 2310.5 亿元。有关数据显示，2021 年中国高校应届毕业生总人数为 909 万人，同时 2021 年 5 月第七次全国人口普查

结果显示，每 10 万人中具有大学文化程度的人口为 15467 人，大学教育逐渐成为一种通识教育。但与此同时，结构性就业矛盾更加突出，2020 年中国高技能人才占就业总人口比重仅为 26%，职业培训成为改善高技能人才短缺问题的关键突破口。截至 2021 年 5 月底，我国存续职业培训机构数量达 164678 家。国内现在需要 600 多万名懂得职业技术实训指导的中高级专业人才。

从产业发展看。2023 年 6 月，国家发展改革委、教育部等 8 部门联合印发《职业教育产教融合赋能提升行动实施方案（2023—2025 年）》，明确到 2025 年国家产教融合试点城市达到 50 个左右、在全国建设培育 1 万家以上产教融合型企业等一系列目标。中国产业调研网发布的《2018—2025 年中国教育培训市场深度调查研究与发展前景分析报告》显示，培训教育业的连锁企业数量稳步增长，主要教育培训连锁品牌的店铺增长率约 26%。职业技术技能培训市场将得到快速迅猛发展。

从政策红利看。2022 年 12 月，中共中央办公厅、国务院办公厅印发《关于深化现代职业教育体系建设改革的意见》，要求加强“双师型”教师队伍建设。设置灵活的用人机制，采取固定岗与流动岗相结合的方式，支持职业学校公开招聘行业企业业务骨干、优秀技术和管理人才任教；设立一批产业导师特聘岗，按规定聘请企业工程技术人员、高技能人才、管理人员、能工巧匠等，采取兼职任教、合作研究、参与项目等方式到校工作。鼓励学校、企业以“校中厂”“厂中校”的方式共建一批实践中心，服务职业学校学生实习实训，企业员工培训、产品中试、工艺改进、技术研发等。

十、相关内容链接

国家职业标准：暂缺。

相关政策文件：见表 2-06-08-04-3。

表 2-06-08-04-3　职业技术实训指导专业人员相关政策文件

发布或通过时间	发布或通过机构	文件名称
2020 年 12 月	人力资源社会保障部	《关于进一步加强高技能人才与专业技术人才职业发展贯通的实施意见》

续表

发布或通过时间	发布或通过机构	文件名称
2022年12月	中共中央办公厅、国务院办公厅	《关于深化现代职业教育体系建设改革的意见》
2023年6月	国家发展改革委等8部门	《职业教育产教融合赋能提升行动实施方案（2023—2025年）》

供稿：北方职业教育集团　谷岳峰

高等职业学校教师

职业编码：2-08-01-02

高等职业教育是我国高等教育的重要组成部分，是高等教育发展中的一个类型。高等职业学校教师也被公众尊称为高校教师或大学老师，他们讲授大学课程，探索教研教改，发表学术论文。

打铁必须自身硬，要想学生“半桶水”，自己须先“蓄满水”。高等职业学校教师要指导学生参加各项技能大赛及创业大赛，以技服生、以赛促教，让更多的高技能人才涌现，用技能绘就精彩人生。

一、高等职业学校教师的一天

记录时间：2023 年 5 月 5 日 **记录人：赵某**

上午工作情况

8 点 20 分：

到达学校教学楼实训室，打开讲台计算机，调试播放教学课件。（课前准备）

8 点 30 分：

1. 组织学生完成线上签到。（课堂考勤）
2. 点评学生课前学习测验情况，并讲解课程重难点。（课堂点评）
3. 交流互动，解答学生提出的问题并布置课后作业。（解答疑问）

10 点 25 分：

参加学校组织的公开课听评课活动，进一步提升教学能力。（听评课）

下午工作情况

14 点：

作为班主任，到班级查课，掌握班级出勤情况以及学生听课状态，并与任课老师沟通了解班级学生的学习状态。（查课）

15 点：

批阅毕业班学生顶岗实习周志。在线联系未及时完成本周周志的学生，适时了解本周的实习动态，帮助解决实习中的困难和困惑，并催交周志。（顶岗实习管理）

16 点：

结合职教热点及专业研究领域，进行科研选题。登录中国知网、万方数据库，收集项目相关文献资料，初步填写课题申报表。（申报课题）

二、什么是高等职业学校教师

职业定义。高等职业学校教师是指在高等职业学校，专门从事教育教学及科学研究工作的专业人员。

定义解读。高等职业学校是高等教育学校的重要类型，也是职业教育的重要组成部分。职业技术学院、职业学院、高等专科学校、职业技术大学和职业大学均是高等职业学校名称后缀，分为专科与本科两个学历层次。在这类学校任教的老师为高等职业学校教师。

关联职业。密切关联的职业有普通高等学校教师、中等职业学校教师等。高等职业学校教师在组织实施中高职衔接，高职与普通本科融通教育教学工作中，需要上述职业人员的支持与协助。例如，高等职业学校教师需要中等职业学校教师提供学生在中等职业学校的学习情况、性格爱好等，以便对学生开展适应性的指导和辅导。

相应岗位。根据工作任务，高等职业学校教师分为高等职业学校辅导员、高等职业学校专任教师、高等职业学校教学管理人员、高等职业学校科研管理人员等。

三、高等职业学校教师的主要工作职责

1. 讲授、辅导高等职业学校的基础课、专业基础课、专业课课程，答疑、批改作业，组织课堂讨论等。

2. 编制实验室建设方案，参加实验室建设，指导实验教学。

3. 组织、指导生产实习、社会实践和社会服务。

4. 指导课程设计、毕业设计、毕业论文及岗位实习等。

5. 开展学生思想政治工作、职业指导工作，担任班主任或政治辅导员。

6. 编写更新教材及讲义，进行教育教学研究。

7. 编审教材及教学参考书，确保教材及教学参考书符合课程教学、实践需求。

8. 制定考核方案，进行学生学习成绩的考试、考核。

9. 参加教学能力、科研能力、师德师风等方面的培训，提升自身综合素质。

10. 专业教师每年至少 1 个月在企业或生产性实训基地锻炼，每 5 年累计企业实践经历不少于 6 个月。

11. 进行科学研究、技术开发和成果转化。

四、高等职业学校教师的薪酬福利待遇

平均薪酬水平。根据国家统计局相关数据，2022 年全国城镇非私营单位中教育行业人员年平均工资为 120422 元，比 2021 年增长 8.1%；2022 年全国城镇私营单位中教育行业人员年平均工资为 52771 元，比 2021 年增长 0.4%。在同一单位内部，由于就业人员所处岗位不同，工资水平也会存在一定差异。例如，2022 年规模以上企业就业人员中，教育行业的中层及以上管理人员年平均工资为 183013 元，教育行业的专业技术人员年平均工资为 105383 元，教育行业的办事人员和有关人员年平均工资为 87210 元。具有中级、高级职称的高等职业学校教师与专业技术人员工作性质相似，具有初级职称的高等职业学校教师与办事人员和有关人员的工作性质相似，可参考以上薪酬数据。

与类似职业对比。根据 BOSS 直聘 2023 年 8 月调研数据，类似职业薪酬水平见表 2-08-01-02-1。

表 2-08-01-02-1 类似职业薪酬水平

职业名称	薪酬水平（元 / 年）
高等职业学校教师	80000~110000
高级中学教师	80000~120000
初级中学教师	70000~100000
小学教师	50000~80000
幼儿园教师	40000~60000

五、从事高等职业学校教师工作需要哪些本领

该职业从业人员需具备的知识和技能主要包括本专业理论知识和实践能力，运用信息技术开展混合式教学等教法改革能力，跟踪新经济、新技术发展前沿能力，开展技术研发与社会服务能力等。

高等职业学校教师需具备的知识和技能见表 2-08-01-02-2。

表 2-08-01-02-2 高等职业学校教师需具备的知识和技能

职业功能	工作内容	知识和技能要求
学生思想教育	开展学生思想政治、职业指导工作	树立育人为本、德育为先的理念，重视学生德智体美劳全面发展；了解学生安全防护的知识，掌握针对学生可能出现的各种侵犯、伤害行为的预防与应对方法；能够根据学生的兴趣和特长，帮助制订职业生涯规划，做好职业指导工作
课程教学	教学设计	具有扎实的理论基础，掌握所教学科知识体系、基本思想与方法；了解所教学科与社会实践以及其他学科的联系，能够合理利用教学资源，科学编写教学方案；能够合理设计主题鲜明、丰富多彩的教学活动及科学有效的考评体系
	教学实施	能够创设适宜的教学情境，将现代教育技术手段整合应用到教学中，根据学生的学习效果及时调整教学活动；能够灵活运用启发式、探究式、讨论式、参与式等教学方式，激发学生主动性、积极性；普通话标准，语言表达流畅，课堂讲授效果良好

续表

职业功能	工作内容	知识和技能要求
课程教学	教学评估	能够对学生日常表现进行观察与判断，及时发现和表扬每一位学生的进步；能够灵活使用多元考核评价方式，给予学生恰当的评价指导，并引导学生开展积极的自我评价；能够利用评价结果不断改良教育教学工作
科学研究	科学研究	掌握专业的教学规律和教学方法，能够开展教育教学改革，参与编写教材和教学参考书，参加科学研究、技术开发；具有一定的文案撰写能力，公开发表有专业水平的学术论文或艺术作品
社会服务	成果转化	了解本专业工作过程或技术流程，在实习实训教学、设备改造、技术革新、成果转化等校企合作方面提供技术培训，取得一定的经济效益和社会效益

六、高等职业学校教师的专业教育现状

（一）相关专业

目前已有较多的高等院校开设了与高等职业学校教师职业相关的专业。普通本科院校相关专业有教育学、英语、数学与应用数学、经济学、法学、体育教育、财务管理等。高等职业院校相关专业有软件技术、智能制造工程技术、应用化工技术、电子商务、现代物流管理、连锁经营与管理等。

（二）开设相关专业的院校（排名不分先后）

★ 相关院校：北京师范大学、浙江大学、山东师范大学、河北师范大学、北京体育大学、北京外国语大学、南京大学、北京大学、复旦大学、武汉大学等。

◆ 相关院校：兰州资源环境职业技术大学、南京工业职业技术大学、海南科技职业大学、河北工业职业技术大学、广东工商职业技术大学、广西城市职业大学、深圳职业技术大学等。

七、高等职业学校教师的就业创业信息

吸纳高等职业学校教师就业较多的用人单位如下。

1. 高等职业学校：北京财贸职业学院、山东商业职业技术学院、天津商务职业学院、深圳信息职业技术学院、江苏经贸职业技术学院、武汉软件工程职业学院、武汉职业技术学院、南京工业职业技术大学、河北工业职业技术大学、广东工商职业技术大学、深圳职业技术大学等。

有条件的高等职业学校建立了校办企业，本校教师可利用校办企业的设备开展专业性实践。在产学研体系的长期训练之下，一方面，教师形成了企业化思维，对企业运作的模式非常了解，进而也能为其在创新设计中提供丰富的思路，如降低成本、提高效率等；另一方面，由于教师长期受到产品思维的熏陶，其创新能力也会加强，在指导学生的过程中更加得心应手，同时可开办企业进行创业。

2. 教育服务公司：中联集团教育科技有限公司、中教畅享（北京）科技有限公司、北京博导前程信息技术股份有限公司、北京东大正保科技有限公司、达内时代科技集团有限公司、北京智训通教育科技有限公司等。

注：以上机构信息仅供参考，不代表编写出版方对其推荐或认可。

八、高等职业学校教师的职业贯通发展

高等职业学校教师发展路径主要有四条。管理路线，即从教师晋升到副院长、院长、副校长、校长等。专家路线，即不断提升技能水平，在职称等级上不断晋升，目前设有助教、讲师、副教授、教授四个等级。复合人才路线，即以高等职业学校教师所积累的知识技能为依托，向教育学研究人员、管理学研究人员等职业转型发展。创业路线，即基于个人专业、技术能力进行创新创业，成立专业相关的企业，开展技术培训、项目承接等工作。高等职业学校教师职业贯通发展如图 2-08-01-02-1 所示。

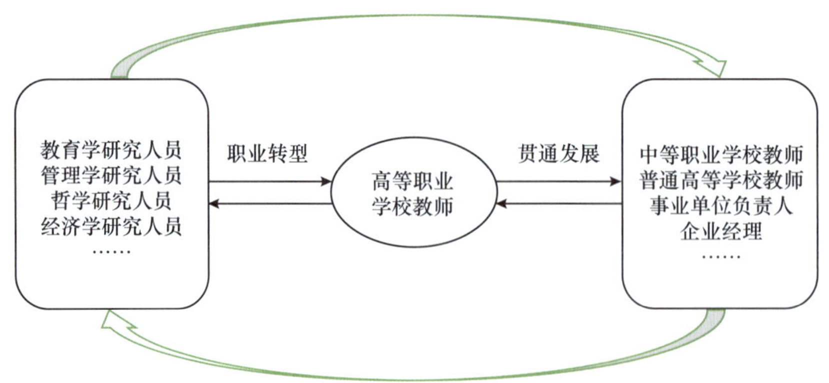

图 2-08-01-02-1　高等职业学校教师职业贯通发展

九、高等职业学校教师的发展前景

从市场供需看。截至 2022 年年底，全国本科层次职业学校专任教师 2.78 万人，高职（专科）学校 61.95 万人；本科层次职业学校生师比为 18.31：1，高职（专科）学校生师比为 19.69：1。2023 年 3 月，《中国青年报》中提到，如果按 2022 年教育部等 5 部门印发的《职业学校办学条件达标工程实施方案》中 18：1 的生师比标准测算，当前我国高等职业院校专任教师数量缺口约为 31 万人。高等职业学校教师的市场需求巨大，为该职业发展提供了广阔的发展空间。

从产业发展看。教育部于 2023 年 7 月 5 日发布的《2022 年全国教育事业发展统计公报》显示，截至 2022 年年底，全国本科层次职业学校共 32 所，校均规模 19487 人；高职（专科）学校共 1489 所，校均规模 10168 人。高职（专科）招生 538.98 万人，同口径比 2021 年增加 31.59 万人，增长 6.23%；高职（专科）在校生 1670.90 万人，比 2021 年增加 80.80 万人，增长 5.08%；高职（专科）毕业生 494.77 万人，比 2021 年增加 96.36 万人，增长 24.19%。高等职业教育在人才培养规模上已占据我国高等教育的“半壁江山”。我国随着服务业和制造业转型升级，急需大量的高层次技能型人才作为基础支撑。职业教育可以使得技能型人才快速成长并满足市场需求，进而为经济发展提供可靠的人才基础和战略支撑。国家大力发展职业教育已成为人才引领战略的重要措施之一。

从政策红利看。目前，已有省份发文明确要求提升职业教育教师待遇。其中，山东省提到要按规定保障职业学校教师工资待遇，公办职业院校绩效工资水平最高可达到所在行政区域事业单位绩效工资基准线的5倍；各地各校要将依法依规落实教师待遇保障作为底线要求，出台教师激励支持政策，在全社会营造尊师重教的良好氛围；学校通过校企合作、社会培训、自办企业等取得的收支结余，可按照不低于50%的比例作为绩效工资的资金来源。

2020年12月，教育部、广东省人民政府发布《关于推进深圳职业教育高端发展 争创世界一流的实施意见》，文件提出专业课教师中“双师型”教师比例不低于80%的目标。加强“双师型”教师待遇保障，可以借鉴德国“双元制”职业教育经验，规范和保障教师的相关权益。一方面，适度合理地提升“双师型”教师薪酬待遇，适当扩大“双师型”教师与普通职业教师薪酬差距，并设定其特有的职级序列体系，对有重大应用型科研成果和技艺的教师提供专项激励和晋升绿色通道，增强岗位吸引力；另一方面，完善多层次的法律法规及制度保障体系。

十、相关内容链接

国家职业标准：暂缺。

相关政策文件：见表2-08-01-02-3。

表2-08-01-02-3 高等职业学校教师相关政策文件

发布或通过时间	发布或通过机构	文件名称
2022年11月	教育部等5部门	《职业学校办学条件达标工程实施方案》
2022年12月	中共中央办公厅、国务院办公厅	《关于深化现代职业教育体系建设改革的意见》

供稿：武汉软件工程职业学院 赵苗

体育经理人

职业编码：2-09-07-05

彼得·尤伯罗斯是1984年洛杉矶奥运会组委会主席，首创了奥运会商业运作的私营模式——尤伯罗斯模式。他曾在一次演讲里说道，他并非洛杉矶奥运会的改变者或拯救者，只是那一届赛事的体育经理人。皇家马德里足球俱乐部主席弗洛伦蒂诺·佩雷斯·罗德里格斯也曾说，他不希望人们把他当成皇家马德里足球俱乐部的老板，本质上他只是一个体育经理人。为什么这些世界级体育泰斗都以"体育经理人"自称？因为他们都非常热爱这份"职业"。在体育产业蓬勃发展的今天，体育经理人的发展也引起越来越多人的关注。成为一名合格的体育经理人需要哪些素质？体育经理人的就业前景又如何？"十四五"时期，我国体育发展仍然处于重要战略机遇期，体育经理人既担负体育产业高质量发展大任，也面临行业赋予的更多机遇与挑战！

一、体育经理人的一天

记录时间：2023年12月1日　　记录人：王某玲

上午工作情况

9点：

1. 在办公室查看文件和分析调查报告，制订体育项目营销活动的计划和总体方案。（整体策划）

2. 制定体育项目营销活动的总体流程，并上报活动报批材料。（实施方案策划）

3.编写活动的计划书、赛事的具体流程、具体的实施方案和新闻稿等。（文案写作）

4.和团队成员一起制订营销计划，并和相关媒体联系，沟通体育项目宣传报道等情况。（具体的活动营销）

下午工作情况

14点：

1.在体育项目网站和相关平台发布相关信息。（线上宣传）

2.与团队成员一起，到一些公园或体育场所进行体育项目活动宣传，发放传单或宣传手册等。（线下宣传）

16点：

1.和团队成员一起检查体育项目各项准备工作，并和主办方沟通协调相关事宜。（组织协调）

2.执行体育项目的现场管理，如现场观众的入场安排等，并及时处理解决现场出现的问题。（现场管理）

18点：

1.对体育项目活动的资料进行分类归纳。（资料归档）

2.对体育项目活动进行总结分析，对比分析实际情况与目标计划的一致性，并对出现的偏差分析原因和提出相应的措施，完成总结报告的撰写。（活动总结与建议）

二、什么是体育经理人

职业定义。体育经理人是指在体育组织中，从事赛事运作、场馆运营、项目管理的专业人员。

定义解读。体育是指以身体练习为基本手段，以提高人们的健康水平、促进人的全面发展、提高运动技术水平和丰富人们文化生活为目的的一种有意识、有目的的社会活动。体育可以分为学校体育、竞技体育和社会（群众）体育。学校体育是指学生在学校里接受的体育教育，通过体育教师传授体育锻炼的知识、技术和技能，以此来提高学生体质健康，培养学生养成良好的品德和终身体育锻炼意识，从而达到促进学生全面发展的一种教育。竞技体育是指对运动员进行科学、系统的训练，以在体育比赛中创造优异运动成绩、夺取比赛胜利为主要目标的社会体育活动。社会（群众）体育是指人们为了增强体质、预防疾病，在社会上广泛开展的各项体育活动的总称。经理人是指能够利用自己所学专业知识和丰富的管理经验，带领团队成员一起让企业或公司获得最大经济效益的中层管理者。简而言之，体育经理人就是一个既懂体育又懂经营管理的复合型人才。

关联职业。密切关联的职业有体育经纪人。体育经理人和体育经纪人的共同点在于，在从事这个职业前，都必须获得从业资格证。他们都可以从事运动员转会经纪、体育明星广告代言经纪、赛事赞助经纪等业务。但两者也有不同点，体育经理人包含体育经纪人，体育经纪人是体育经理人职业体系中的一种，体育经理人的就业空间比体育经纪人更为广泛。一般而言，体育经理人是负责体育项目工作的中层或以上的管理者。而体育经纪人则更像体育中介的角色，负责明星的签约、转会、代言等，并从中按比例收取佣金，不参与实际运营管理。

相应岗位。体育赛事经理人、体育场馆经理人、足球经理人、体育营销经理人、健身俱乐部经理人等。

健身俱乐部

三、体育经理人的主要工作职责

1. 负责对市场进行调研，并制定市场营销策略和方案。

2. 负责对体育产品进行推广实施。

3. 负责收集整理消费者对产品的意见，并向企业反馈，提出最优化建议。

4. 负责对体育俱乐部运动员的训练和比赛进行规划和管理，并对体育俱乐部的潜在商业价值进行开发和运营。

5. 为体育明星的职业生涯发展进行规划，帮助运动队与球迷和媒体联系，负责促成运动员或运动队与赞助商或制造商的合作，如代言品牌、给品牌拍广告等，为运动员带来高额利益。

6. 负责体育赛事的调查与研究，撰写赛事的申报书。

7. 负责体育赛事的筹备与组织工作，并全程监督与管理赛事的举办情况。

8. 负责研究和制定各体育项目的竞赛管理办法和商业开发方案，并推广实施。

9. 负责制定体育场馆和体育设施的市场调研及运行方案。

10. 负责撰写工作的阶段和年度总结报告，并提出合理化建议。

四、体育经理人的薪酬福利待遇

平均薪酬水平。体育经理人的薪资待遇与其所在机构的规模和水平、个人绩效等因素有关。一般来说，职业俱乐部和大型赛事的体育经理人的薪资相对较高，而体育品牌等机构的体育经理人的薪资则相对较低。猎聘网 2022 年的数据显示，体育经理人 2022 年薪酬待遇的高低，和他们的学历、工作年限等相关。一般情况下，学历和工作年限越高，其薪资就越高。工作年限 1 年以下的体育经理人的平均月薪为 9150 元，工作年限 5 年以上的体育经理人的平均月薪可达到 74522 元，全部年限平均月薪为 17225 元。城市平均薪资对比排前三的城市分别为深圳、北京、上海。

与类似职业对比。猎聘网 2022 年的数据显示，体育经理人的薪资水平要高于体育教师、健身教练（体育培训类）、运动防护师的薪酬水平。类似职业薪酬水平见表 2-09-07-05-1。

表 2-09-07-05-1 类似职业薪酬水平

职业名称	薪酬水平（万元 / 年）
体育经理人	10~90
体育教师	8~15
健身教练（体育培训类）	8~15
运动防护师	8~12

五、从事体育经理人工作需要哪些本领

该职业从业人员需具备的知识和技能主要包括体育赛事活动的组织管理能力、体育赛事活动的策划能力、体育项目的营销能力、商业开发的能力和体育商业政策法规与法律知识等。同时也要具备良好的沟通能力、项目组织和管理能力、时间管理能力等。其核心技能是策划与组织管理。

体育经理人需具备的知识和技能见表 2-09-07-05-2。

表 2-09-07-05-2 体育经理人需具备的知识和技能

职业功能	工作内容	知识和技能要求
体育项目策划	项目方案调研	能使用文献资料筛选、信息检索法、访谈法、观察法、问卷调查法等进行项目方案调研
	项目实施方案策划	具备对资料进行归纳整理、分析的能力
	相关项目文案的写作	能撰写调查报告和相关文案，能制作 PPT 汇报文件
体育项目营销	营销准备	能收集、分类、录入目标群体的信息，具备体育专业知识、市场营销知识、社会学和心理学知识等
	营销实施	能使用现代社交网络媒体平台工具

续表

职业功能	工作内容	知识和技能要求
体育项目宣传推广	项目执行计划分析	能对营销计划书进行归纳总结并推广执行计划
	官方平台宣传	能创建现代主流社交媒体官方平台账号
	运动大数据和新媒体营销	能利用大数据分析与体育项目相关的海量数据，能使用体育新媒体营销方法（如直播、微信营销、“互联网 + 体育”等方法）
	线下活动推广	能准备线下推广活动所需的材料和工具，能按计划执行线下推广活动
体育项目监控	监控活动过程	了解活动监控的流程形式和方法
	调整工作方案	具备一定的应急方案策划能力，能及时处理现场的安全事故
体育项目总结	活动评价	能够对整个活动过程进行描述性分析和对活动的结果进行评价
	资料归档	具备体育项目记录的相关知识，能够识读体育项目业务相关记录和文件，具备体育项目业务资料整理与归纳知识，能够整理、归纳体育项目业务资料
	客户管理	能够对客户需求进行分析与反馈，具备客户管理相关知识，能够建立客户关系信息管理系统

六、体育经理人的专业教育现状

（一）相关专业

目前已有较多的院校开设了与该职业相关的专业，涉及普通本科院校、职业院校。普通本科院校相关专业有体育经济与管理、公共事业管理等。职业院校相关专业有体育运营与管理、健身指导与管理、冰雪运动与管理等。

（二）开设相关专业的院校（排名不分先后）

★ 相关院校：北京体育大学、上海体育大学、武汉体育学院、首都体育学院、天津体育学院、西安体育学院、天津财经大学、广州体育学院、中央财经大学、南京体育学院等。

◆ 相关院校：北京体育职业学院、天津体育职业学院、广东体育职业技术学院、石家庄工程职业学院、常州工程职业技术学院、浙江体育职业技术学院、山西体育职业学院、广州体育职业技术学院、宁夏体育职业学院、四川体育职业学院等。

七、体育经理人的就业创业信息

该职业从业人员主要分布在北京、上海、广州、深圳、杭州、成都、南京等城市。

吸纳体育经理人就业较多的用人单位如下。

1. 体育用品公司：李宁（中国）体育用品有限公司、迪卡侬（上海）体育用品有限公司、阿迪达斯体育（中国）有限公司、安踏体育用品集团有限公司、耐克体育（中国）有限公司等。

2. 职业体育俱乐部：北京首钢篮球俱乐部、广东宏远篮球俱乐部、新疆广汇职业篮球俱乐部、辽宁衡业飞豹篮球俱乐部等。

3. 体育互联网公司：中视体育娱乐有限公司、乐视体育文化产业发展（北京）有限公司等。

4. 体育经纪公司：上海强尧体育咨询有限公司、北京众辉国际体育管理有限公司、广东鸿天体育管理有限公司、盈方体育传媒（中国）有限公司等。

5. 全民健身活动中心：南京全民健身中心、沈阳市全民健身中心、北京市东单体育中心、济南市全民健身中心等。

注：以上机构信息仅供参考，不代表编写出版方对其推荐或认可。

八、体育经理人的职业贯通发展

该职业的发展路径主要有四条。管理路线，即从普通的员工晋升到主管、单位中层，再晋升到单位领导层次，甚至向更高的领导职务发展。专家路线，即不断提高技能水平，成为体育经理人技术领域专家。复合人才路线，即向其他行业跨越或职业转型，如通过学习相关知识和技能转型为综合管理师。创业路线，即基于个人兴趣爱好进行创新创业。体育经理人职业贯通发展如图 2-09-07-05-1 所示。

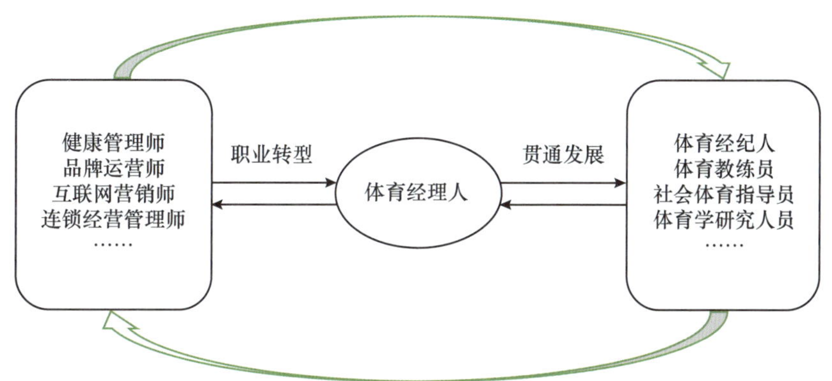

图 2-09-07-05-1　体育经理人职业贯通发展

九、体育经理人的发展前景

从市场供需看。国家统计局和国家体育总局的公告指出，体育产业总规模（总产出）从 2016 年的 19011.3 亿元增加到 2021 年的 31175 亿元，显示我国体育产业强劲的增长潜力和巨大的市场空间。国家体育总局印发的《“十四五”体育发展规划》指出，到 2025 年我国体育产业从业人员超过 800 万人。截止到 2019 年年底，我国体育产业从业人员只有 505 万人，有近 300 万人的人才缺口，就业前景十分可观。

从产业发展看。第四次全国经济普查数据显示，2018 年年底，我国共有体育产业法人单位 23.8 万个，从业人员 443.9 万人（不包括产业活动单位、个体户从业人数），占全部第二、第三产业比重分别为 1.1% 和 1.2%；体育产业法人单位资产总计突破 3 万亿元，体育产业企业法人单位营业收入 23460.4 亿元。截至 2021 年 12 月，我国国家体育产业基地 334 个，其中示范基地 79 个、示范单位 143 家、示范项目 112 个，覆盖 31 个省（区、市）和 5 个计划单列市。《“十四五”体育发展规划》提出，到 2025 年，体育产业总规模达到 5 万亿元，增加值占国内生产总值比重达到 2%，居民体育消费总规模超过 2.8 万亿元。体育产业的快速发展对专业体育经理人的需求也随之加大。

从政策红利看。为了促进体育产业的发展，国家出台了一系列利好政策，例如，2019 年 8 月 10 日，国务院办公厅印发《体育强国建设纲要》，提出五大战略任务，到 2035 年，体育产业成为国民经济支柱性产业。2021 年 8 月 3 日，国务院印发的《全民健身计划（2021—2025 年）》指出，到 2025 年，全民健身公共服务体系更加完善，全国体育产业总规模达到 5 万亿元。2021 年 10 月 25 日，国家体育总局发布了《“十四五”体育发展规划》，文件提出了坚持供需两端发力，推动体育产业高质量发展。2023 年 7 月 20 日，国家体育总局办公厅印发了《关于恢复和扩大体育消费的工作方案》，提出了加大高质量赛事供给、培育壮大市场主体、提升场地设施质量、完善展览展示平台、大力传播体育文化、普及推广运动技能、培育精品示范工程、打造体育消费新业态、深挖冰雪消费潜力、完善体育消费统计等 16 条具体举措。这些政策的颁布，都将为体育经理人在体育商业世界中拥抱更多的机遇提供强有力的保障。

十、相关内容链接

国家职业标准：暂缺。

相关政策文件：见表 2-09-07-05-3。

表 2-09-07-05-3　体育经理人相关政策文件

发布或通过时间	发布或通过机构	文件名称
2019 年 8 月	国务院办公厅	《体育强国建设纲要》
2021 年 8 月	国务院	《全民健身计划（2021—2025 年）》
2021 年 10 月	国家体育总局	《“十四五”体育发展规划》
2023 年 7 月	国家体育总局办公厅	《关于恢复和扩大体育消费的工作方案》

供稿：南京工业职业技术大学　杨双燕

政务服务办事员

职业编码：3-01-01-02

“阿姨，您最后核对一下信息，确认无误后，点击这里确认就可以了。”在政务服务中心自助服务区政务服务办事员的指导下，王阿姨十几分钟便完成了社会保障卡补领业务办理。王阿姨激动地表示：真是太方便了！近年来，随着“放管服”改革和优化营商环境政策的不断落实，政务服务中心如雨后春笋般地迅速发展，社会对其政务服务水平与效率也提出了更高的要求。为了满足企业群众更高的服务需求，政务服务办事员职业应运而生。笑容满面的咨询导办人员、彬彬有礼的综合窗口受理人员、热情细心的帮办代办人员……政务服务办事员活跃在政务服务的方方面面。

政务服务办事员工作场景

一、政务服务办事员的一天

记录时间：2023 年 5 月 29 日　　记录人：赵某霖

上午工作情况

8 点 30 分：

1. 检查仪容仪表、着装标准是否符合规范要求。（形象管理）

2. 检查办公设备运行情况是否正常，查看用品摆放是否整齐、工作环境是否整洁干净。（环境管理）

9 点：

1. 依据相关要求，开展咨询、引导、帮办、代办等工作。（咨询引导）

2. 依据工作安排，开展接件、受理、告知、送达等工作。（业务受理、综合出件）

3. 及时总结服务经验，记录未受理、未审批或未办结等情况。（工作总结）

下午工作情况

12 点 30 分：

1. 检查仪容仪表、着装标准是否符合规范要求。（形象管理）

2. 检查办公设备运行情况是否正常，查看用品摆放是否整齐、工作环境是否整洁干净。（环境管理）

13 点：

1. 依据相关要求，开展咨询、引导、帮办、代办等工作。（咨询引导）

2. 依据工作安排，开展接件、受理、告知、送达等工作。（业务受理、综合出件）

3. 及时总结服务经验，记录未受理、未审批或未办结等情况。（工作总结）

17 点：

1. 及时留存和交接文档资料。（文件处理）

2. 将办公用品、工作资料、文件、印章等相关物品入柜。（归档整理）

3. 关闭工作计算机、评价器及其他相关设备，关闭所有办公设备电源。（设备管理）

4. 整理办公区域物品及卫生，做到桌面干净无杂物、地面整洁无垃圾、墙面不乱挂、柜台台面整洁。（环境管理）

5. 依据培训安排，参加理论知识学习培训和实际操作技能培训。（学习提升）

二、什么是政务服务办事员

职业定义。政务服务办事员是指在政务服务场所，从事咨询引导、业务处理、帮办代办、申报指导等服务工作的人员。

定义解读。政务服务办事员属于改革过程中催生出的新型职业，主要在政务服务中心通过线上、线下方式提供政务服务相关工作，是依托社会力量培养的专职人员，也是政府购买政务服务的构成主体。

关联职业。密切关联的职业有行政办事员、公关员、社会工作者等。但是他们之间也存在一定区别。行政办事员主要在公共管理和社会组织机构中，从事具体行政业务办理，以及基层人民政府和派出机构中从事司法助理、民政助理等行政业务，工作内容与政务服务办事员有相似之处，但工作职能多于政务服务办事员。公关员主要从事组织机构信息传播、关系协调、形象管理事务的咨询、策划、实施和服务等，工作方法与政务服务办事员有相似之处，但工作内容有所不同。社会工作者主要从事社会服务项目开发设计、个案服务、小组服务、社区建设等专门化社会服务，在村（社区）级便民服务站等场所，政务服务办事员与社会工作者协同为企业和群众提供服务。

相应岗位。引导咨询岗、综合"三办"（帮办、代办、导办）岗、网上预审岗、综合咨询岗、业务受理岗、跨省通办岗、并联窗口岗等。

三、政务服务办事员的主要工作职责

1. 为服务对象提供有序的取号服务，根据服务对象的需求，指引其到相应的服务区域或位置。

2. 提供便民服务，为有需求的服务对象提供爱心服务箱、应急药物包、助残设施等，协助服务对象使用自助服务设备。

3. 为服务对象提供政策文件获取、内容解答服务，对于未进驻政务服务中心的事项，帮助服务对象查询办理地点、咨询电话等。

4. 对服务对象反映的意见和建议进行记录、上报，接听、转接、回复服务对象打来的咨询电话。

5. 为服务对象提供全程即时的在线咨询、在线导办服务，为特殊群体提供帮办代办服务。

6. 履行咨询、受理、告知等职责，及时跟进事项办理进度。

7. 按照公布的办事指南，指导服务对象填写申请材料，查看服务对象提交申请材料的完整性和一致性。

8. 依据审批部门授权范围，做出是否收件或受理的决定，并出具相应凭证。

9. 将信息准确录入系统，进行材料登记、回执打印，并将材料流转至审批部门。

10. 落实限时办结、容缺受理、告知承诺的服务制度。

11. 接收审批部门移交的证照、文件等，通知服务对象领取或告知服务对象从网上查询结果，核对现场领取人身份信息，填写送达回执。

12. 提供邮寄结果物服务，进行邮寄登记并保留邮寄凭证，对不能送达的结果物，应按规定退还审批部门。

13. 承办政务大厅监督促效服务等。

四、政务服务办事员的薪酬福利待遇

平均薪酬水平。政务服务办事员的工资构成为基本工资和绩效工资，因全国各地经济发展水平不一，工资水平差异也较大。智联招聘网数据显示，政务服务办事员在一线城市和经济发展水平较高的城市如北京、上海、广州、深圳等地薪酬为 5000~8000 元 / 月（不同岗位工资有所差别），略高于其他城市（如青岛市为 4000~5000 元 / 月，孝感市为 3000~4000 元 / 月）。

与类似职业对比。根据相关数据，该职业岗位的薪酬一般高于后勤保障人员的薪酬，与社会工作者的薪酬基本持平，略低于行政管理人员的薪酬。类似职业薪酬水平见表 3-01-01-02-1。

表 3-01-01-02-1　类似职业薪酬水平

职业名称	薪酬水平（元 / 月）
政务服务办事员	4000~8000
后勤保障人员	3000~5000
社会工作者	3000~8000
行政管理人员	7000~10000

五、从事政务服务办事员工作需要哪些本领

该职业从业人员需具备咨询引导、业务办理、设备使用、综合出件等方面的知识和技能。

政务服务办事员需具备的知识和技能见表 3-01-01-02-2。

表 3-01-01-02-2　政务服务办事员需具备的知识和技能

职业功能	工作内容	知识和技能要求
咨询引导	咨询服务	听懂一般方言，使用普通话接待服务对象；在接待服务对象时做到用语规范，微笑服务；使用电话、网络等即时通信工具回复或联系服务对象
	引导服务	对服务对象履行首问负责义务，使用取号机为服务对象提供取号服务，操作自助服务终端为服务对象提供服务，根据具体申办的事项将服务对象引导至相关受理窗口

续表

职业功能	工作内容	知识和技能要求
业务办理	业务沟通	履行一次性告知义务，并根据服务对象表述的信息予以正确回应；讲解高频、单一事项办理的步骤、时限等
	材料初审	指导服务对象填写申请事项表格，对服务对象的证件等进行核验，操作窗口接件系统对申请材料进行形式审查、收取、系统录入并出具相关文书
	材料流转	将初审合格的材料流转至相关部门进行审批，将审批部门出具的回执等转送至相关窗口
	帮办代办服务	为服务对象查询、下载相关政策文件，为服务对象填写相关表格
设备使用	信息化设备使用与管理	使用高拍仪、签名板等设备进行材料的扫描上传及确认，指导服务对象使用“好差评”系统对服务进行满意度评价，利用窗口接件系统统计、查询窗口业务办理情况
综合出件	文书整理	完成与审批部门的文书交接工作，将收到的文书进行分类、登记、暂存
	出件办理	通过电话、短信等方式通知服务对象取件，能现场发放文书，通过邮寄等方式发放文书，通过窗口接件系统对文书进行确认

六、政务服务办事员的专业教育现状

（一）相关专业

目前已有较多的院校开设了与该职业相关的专业，涉及普通本科院校、职业院校等。普通本科院校专业有秘书学、社会工作、行政管理、信息安全、政治学与行政学等。职业院校专业有现代文秘、商务管理、社区公共事务管理、社区管理与服务等。

（二）开设相关专业的院校（排名不分先后）

★ 相关院校：北京大学、清华大学、中国人民大学、中国海洋大学、首都师范大学、北京化工大学、北京交通大学、山东科技大学、新疆师范大学、南京大学、泰山科技学院等。

◆ 相关院校：北京政法职业学院、民政职业大学、北京劳动保障职业学院、北京工业职业技术学院、山东城市建设职业学院、山东水利技师学院、苏州市职业大学、廊坊职业技术学院、潍坊职业学院、金华职业技术大学等。

七、政务服务办事员的就业创业信息

该职业从业人员主要分布在各级政务服务机构、职业技能培训机构、服务外包企业等，从业范围遍布全国各地。

吸纳政务服务办事员就业较多的用人单位如下。

1. 政务服务机构：国家、省、市、县（区）级政务服务中心，乡镇（街道）级便民服务中心，村（社区）级便民服务站，功能区（开发区）企业服务中心等。

2. 职业技能培训机构：北京市房山区智慧政服职业技能培训学校、贵州工业职业技术学院等。

3. 服务外包企业：北京新广视通科技集团有限责任公司、北京融和上智管理咨询有限公司、北京外企人力资源服务有限公司、河北雄安京雄咨询服务集团有限公司、山东大国治礼教育科技集团有限公司、山东省德发政务服务外包有限公司、陕西汇丰人才科技集团有限公司、山西鑫富源人力资源派遣有限公司等。

注：以上机构信息仅供参考，不代表编写出版方对其推荐或认可。

八、政务服务办事员的职业贯通发展

该职业发展路径主要有四条。管理路线，即从办事员晋升到小组长（基层管理），再晋升到经理助理（中层管理），最后晋升到项目经理（高层管理）。专家路线，即通过一步步学习积累，深耕政务服务行业，结合实践操作与经验，成长为政务服务领域专家。复合人才路线，即向其他行业跨越或职业转型，如通过学习相关知识和技能转型为行政办事员、行政执法员、职业培训师、社会工作者、银行综合柜员、社团会员管理员、国家行政机关负责人等。创业路线，即基于个人兴趣爱好进行创新创业，如成立人力资源服务外包企业、创建职业技能培训机构等。政务服务办事员职业贯通发展如图 3-01-01-02-1 所示。

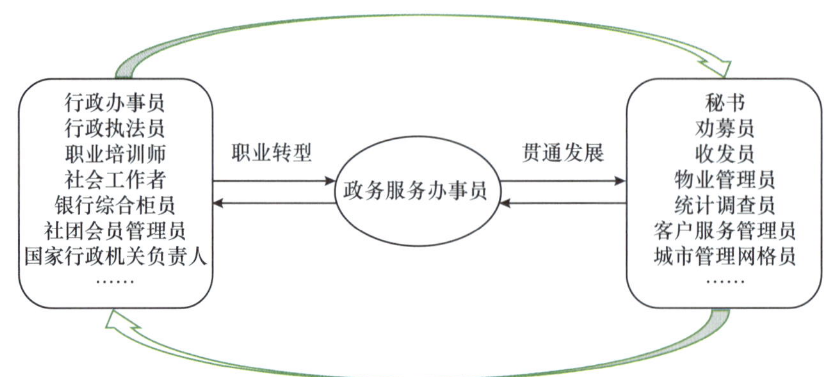

图 3-01-01-02-1　政务服务办事员职业贯通发展

九、政务服务办事员的发展前景

从市场供需看。根据国务院办公厅政府信息与政务公开办公室发布的《全国综合性实体政务大厅普查报告》，截至 2017 年 4 月，全国县级以上地方各级人民政府共设立政务大厅 3058 个，乡镇（街道）共设立便民服务中心 38513 个。就政务大厅基数来看，政务服务办事员需求量较大。同时，随着近年来社会与经济的不断发展，我国对政务服务提出了更高要求，政务服务办事员的需求不断增长，且目前取得该职业认定的人员数量相对较少，故市场总体供需处于供不应求的状态。

从产业发展看。根据中央党校（国家行政学院）发布的《2022 联合国电子政务调查报告（中文版）》，我国电子政务排名在 193 个联合国会员国中从 2012 年的第 78 位上升到 2022 年的第 43 位，成为全球增幅最高的国家之一，进入全球第一梯队。自 2018 年《国务院办公厅关于印发进一步深化“互联网 + 政务服务”推进政务服务“一网、一门、一次”改革实施方案的通知》发布以来，各地政务服务大厅开始政务服务改革，政务服务办事员需求应运而生。2022 年，国务院发布《关于加快推进政务服务标准化规范化便利化的指导意见》，提出要加强人员队伍建设，支持有条件的地区按照行政办事员（政务服务综合窗口办事员）国家职业技能标准开展等级认定、定岗晋级等工作。营商环境的显著改善和政务服务水平的大幅提升，进一步推动了政务服务行业的长足发展。

从政策红利看。党的十八大以来，党中央、国务院高度重视职业技能培训。云南省、广东省等地出台了《云南省人力资源和社会保障厅　云南省财政厅关于发布2023—2025年度职业培训补贴标准目录的通知》《广东省人力资源和社会保障厅　广东省财政厅关于做好参保企业职工失业保险技能提升补贴有关工作的通知》等政策文件，规定了该职业技能提升补贴标准。

十、相关内容链接

国家职业标准：暂缺。

相关政策文件：见表3-01-01-02-3。

表3-01-01-02-3　政务服务办事员相关政策文件

发布或通过时间	发布或通过机构	文件名称
2022年2月	国务院	《关于加快推进政务服务标准化规范化便利化的指导意见》

供稿：北京新广视通科技集团有限责任公司　李阳

劳动人事争议仲裁员

职业编码：3-01-03-02

在工作中，如果遇到老板拖欠工资、试用期设置不合法、工伤后老板不支付法律规定的费用等问题，劳动者可以到法院跟老板打官司。可是一个现实的问题是，打官司耗时、费力、费钱，是否有一个更便捷的途径，能快捷、高效、低成本地解决纠纷呢？当然有，劳动人事争议仲裁员可以帮到你。劳动人事争议仲裁员可以说是劳动人事争议的“前置”法官，劳动人事争议仲裁也是劳动人事争议诉讼的必经前置程序。作为中国特色的劳动人事争议处理制度，其设置的初心在于快捷、高效、低成本地处理劳动人事争议，实现劳动人事争议当事人乃至整个社会对公平、正义的追求。目前我国关于劳动人事争议处理的各项工作均取得显著成效，劳动人事争议仲裁员数量和质量显著提升，专业性和年轻化水平日益提高。

一、劳动人事争议仲裁员的一天

记录时间：2023 年 6 月 9 日 **记录人：段某芳**

上午工作情况

8 点 20 分：

1. 到劳动人事争议仲裁院办公室阅读卷宗，准备仲裁案件。（审理案件准备）

2. 联系当事人，核实是否已经到庭，准备开庭笔录中的格式化部分，召集仲裁庭兼职仲裁员到庭。（审理案件准备）

3. 到仲裁庭，打开并调试仲裁庭各种电子设备。（审理案件准备）

9 点：

1. 开庭审理案件。组织当事人陈述案情、举证、质证，组织开庭辩论，听取当事人最后陈述。（审理案件）

2. 组织仲裁调解。根据庭审情况初步确定调解方案，引导双方当事人在自愿合法的基础上让步妥协。（主持仲裁调解）

3. 组织当事人在庭审笔录上签字。（审理案件）

11 点 10 分：

整理卷宗。（审理案件）

下午工作情况

14 点 30 分：

1. 对于已经开过庭的案件，组织当事人进行调解，电话联系当事人，了解当事人意愿，向当事人讲解相关法律、政策。（参加仲裁调解）

2. 接收案件。从立案庭接收案卷，整理资料。（制作仲裁文书）

15 点：

1. 送达法律文书。向当事人送达应诉通知书、举证通知书和开庭传票。（调查取证）

2. 制作仲裁裁决书。（制作仲裁文书）

15 点 30 分：

参加院务会议，发表仲裁意见，审议仲裁裁决。（提出意见）

二、什么是劳动人事争议仲裁员

职业定义。劳动人事争议仲裁员是指由劳动人事争议仲裁委员会聘任，依法进行劳动人事争议案件调解、裁决的人员。

定义解读。劳动人事争议当事人可以向劳动人事争议仲裁委员会申请劳动人事争议仲裁，仲裁委员会裁决结果对当事人具有法律效力，是劳动人事争议诉讼的法定前置程序，即未经劳动人事争议仲裁委员会处理的劳动人事争议案件一般不能提交人民法院。劳动人事争议仲裁院一般设立案庭、调解庭、仲裁庭三个职能机构。劳动人事争议仲裁员分为专职和兼职两种，专职人员一般为人力资源和社会保障局工作人员，兼职人员一般为工会组织工作人员、企业人力资源部门工作人员、律师等，兼职人员一般不参与劳动人事争议仲裁委员会的日常案件管理。本文所称劳动人事争议仲裁员为专职劳动人事争议仲裁员。

关联职业。密切关联的职业有法官、律师。法官是指在最高人民法院、地方各级人民法院和专门人民法院，依法行使国家审判权的人员。劳动人事争议仲裁是劳动人事争议诉讼的前置程序，劳动人事争议仲裁员负责调解、裁决劳动者与用人单位之间发生的劳动人事争议案件，可以说是诉讼前置程序的“法官”。仲裁中达成调解协议的，劳动者可以依法向人民法院申请支付令。对仲裁裁决不服的，当事人可以向人民法院提起诉讼。没有提起诉讼，裁决书生效后，对方当事人不履行义务的，当事人可以向人民法院申请强制执行。律师是指接受委托或者接受指定，依法为当事人提供法律服务的专业人员。当事人可以委托律师参加仲裁活动。劳动人事争议仲裁委员会可以根据办案工作需要，依法从律师中聘任兼职仲裁员。

相应岗位。仲裁员、书记员等。

三、劳动人事争议仲裁员的主要工作职责

1. 受理：劳动人事争议仲裁员需要接收申请人的申请书和相关证据材料，并对其进行初步审查，确定是否符合受理条件。

2. 调查：因当事人申请或劳动人事争议仲裁委员会委派，劳动人事争议仲裁员参照有关规定收集证据。调查取证时，不得少于两人，并应当向被调查对象出示工作证件和劳动人事争议仲裁委员会出具的介绍信。

3. 调解：劳动人事争议仲裁员需要根据申请人的要求，进行调解，尝试协调双方当事人达成和解协议。调解成功后，可以根据双方达成的和解协议作出裁决。

4. 开庭：如果调解失败，劳动人事争议仲裁员将组织开庭审理。听取申请人

的陈述和被申请人的答辩，主持庭审调查、质证和辩论，征询当事人最后意见，并进行调解。

5. 评估：劳动人事争议仲裁员需要根据法律法规、事实依据、公平原则和仲裁规则等进行评估，为仲裁裁决做准备。

6. 裁决：劳动人事争议仲裁员根据评估结果依法依规作出仲裁裁决，并在规定的时间内将裁决书送达双方当事人。

7. 履行：仲裁裁决具有法律效力，双方当事人必须履行。如果一方当事人不履行，对方当事人可以向法院申请强制执行。

四、劳动人事争议仲裁员的薪酬福利待遇

平均薪酬水平。劳动人事争议仲裁员的工资构成主要为基本工资和绩效工资，基本工资因薪级不同而不同，其他福利待遇按各单位有关规定执行。根据国家统计局公布的 2022 年城镇非私营单位就业人员平均工资，劳动人事争议仲裁属于公共管理、社会保障和社会组织行业，该行业年平均工资为 117440 元，略高于全国城镇非私营单位就业人员年平均工资（114029 元）。目前，劳动人事争议仲裁员只能通过行政职位晋升提高工资待遇，晋升空间有限，实际工资水平会低于上述标准，未来有望建立职业晋升制度，使晋升空间更大。

与类似职业对比。根据看准网 2023 年 6 月公布的数据，劳动人事争议仲裁员的薪酬一般为 2000~7000 元 / 月，低于商事仲裁员，高于行政执法员。类似职业薪酬水平见表 3-01-03-02-1。

表 3-01-03-02-1　类似职业薪酬水平

职业名称	薪酬水平（元 / 月）
劳动人事争议仲裁员	2000~8000
商事仲裁员	2000~10000
行政执法员	2000~7000

五、从事劳动人事争议仲裁员工作需要哪些本领

该职业从业人员需具备的知识和技能主要包括劳动法、劳动合同法、公务员法、劳动争议调解仲裁法等实体法和程序法的学科体系的基本知识，处理劳动关系纠纷所必需的基本素养，与处理纠纷相关联的语言沟通、协调组织、文字写作等综合技能。

劳动人事争议仲裁员需具备的知识和技能见表 3-01-03-02-2。

表 3-01-03-02-2　劳动人事争议仲裁员需具备的知识和技能

职业功能	工作内容	知识和技能要求
办理立案	接待当事人	能听懂一般方言，用普通话接待当事人，用语规范，微笑服务；熟悉劳动法、劳动合同法等相关法律
	审查立案材料	能对当事人的申请材料进行审查，能操作电子办公系统；熟悉劳动争议调解仲裁法、劳动人事争议仲裁组织规则、劳动人事争议仲裁办案规则等相关法律、部门规章
庭前准备	调查取证	能使用电话、网络等即时通信工具回复或联系当事人
庭审控制	组织庭审	在庭审过程中能组织当事人陈述案情、举证、质证、辩论、发表最后意见；具备捕获信息能力，运用演绎思维分析判断的能力
	制作笔录	能将开庭情况记入笔录，具备熟练记录的能力
	仲裁调解	能在自愿合法的原则下组织当事人调解，具备沟通协调能力，能利用简单的心理学手段处理沟通障碍
作出裁决	制作裁决文书	能审核证据，能认定劳动关系，熟悉人事政策法律；能运用劳动法等法律处理纠纷；能有效进行书面表达，具备公文写作能力

六、劳动人事争议仲裁员的专业教育现状

（一）相关专业

目前已有较多的院校开设了与该职业相关的专业，涉及普通本科院校、职业

院校等。普通本科院校专业有法学、社区矫正、人力资源管理、劳动关系等。职业院校相关专业有法律事务、法律文秘、检察事务、刑事执行、民事执行、行政执行、社区矫正、法律、综合行政执法等。

（二）开设相关专业的院校（排名不分先后）

★ 相关院校：北京大学、清华大学、复旦大学、中国政法大学、南开大学、河北大学、山西大学、内蒙古大学、西北政法大学、西南政法大学、华东政法大学、上海政法学院等。

◆ 相关院校：河北政法职业学院、浙江警官职业学院、安徽警官职业学院、河南检察职业学院、湖南司法警官职业学院等。

七、劳动人事争议仲裁员的就业创业信息

劳动人事争议仲裁员就业岗位分为专职和兼职两种。

专职劳动人事争议仲裁员一般为人力资源和社会保障局工作人员，供职于劳动人事争议仲裁委员会的下属办事机构——劳动人事仲裁院，其身份相当于劳动人事仲裁的“法官”。专职劳动人事争议仲裁员不能从应届毕业生中招收，必须具有相关从业经历。

兼职劳动人事争议仲裁员由工会组织工作人员、企业人力资源部门工作人员、律师等组成，一般不参与劳动人事争议仲裁委员会的日常案件审理。这项从业经历将来可以作为转为专职劳动人事争议仲裁员的先决条件。

要成为专职劳动人事争议仲裁员，可以先从兼职劳动人事争议仲裁员做起。兼职劳动人事争议仲裁员就业单位、部门包括法院，律师事务所，公司法务部门，公司人力资源部门，法学研究、教学单位等。

八、劳动人事争议仲裁员的职业贯通发展

根据《中华人民共和国劳动争议调解仲裁法》第二十条，仲裁员应当公道正派并符合下列条件之一：①曾任审判员的；②从事法律研究、教学工作并具有中级以上职称的；③具有法律知识、从事人力资源管理或者工会等专业工作满五年的；④律师执业满三年的。

成为劳动人事争议仲裁员之后的发展路径主要有三条。管理路线，即从科员向上逐级晋升，主任科员、科长、副处长等。专家路线，即不断提高技能水平，成为劳动人事争议仲裁纠纷处理专家。复合人才路线，即向其他行业跨越或职业转型，如通过学习相关知识和技能转型为律师、法律顾问等。不难发现，劳动人事争议仲裁员的队伍“出入通道”是通畅的，而且前后的职业经历可以互为“加分项”。劳动人事争议仲裁员职业贯通发展如图 3-01-03-02-1 所示。

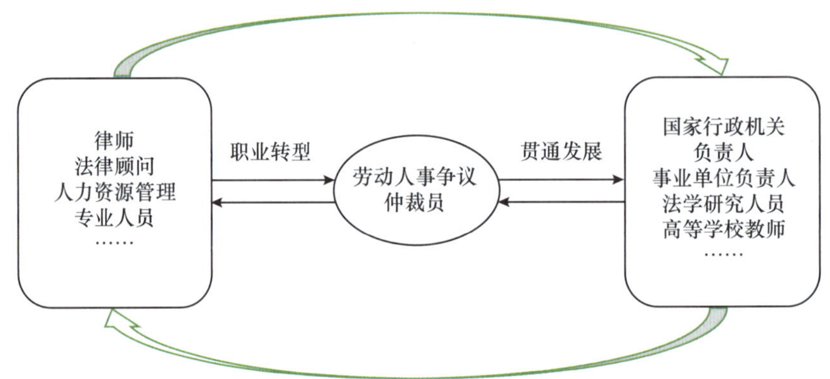

图 3-01-03-02-1　劳动人事争议仲裁员职业贯通发展

九、劳动人事争议仲裁员的发展前景

从市场供需看。我国劳动人事争议仲裁员存在巨大缺口，“案多人少”的情况在全国普遍存在。根据人民网 2022 年 11 月 16 日报道的“九部门联合印发文件推动劳动人事争议调解仲裁工作高质量发展”，仲裁机构实体化建设基本完成，全国有仲裁院 2977 个，仲裁员 2.96 万人，其中专职 1.49 万人。

依据《浅谈劳动人事争议仲裁的现状及建议——以龙岩市新罗区为例》的数据，2017—2021 年，龙岩市新罗区受理的案件数分别为 259 件、351 件、554 件、279 件、438 件。除 2020 年案件数量下降外，其他年份均大幅度攀升。2019 年、2021 年，案件数量同比增速均超 55%。长沙市机构编制委员会办公室曾做过评估论证，一年中办理的案件，每增加 100 件就需要增加仲裁员 1.2 名、书记员 0.40 名及相应比例的辅助人员。据此测算，龙岩市新罗区仲裁院 2019 年应当比 2017 年增加 3 名专职仲裁员。实际上，仲裁院的层级越高，专职仲裁员缺口会越大。

从产业发展看。随着社会经济的发展，法治中国建设的不断推进，劳动者和用人单位的法治观念、维权意识不断增强，劳动人事争议案件逐年递增。根据人力资源社会保障部公布的历年人力资源和社会保障事业发展统计公报，劳动人事争议年度立案受理案件总数从 2017 年的 166.5 万件快速增长到 2022 年的 316.2 万件，约等于翻了一番。涉及劳动者人数从 2017 年的 199.1 万人，增长到 2022 年的 341.3 万人，增速低于受理案件数量增速，说明个人独立维权的情况逐渐增多。据北京市朝阳区人民法院、朝阳区劳动人事争议仲裁院于 2023 年 5 月 18 日联合发布的《劳动人事争议仲裁与诉讼衔接工作白皮书（2020 年度—2022 年度）》，朝阳区劳动人事争议案件总量持续高位运行，涉诉劳动者趋于年轻化，维权意识强、预期高。

整体上，劳动人事争议案件仍处在快速增长阶段，特别是随着“平台经济”等新经济新业态迅速发展，灵活就业人数不断攀升，纠纷数量也在日益增多。

从政策红利看。全国各地在对劳动人事争议仲裁员的支持方面做了很多有益探索，“以案定补”已经成为趋势，即仲裁员办理案件会给予办案补助（办案劳务费）。根据人民网 2022 年 3 月 10 日报道的“山东省国瓷陶艺书画院院长王一君：出台全国统一的仲裁办案补助”，截至发稿时，内蒙古、黑龙江、浙江、山东、福建、湖北、广东、广西、海南、重庆、甘肃、青海、宁夏、新疆等多个省（自治区、直辖市）和新疆生产建设兵团已建立仲裁工作人员办案补助（办案劳务费）并出台相关规定，江西、湖南、四川等省的部分市自行发文建立办案补助。通过“以案定补”方式有利于激励仲裁员内生动力，稳定队伍，提高劳动人事争议调解成功率。

十、相关内容链接

国家职业标准：暂缺。

相关政策文件：见表 3-01-03-02-3。

表 3-01-03-02-3　劳动人事争议仲裁员相关政策文件

发布或通过时间	发布或通过机构	文件名称
2022 年 2 月	人力资源社会保障部、最高法	《关于劳动人事争议仲裁与诉讼衔接有关问题的意见（一）》
2022 年 10 月	人力资源社会保障部等 9 部门	《关于进一步加强劳动人事争议协商调解工作的意见》

供稿：石家庄工商职业学院　李岩清

退役军人事务员

职业编码：3-01-04-04

进入新时代，退役军人工作不断破局启新，奏响全社会尊崇关爱退役军人的时代强音。截至 2022 年 7 月底，全国已建成各级退役军人服务中心（站）62.4 万个。2022 年 7 月 25 日，人力资源社会保障部、国家市场监督管理总局、国家统计局联合发布了一批新职业，退役军人事务员就在其中。从此，在退役军人服务中心（站）从事退役军人事务办理的人员，有了明确的职业称谓——退役军人事务员。

"为人民服务，为老兵服务"是退役军人事务员的本职工作。他们对每一位退役军人的各种咨询，笑脸相迎、以礼相待，不厌其烦地宣传党和政府关爱退役军人的相关政策；他们会深入退役军人家里，用双脚走遍社区、乡村的每一片土地；他们持续做好常态化退役军人就业服务，多形式举办招聘求职活动，全面推广退役军人求职电话和求职二维码，逐一对接、精准推荐就业岗位，让更多的退役军人找到心仪的工作；他们会想方设法为退役军人办实事，快速解决退役军人身边"急难愁盼"问题；他们还要配合紧急任务，冲锋在前，抗洪抢险现场、抗击新冠疫情第一线等，都有退役军人事务员逆行的身影。

退役军人事务员的很多工作在外人看来，细碎且繁杂，但无论大事小事，退役军人的事就是退役军人事务员的"上心事"，简单来说，就是要当好退役军人的"服务员""贴心人""娘家人"。目前，全国退役军人服务中心（站）已遍布祖国的大江南北，形成纵向到底、横向到边的国家、省、市、县、乡、村六级服务保障体系。

一、退役军人事务员的一天

记录时间：2023 年 6 月 23 日 **记录人：李某江**

上午工作情况

8 点：

1. 打开计算机，根据受理清单了解情况，对工作遇到的热点、难点问题进行交流和讨论，准备着手拟订退役军人信访接待及服务工作计划。（信访服务）

2. 接待有困难和有需要的退役军人，了解其困难和诉求，解释说明相关政策，提出建设性建议和解决办法。（困难帮扶）

3. 邀请社区退役军人到退役军人服务站参加座谈会，了解其生活和需要，讲解最新政策规定。（咨询服务）

10 点：

为退役军人建立档案。（信息档案收集整理）

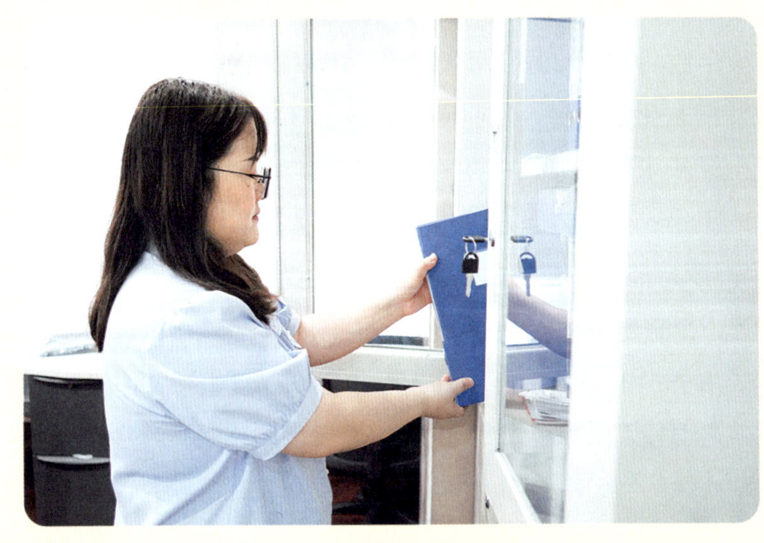

退役军人事务员工作场景

下午工作情况

14 点：

1. 给需要安置的退役军人做好心理疏导、信息咨询服务。（咨询服务）

2. 邀请退役老兵给年轻退役军人进行红色教育。（思想政治工作）

15 点 30 分：

组织本社区退役军人参加本县退役军人事务局组织的退役军人专场线下招聘会，帮助其分析选择就业岗位。（就业创业服务）

17 点：

走访退役老兵，了解他们的困难和不便，尽可能做好帮扶工作。（走访慰问）

20 点：

对退役军人的医疗补助申请进行审核、结算。（援助服务）

退役军人分享自己的经历

二、什么是退役军人事务员

职业定义。退役军人事务员是指在退役军人服务中心（站）从事退役军人政策咨询、信访接待、权益保障、安置服务、就业创业扶持等事务办理的人员。

定义解读。退役军人事务员是基层传递党和政府关心关爱退役军人、打通政策落实“最后一公里”、维护保障退役军人各项合法权益的重要力量。为退役军人办理优待证，接待、办理退役军人和其他优抚对象来信来访，开展退役军人走访慰问，受理、审查、核实和上报退役军人困难申请，开展困难帮扶援助。

关联职业。密切关联的职业有城市管理网格员和社会工作者。城市管理网格员可以为退役军人事务员精准提供退役军人的家庭情况，社会工作者可支持和配合退役军人事务员办理退役军人相关工作。退役军人事务员与这两个关联职业的区别在于，退役军人事务员的服务对象集中在退役军人，服务项目全面；而这两个关联职业服务对象比较广，服务项目相对集中。

相应岗位。退役军人思想政治教育辅导员、咨询服务员、就业创业服务员、信访服务员、困难帮扶员、援助服务员、信息档案管理员等。

三、退役军人事务员的主要工作职责

1. 组织退役军人思想政治教育相关活动。坚持把退役军人思想政治教育摆在首要位置，充分发挥凝心聚魂的作用，把深化学习培训作为退役军人工作的基础性内容来抓，使他们发挥作用，为社会稳定发展再立新功。

2. 受理、审查、核实和上报退役军人困难申请，开展困难帮扶援助。困难帮扶援助申请工作实行一事一批，采取依申请受理和主动发现受理两种模式，按照个人申请、村（社区）审查、镇（乡、街道）审核、区退役军人事务局审批的程序办理，做到公正公开，接受社会监督。

3. 接待、办理退役军人和其他优抚对象来信来访，协助解决信访诉求，代办属于退役军人事务部门职权范围内的信访事项。信访工作坚持依法、及时、就地解决问题与疏导教育相结合的要求，受理职责范围内的信访事项，并按规定的程序和期限办理。对来访人反映的信访事项要逐一登记，在规定期限内决定是否受理，并告知来访人。处理意见书、延期告知书、复查（复核）意见书应当及时送达来访人，并严格履行签收手续。

4. 收集、分析退役军人就业创业需求，开展退役军人职业技能教育培训及相关服务。了解军人退役前所在部队提供的职业技能储备培训、高等学历继续教育，以及知识拓展、技能培训等非学历继续教育的情况；摸清退役军人未达到法定退休年龄需要就业创业的人数，组织全员适应性培训，坚持即退即训。

5. 采集、整理、分析和报送退役军人思想政治、帮扶援助、权益维护和就业创业扶持等信息数据。加强退役军人的思想政治、帮扶援助、权益维护和就业创业扶持等信息数据管理，确保退役军人得到应有的待遇和保障，让长期以来为国家和人民做出巨大贡献的一群人，得到应有的荣誉和尊重。信息统计工作，一方面提供了更为科学的基础数据，为退役军人提供更加全面的保障服务；另一方面，每一个退役军人都要对自己的信息进行核对，保证个人信息的真实性和完整性，保证政策的执行。

6. 为辖区内退役军人建档立卡，常态化联系退役军人，开展走访慰问。采集走访对象的姓名、性别、年龄、退役部队、联系方式等基本信息，并建档立卡。通过常态化联系了解退役人员的生活状况、职业发展状况、健康状况等情况，或者提供相关的服务和帮助，体现党和国家对于退役军人的关心和关爱。开展走访慰问，做好走访过程中的交流和沟通以及走访结果的反馈工作。做好后续提供职业培训、安排就业机会、提供医疗服务等工作，以及收集对走访工作的改进建议。

7. 完成退役军人服务中心（站）交办的其他任务。适应社会形势的客观需要，根据退役军人服务工作出现的新情况等，完成退役军人服务中心（站）交办的需要解决的相关事项和问题。

四、退役军人事务员的薪酬福利待遇

平均薪酬水平。退役军人事务员的薪酬在全国没有统一标准，差异较大，与当地的经济发展水平密切相关，也与国家、省、市、县、乡、村等六级中心（站）点的工资标准相关。2023 年 5 月 9 日，国家统计局发布的 2022 年规模以上企业就业人员年平均工资情况显示，从区域来看，办事人员和有关人员、社会生产服务和生活服务人员两个不同岗位的平均工资水平：东部地区分别为 97340 元、77365 元，中部地区分别为 65128 元、55907 元，西部地区分别为 72819 元、61662 元，东北地区分别为 77411 元、66998 元。

与类似职业对比。根据国家统计局发布的 2022 年规模以上企业就业人员年平均工资情况，2022 年分行业门类分岗位就业人员年平均工资：卫生和社会工作行业办事人员和有关人员为 77107 元，社会生产服务和生活服务人员为 62659 元。2022 年分登记注册类型分岗位就业人员年平均工资：国有单位办事人员和有关人员为 107646 元，社会生产服务和生活服务人员为 80434 元；集体单位办事人员和有关人员为 56315 元，社会生产服务和生活服务人员为 51479 元。考虑到退役军人事务员虽然在社区工作，但身份不一样，他们主要是协助退役军人服务中心（站）办事人员做好退役军人服务保障工作的职业人员，退役军人事务员的薪酬一般要略高于社会生产服务和生活服务人员的薪酬，略低于社区工作者的薪酬。类似职业薪酬水平见表 3-01-04-04-1。

表 3-01-04-04-1　类似职业薪酬水平

职业名称	薪酬水平（元 / 月）
退役军人事务员	3400~8000
社区工作者	4000~8000
城市管理网格员	3400~12000

五、从事退役军人事务员工作需要哪些本领

该职业从业人员需具备的知识和技能主要包括学习能力、沟通协调能力、信息处理能力、综合分析能力、组织判断能力、化解冲突和应急处理能力，以及从业的职业精神和职业技能，能做好基层一线退役军人政策咨询、信访接待、权益保障、安置服务、就业创业扶持等事务工作。

退役军人事务员需具备的知识和技能见表 3-01-04-04-2。

表 3-01-04-04-2　退役军人事务员需具备的知识和技能

职业功能	工作内容	知识和技能要求
开展思想政治工作	开展思想政治教育理论辅导	能把握退役军人的思想动态，开展经常性思想政治教育理论辅导
	开展思想政治教育活动	能组织思想政治教育活动，跟踪思想政治教育活动效果，发现和协助培养先进典型

续表

职业功能	工作内容	知识和技能要求
提供服务保障	走访慰问	能到退役军人中走访了解需求情况，组织慰问退役军人活动
	咨询服务	能解读业务范围内政策法规，为退役军人进行咨询服务，帮助解决退役军人疑难问题
	就业创业服务	能组织线上、线下招聘洽谈活动，落实退役军人就业创业扶持政策，对已上岗就业的退役军人进行回访和跟踪指导
	信访服务	能代办职责范围内信访事项，解释答复意见，跟踪回访办理效果
	困难帮扶	能核对困难帮扶对象相关材料，对有困难的退役军人提供帮助
	援助服务	能组建援助服务队伍，实施援助并跟踪援助实施进程
管理档案信息	信息档案收集整理	能接收、收集、整理、纠正和更新退役军人档案数据
	信息档案分析应用	能对退役军人档案信息数据进行统计分析，为改进退役军人服务工作提供参考

六、退役军人事务员的专业教育现状

（一）相关专业

普通本科院校相关专业有社会学、公共事业管理、社会工作等。职业院校相关专业有社区管理与服务、民政服务与管理、社区公共事务管理、社会保障事务等。

（二）开设相关专业的院校（排名不分先后）

★ 相关院校：中国社会科学院大学、北京大学、清华大学、南开大学、中国人民大学、郑州大学、南京师范大学、山西大学、复旦大学等。

◆ 相关院校：深圳职业技术大学、长沙民政职业技术学院、温州职业技术学院、江苏建筑职业技术学院、武汉职业技术学院、天津职业大学、南京工业职业技术大学、山西省司法学校、福建省民政学校等。

七、退役军人事务员的就业创业信息

吸纳退役军人事务员就业的用人单位主要是全国各级退役军人服务中心（站）。

八、退役军人事务员的职业贯通发展

该职业的发展路径主要有四条。管理路线，即从普通员工晋升至业务主管，甚至社区"两委"干部等。专家路线，即不断提高技能水平，成为退役军人服务保障领域的专家。复合人才路线，即向其他行业跨越或职业转型，如通过学习相关知识和技能转型为行政办事员、社区事务员、统计调查员等。创业路线，即基于个人兴趣爱好和从事退役军人事务员积累的知识、掌握的信息、储备的社会工作经验进行创新创业。退役军人事务员职业贯通发展如图 3-01-04-04-1 所示。

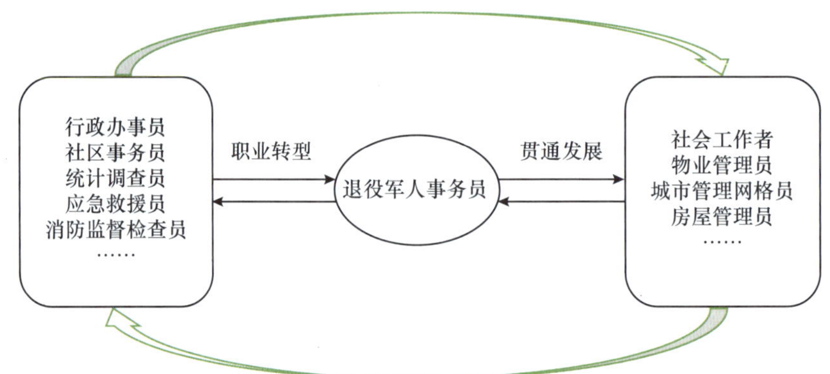

图 3-01-04-04-1　退役军人事务员职业贯通发展

九、退役军人事务员的发展前景

从市场供需看。据中华人民共和国退役军人事务部的统计，截至 2022 年 7 月底，全国已建成各级退役军人服务中心（站）62.4 万个，落实编制约 11 万个，配备专兼职工作人员 97 万余名，专门为退役军人提供直接服务。帮助退役军人融入社会，在就业援助、心理辅导等方面给予重视、关注和支持，关注退役军人的现状和困难，并在可能的情况下，为他们提供更多的帮助和支持、更好的生活条件，是国家和整个社会的共同责任和义务。因此，退役军人事务员的市场需求巨大，为退役军人事务员职业发展提供了广阔的发展空间。作为全国首批退役军人事务员新职业试点城市，内蒙古自治区鄂尔多斯市退役军人事务局等 6 部门于 2022 年 11 月制定印发了《关于加强基层退役军人服务站建设运行工作的通知》，对退役军人事务员的设置比例提出要求，服务对象在 100 人以下的村（社区）退役军人服务站至少配备 1 名退役军人事务员，服务对象在 100 人以上的至少配备 2 名退役军人事务员。照此比例计算，全国退役军人事务员数量还有较大缺口。

从产业发展看。全国各级退役军人服务中心（站）迫切需要吸引更多的优秀人才关心、参与退役军人工作。2018 年 4 月 16 日，退役军人事务部正式挂牌成立。2019 年，3200 多个县级以上退役军人事务行政机构全部组建到位。实体化、规范化、系统化运行的工作局面，展现着新时代退役军人工作的加速度。2019 年以来，在中央领导的高度重视下，经过退役军人事务部等部门持续推动，退役军人服务保障体系继续不断完善，为退役军人提供更好的服务和支持，各级退役军人服务中心（站）编外人员被逐渐纳入国家职业资格体系运行管理。2023 年 1 月，《退役军人部　发展改革委　财政部　人力资源社会保障部　农业农村部　税务总局　市场监管总局　全国工商联关于加强就业困难退役军人帮扶工作的意见》发布，要求通过强化择业引导、加强岗位推荐、支持创业和灵活就业、落实帮扶措施、用好公益性岗位、做好技能培训等，提供多岗位供给、多渠道保障的帮扶，使就业困难退役军人及时就业。普及军人荣誉、传承军人精神，让更多的人了解、尊重和支持我们的退役军人，为退役军人提供更好的服务和支持，让他们得到应有的尊重和关注，各级退役军人服务中心（站）面临着巨大的挑战，退役军人事务员任重道远。

从政策红利看。为了加强退役军人保障工作，我国于 2021 年开始正式实施《中华人民共和国退役军人保障法》。退役军人保障应当与经济发展相协调，与社会进步相适应。退役军人事务员新职业的发布，是从国家层面对这一新兴职业社会价值的充分肯定，将为行业人才的培养与选用提供权威依据，打通职业发展通道，将推动退役军人服务保障体系建设提质增效、促进退役军人事务员事业长远健康发展。退役军人是退役军人事务员的重要来源，依据规定能够在相应职业培训中享受一定的优惠。2019 年发布的《退役军人事务部办公厅　人力资源社会保障部办公厅关于做好退役军人职业技能培训工作的通知》规定，退役军人参加职业技能提升行动接受培训，可按有关规定享受当地免费培训政策，符合条件的困难退役军人可享受生活补贴。

十、相关内容链接

国家职业标准： 扫码即可查看☞。

相关政策文件： 见表 3-01-04-04-3。

表 3-01-04-04-3　退役军人事务员相关政策文件

发布或通过时间	发布或通过机构	文件名称
2020 年 11 月	全国人大常委会	《中华人民共和国退役军人保障法》
2021 年 6 月	全国人大常委会	《中华人民共和国军人地位和权益保障法》

供稿：北京晟讯科技有限公司　杨杰义

易货师

职业编码：4-01-03-03

一枚曲别针能做什么？一位叫作麦克唐纳的年轻人用一枚曲别针，在一年之内经过 16 次交换，成功换到一幢别墅一年的使用权，这就是“易货”创造的奇迹。以物易物，古时候就已经存在了。《周易》记载：“日中为市，致天下之民，聚天下之货，交易而退，各得其所。”易货交易是一种古老的交换模式，即买卖双方进行的货物或服务等值或基本等值的直接交换，不需要货币作为交换媒介。现代易货交易始于 20 世纪 50 年代的美国。现代易货交易在世界各国蓬勃发展，成为减少现金用量、增加销售、减少库存、开发新客户、开辟新市场、促进经济发展的重要方式。易货师是为企业牵线搭桥、排忧解难、减压赋能的“交易员”，他们让资源进行有效整合流通、创造更大价值。随着易货交易被越来越多的企业广泛认可和使用，易货师这个职业有着广阔的发展前景。

一、易货师的一天

记录时间：2023 年 6 月 5 日 **记录人：李某某**

上午工作情况

8 点：

1. 登录易货网络平台，对易货信息进行筛选、归纳与分类。（市场调查）

2. 寻找意向客户，电话或微信联系客户，进一步询问客户需求，以便更好地服务客户。（锁定客户）

3. 接待客户来访，了解客户情况，记录客户需求、介绍易货服务项目内

容，解答客户疑问。（客户服务）

4. 建立新客户档案，梳理分析客户需求类型及特点。（档案管理）

5. 及时更新老客户信息、易货额度以及销售数据。（易货额度管理）

6. 对货物的品质进行鉴别和比较，市场调研与线上询价，计算评估价格，确定易货额度。（商品价格评估）

7. 培训学习，分享优秀案例，丰富专业知识，提高业务能力。（业务培训）

易货师工作场景一

下午工作情况

14 点：

1. 实地检查清点易货商品，验收商品所附相关资料和单据。（商品检验）

2. 撰写易货策划方案，上报主管审批。（制定易货方案）

3. 跟商家和企业洽谈易货换货合作，协商易货具体事项。（业务洽谈）

4. 拟定易货合同，与客户沟通合同中易货商品及服务的细节。（拟定合同）

5. 定期与客户回访沟通，建立良好合作关系，防止客户流失。（客户维护）

6. 维护老客户的业务，处理客户换货提货需求。（客户服务）

7. 对新客户进行跟进服务，争取实现最终合作。（市场拓展）

易货师工作场景二

二、什么是易货师

职业定义。易货师是指从事货物、服务等非货币互换及策划、咨询和管理工作的人员。

定义解读。易货交易的范围很广。一般来说，只要合法合规，一切有价值且能使用的物品都可以“易”。易货商品的价格也没有门槛，小到几十元，大到几百万元。无论是仅几个月就过期的商品，还是反季节的服装，甚至超市购物卡等都可以选择到易货公司进行交易。同时，参与易货的客户群也没有限制，例如，个人会有闲置的物品，或者新入手的东西不适用而需要置换掉；生产厂家有积压库存，急需出手。因此，易货师服务的客户小到个人，大到企业。

易货师根据客户的需求，核定易货商品价格，对商品的保质期、质量等进行检查，签署易货合同，按照等价原则确定易货额度，通过易货平台对闲置资源进行有效整合，完成易货交易，实现资源互通和对接。

关联职业。密切关联的职业有采购员和营销员。易货师与采购员、营销员都是从事生活用品、生产资料的交易工作。但不同的是，采购员、营销员只为其所任职企业从事采购或销售的单一工作。易货师属于贸易经纪代理。在商品交易中，易货师是交易双方的中间人，实现“点对点”“点对面”“多对多”的非现金商品或服务等价交换。易货师的价值在易货交易中具体体现为既是交易双方的“桥梁”，也是交易的“监督官”，负责对产品的数量、质量等进行把关。

相应岗位。从事与易货相关的工作有易货业务员、易货专员、易货销售专员、易货经纪人、易货顾问等。这些岗位虽然称呼不同，但基本上属于易货师的职业范畴。

三、易货师的主要工作职责

1. 策划易货方案。与客户沟通，结合客户需求制定专业性的易货方案，确定交易商品的价值，以及作为交换的商品或服务的种类、规格、数量等内容。

2. 评估易货商品。对易货商品进行市场调研与分析，对商品价格进行核算评估。根据核算评估的结果，确定客户的易货额度。

3. 签订易货合同。签订易货合同之前，需要客户提供相关资质证明文件，例如，食品类产品需要提供营业执照、产品质检报告、食品生产许可证等。易货师检验资料后，易货公司与客户双方签订正式的易货合同，客户交纳保证金和服务费。

4. 管理易货交易账户。根据客户要求开设易货账户，制作客户易货交易账户报表，对账户数据进行分析，协助客户进行易货交易财务管理。

5. 管理易货额度。开展易货额度跟踪服务，使用易货额度服务货物交换，实施易货商到期易货额度的易货交易，完成易货额度的核销。

6. 优化资源配置。根据客户需求制订产、供、销计划。结合线上线下各渠道信息，预测规划市场，整合上下游企业。对客户企业供销资源进行合理配置，优化企业产、供、销资源。

7. 完成易货交易。熟练使用各种易货交易平台，实施货物与货物交割，处理货物退换，并对易货交易进行监督检查。

8. 进行易货方式解债。指导客户将易货额度按照债务金额分别还给其债权人，协助客户的债权人按照所具有的易货额度在易货公司所有易货商品中挑选购买，实现解债。

四、易货师的薪酬福利待遇

平均薪酬水平。易货师属于社会生产服务和生活服务人员类职业，参照2023年国家统计局发布的2022年规模以上企业就业人员年平均工资情况，社会生产服务和生活服务人员年平均工资为70234元。从区域来看，社会生产服务和生活服务人员的年平均工资有一定差别：东部地区为77365元，中部地区为55907元，西部地区为61662元，东北地区为66998元。

易货师的薪资通常由底薪和提成构成，提成从8%到10%不等。行业的平均月薪在1万元左右，甚至更高。易货师的薪酬根据学历、从业经验不同而不同，并与当地的经济发展水平密切相关。从地域上看，东部地区的薪酬水平高于其他地区。

与类似职业对比。类似职业薪酬水平见表4-01-03-03-1。

表4-01-03-03-1 类似职业薪酬水平

职业名称	薪酬水平（元/月）
易货师	7000~12000
采购员	2000~7000
营销员	7000~12000

五、从事易货师工作需要哪些本领

该职业从业人员需具备的知识和技能主要包括良好的沟通能力和服务意识，

对易货平台熟练的操作和管理能力，准确判断商品的价值和需求的能力，制定合适的易货方案的能力，提供易货交易专业指导的能力，良好的风险防范意识和道德操守。

易货师需具备的知识和技能见表 4-01-03-03-2。

表 4-01-03-03-2 易货师需具备的知识和技能

职业功能	工作内容	知识和技能要求
易货市场服务	客户管理	能够文明有礼接待客户，服务客户；能了解分析客户易货需求，解答客户问题；能建立客户信息档案，记录客户易货成交信息；能对客户进行跟踪服务
	市场调研分析	能开展易货市场调研，撰写调研分析报告；能结合市场调整货物服务信息，编制货物服务预算；能结合市场推荐货物及服务，提供在线易货的询盘
	制定易货方案	能发现并解决易货问题，编制易货营销方案；能设置、修改货物及服务组合；能对产品及服务进行定价，对价格合理调整；能制定在线易货模式和标准，组织开展在线易货
货物与服务管理	品种管理	能采购、储存拟交换的货物；能处理多品种货物，制作货物进销存报表；能制订补货计划，撰写换货总结；能推荐交换货物及优化方案，调整仓储货物结构与优化库存周期；能优化配置企业产、供、销资源，对参与国内、国际易货的货物与服务进行管理
	价值管理	能评估拟交换货物价格，调查货物的市场估价；能完成价格评估，协调客户认可估价；能计算货物和服务成本，调整货物和服务价格；能进行易货货物与服务对价的综合评定，提供决策建议和依据，能评估“多对多”的货物和服务；能根据评估需要进行市场调查与大数据对价，掌握“一对多”“多对多”的易货方式，并应用到对价评估中
	物流管理	能处理货物进销存，按时发货；能控制货物进销存，降低物流时限；能处理大宗货物的物流问题，对物流全程监管和应急处理；能结合货物特点，设计物流包装；能结合渠道特点，开发物流渠道

续表

职业功能	工作内容	知识和技能要求
易货实施	签约管理	能签订货物与货物交换协议；能根据谈判修改协议内容
	账户管理	能开设易货账户，管理易货账户；能制作账户报表，对账户数据进行分析
	交易管理	能实施货物与货物交割，处理货物退换；能实施单一货物与多种货物交割，匹配多种货物价格，能应对多种货物退换；能检查货物退换过程，监督货物交换流程；能检查协议执行情况，提出交易监督问题，并解决问题；能制定客户服务评价方案，解决客户评价提出的问题
	额度管理	能使用易货额度服务货物交换，运用互联网平台完成货物交换；能制定易货额度应用规则，完善易货额度的核销问题；能实施易货额度线上管理，实现易货额度大数据计算与应用
	化解债务	能梳理企业债权债务情况，优化还债方式；能通过易货方式为企业解债

六、易货师的专业教育现状

（一）相关专业

目前专门开设易货专业的院校不多，但普通本科院校与职业院校开设了与该职业相关的专业。普通本科院校相关专业有市场营销、电子商务、物流管理、国际经济与贸易、金融学、财政学、税收学等。职业院校相关专业有市场营销、电子商务、金融服务与管理、大数据技术应用、现代物流管理、国际经济与贸易、会计事务、物流服务与管理、国际商务等。

（二）开设相关专业的院校（排名不分先后）

★ 相关院校：北京大学、中国人民大学、中央财经大学、同济大学、复旦大学、厦门大学、对外经济贸易大学、上海财经大学、东北财经大学、西南财经大学等。

◆ 相关院校：山东外事职业大学、山东商业职业技术学院、无锡商业职业技术学院、安徽商贸职业技术学院、浙江经贸职业技术学院、黑龙江职业学院、深圳职业技术大学、湖南商务职业技术学院、广东农工商职业技术学院、山西省财政税务专科学校、北京财贸职业学院等。

七、易货师的就业创业信息

吸纳易货师就业较多的用人单位如下。

1. 易货公司：武汉聚换易货科技有限公司、广东开拓者易货实业有限公司、百邦易货实业有限公司、天津渤海商品交易所股份有限公司、山西联动智慧科技有限公司等。

2. 易货贸易园区：中国（诸暨）国际数字易货贸易园区、中国（沈阳）国际数字易货贸易园区、融易通（济宁）易货贸易科创园、中国（临沂）国际易货交易服务中心等。

注：以上机构信息仅供参考，不代表编写出版方对其推荐或认可。

八、易货师的职业贯通发展

该职业的发展路径主要有四条。管理路线，即从员工晋升到主管 / 单位中层，再晋升到经理 / 单位领导层，甚至往更高的职位发展。专家路线，即不断提升技能水平，成为易货研究领域的专家。复合人才路线，即向其他行业跨越或职业转型，如通过学习相关知识和技能转型为电子商务师、互联网营销师、供应链管理师、资产评估师、会计师以及经济师等。创业路线，即基于个人能力、志向与相关条件进行创新创业。易货行业拥有着广阔的市场前景与创业潜能。随着专业知识、交易经验及市场资源的积累，易货师可以选择自主创业，更好地实现自身价值。易货师职业贯通发展如图 4-01-03-03-1 所示。

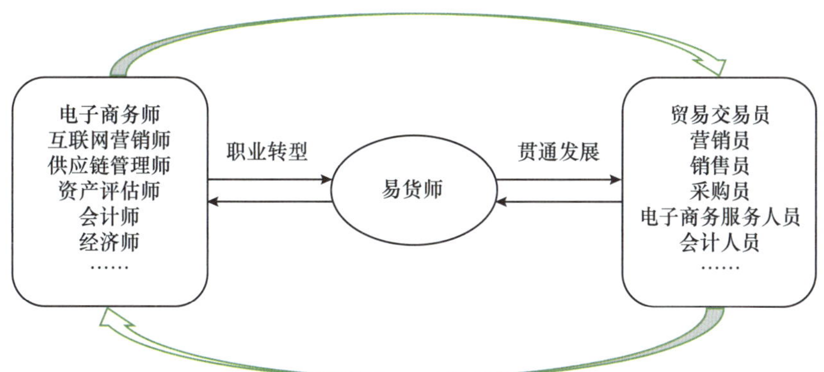

图 4-01-03-03-1　易货师职业贯通发展

九、易货师的发展前景

从市场供需看。根据国家统计局发布的数据，2022 年年底，我国规模以上工业企业产成品存货 6.04 万亿元，比 2021 年增长 9.9%。大量的库存积压造成资金短缺，严重影响了正常生产经营。因此，企业对易货师的需求呈上升趋势。截至 2020 年 12 月，中国地方易货社会组织共有 16 家，分布于 13 个省（自治区、直辖市）。根据不完全统计，截至 2020 年年底，全国易货企业共有 73.6 万家，有近 1500 万人从事易货贸易工作，人才市场需求极大。2022 年 12 月，全国首个易货师工作站揭牌运营，打造易货师从业服务平台新模式。2023 年 8 月，全国首个易货师评估事务所成立。易货师行业正逐步走上更加规范化、标准化、专业化的道路。

从产业发展看。根据不完全统计，2020 年国内易货交易额达 7600 亿元。但是相对于欧美国家，我国易货贸易发展滞后，这与我国经济体量、贸易规模不相匹配，因此我国易货贸易具有巨大的发展空间，市场前景广阔。根据天眼查数据，截至 2023 年 11 月底，在黑龙江成立的易货公司数量为 1294 家。

农产品易货创新模式入选 2020 年中国农产品电商十件大事，各种新乡村易货模式不断出现，新乡村易货企业如雨后春笋，新乡村易货业态发展迅猛。以山东临朐县为例，截至 2023 年 4 月 20 日，该县乡村易货站注册会员 1164 个，其中农业企业会员 340 个，受益农户 824 户；平台年平均销售额 2000 万元，其中农产品销售额 400 万元。易货贸易在助推农产品销售、服务乡村振兴战略等方面市场潜力巨大，将发挥日益重要的作用。

从政策红利看。产业的发展离不开政策的引导和持续优化。2022 年 1 月，国家发展改革委等 7 部门印发《促进绿色消费实施方案》，明确要求拓宽闲置资源共享利用和二手交易渠道，鼓励闲置物品共享交换，这拓宽了易货交易范围，使易货从企业之间的贸易扩展到百姓日常生活，为易货贸易的绿色低碳循环发展带来新机遇。

2022 年，在地方政府出台的一些相关政策文件中，均提出支持发展新型易货贸易。《中国（北京）自由贸易试验区条例》《2022 年天津商务工作要点》《中国（湖南）自由贸易试验区条例》《中国（浙江）自由贸易试验区条例》等相关政策的出台和不断完善，为国际易货贸易提供了指导依据，指明了前进方向，创造了有利条件，促进易货行业在推动外贸稳步增长、创新发展中发挥更大作用。

十、相关内容链接

国家职业标准：扫码即可查看☞。

相关政策文件：见表 4-01-03-03-3。

表 4-01-03-03-3　易货师相关政策文件

发布或通过时间	发布或通过机构	文件名称
2021 年 6 月	商务部	《“十四五”商务发展规划》
2021 年 7 月	国家发展改革委	《“十四五”循环经济发展规划》
2022 年 1 月	国家发展改革委等 7 部门	《促进绿色消费实施方案》

供稿：哈尔滨市第一职业高级中学校　李威

二手车经纪人

职业编码：4-01-03-04

二手车产业承载着人们对于高品质且经济实惠车辆的渴望。闲置车辆在这里找到了新的归宿，旧日瑕疵在这里得到了修复与美化。这个行业以它独特的魅力，恰如一幅绘画，在城市的车行和交易平台中，展示着独特的色彩和充满诱惑的韵味。随着时代的进步，二手车产业逐渐崭露头角。其市场规模日益扩大，吸引着越来越多的投资者和消费者，形成了一个繁荣而竞争激烈的舞台。在这个舞台上，每一辆车都承载着一个故事，每一个交易都代表着一段经历。它们见证着时代的进步和成就，为追求更美好生活的人们提供了更多选择的机会。此时，二手车经纪人在舞台中央大显身手。他们有着敏锐的洞察力和卓越的交流技巧，善于捕捉消费者的需求，为消费者提供最优质的车辆选择。

一、二手车经纪人的一天

记录时间：2023 年 1 月 15 日 **记录人：李某**

上午工作情况

8 点：

利用线上二手车交易平台获取二手车市场的动态和信息，研究价格变化、热门车型和交易趋势。（信息采集与分析）

9 点 30 分：

出发前往客户指定地点看车。检查预约清单，安排当天要收购的二手车；协同机动车鉴定评估师共同到现场查勘车辆。（收购准备）

10 点：

与第一个卖家见面。与卖家交谈，了解车辆的历史维护记录，同时记录车况细节，根据所得到的鉴定评估报告进行确认及估价。（售车客户接待）

下午工作情况

14 点：

和另一位卖家约在二手车门店见面。进行车辆评估，并与卖家商讨销售价格。提供专业的建议，考虑市场需求和竞争情况，帮助卖家设定合理的销售价格。（信息采集与分析）

15 点：

整理车辆信息和照片。将车辆信息上传至线上二手车交易平台，确保信息的准确性和吸引力，以吸引潜在买家的注意。（二手车交易平台应用）

16 点：

与一位潜在买家会面。介绍车辆的特点和优势，并带其试驾。耐心解答买家的问题，提供专业建议，帮助其做出明智的购车决策。（购车客户接待）

17 点：

与买卖双方协商，确定车辆交割时间和地点。确保双方要求和安排得到妥善处理，提供必要的指导和建议，确保交接过程顺利进行。（车务手续委托办理）

二、什么是二手车经纪人

职业定义。二手车经纪人是指从事二手车交易居间、行纪或者代理等经纪业务的人员。

定义解读。二手车是指从办理完注册登记手续到达到国家强制报废标准之前进行交易并转移所有权的汽车。经纪人通常是指从事居间、行纪或者代理服务的人员。在二手车市场中，二手车经纪人通过提供专业知识、协调买卖双方、处理文件和手续等，帮助买家和卖家完成交易。在二手车交易活动中，二手车经纪人以收取佣金为目的，为促成交易而从事居间、行纪或者代理等经纪业务。

关联职业。密切关联的职业有机动车鉴定评估师和二手车整备工。机动车鉴定评估师负责对二手车进行详细的车况评估和鉴定，包括技术状况鉴定、价值评估以及质量和技术鉴定等工作。他们的目标是确定车辆的实际价值和潜在问题，并为买家和卖家提供可靠的车况报告。而二手车整备工的任务是在二手车交易中，通过维修、整形和美容等方式来提升车辆的性能和价值。他们致力于将二手车修复和翻新，使其达到更好的状态，增加市场价值和吸引力，确保车辆在经过整备后能够以良好的状态重新上市。这两个职业都在保证二手车的质量和提升交易价值方面发挥重要作用，与二手车经纪人密不可分。

相应岗位。二手车置换顾问、二手车收购专员、二手车销售专员、二手车交易主管等。

二手车经纪人工作场景

三、二手车经纪人的主要工作职责

1. 负责二手车销售，如接待购车客户，执行营销活动，分析客户需求，与客户磋商、谈判并签订委托合同，维护客户关系，管理二手车门店，策划二手车营销活动等，按约定进行结算并获取佣金。

2. 负责二手车收购，如接待售车客户、采集并分析收购车辆信息、管理收购渠道、制定收购策略、提供信息咨询服务等，确保交易的有效性、公平性和合法性，必要时协助进行车辆鉴定评估。

3. 负责二手车信息技术服务，如应用各类型二手车相关线上平台进行二手车交易服务。

4. 负责增值服务办理，如受委托办理过户手续、受委托办理保险业务，销售车辆精品配件、办理二手车报废回收业务、代理二手车委托销售，协助提供运输、保险或金融服务等。

5. 负责二手车交易磋商，在不同卖家与买家之间进行交易、洽谈或提供咨询、协助等。

6. 负责二手车业务的培训及指导方案设计等。

四、二手车经纪人的薪酬福利待遇

平均薪酬水平。根据看准网、智联招聘网等线上招聘平台 2022 年的数据，二手车经纪人的月平均薪资为 13000 元左右。收入中交易佣金为主要部分，因此业绩优秀的经纪人收入可能会更高，收入与地域、当地经济水平关系较大。

与类似职业对比。类似职业薪酬水平见表 4-01-03-04-1。

表 4-01-03-04-1　类似职业薪酬水平

职业名称	薪酬水平（元 / 月）
二手车经纪人	10000~15000
机动车鉴定评估师	7000~11000
二手车整备工	3000~8000

五、从事二手车经纪人工作需要哪些本领

该职业从业人员需具备的知识和技能主要包括二手车营销与流通基础知识、二手车电子商务基础知识、二手车鉴定与评估基础知识、二手车收购和销售技能、二手车营销策划方案执行能力、客户跟进与谈判能力等。核心技能是二手车交易客户沟通与二手车交易相关服务。

二手车经纪人需具备的知识和技能见表 4-01-03-04-2。

表 4-01-03-04-2　二手车经纪人需具备的知识和技能

职业功能	工作内容	知识和技能要求
二手车销售	二手车销售准备	能执行二手车销售人员礼仪标准，能依据门店场地条件展示二手车辆，能展示二手车促销宣传信息，能执行二手车门店安全规范
	在售二手车信息采集与分析	能采集整理在售二手车基础信息，能分析在售二手车鉴定评估报告，能分析在售二手车特征
	购车客户接待	能介绍二手车，能解答购车客户疑问，能介绍促销活动，能编审销售合同
	营销活动执行	能邀约、接待、跟进客户，能执行营销活动
二手车收购	售车客户接待	能介绍二手车收购业务，能解答售车客户疑问，能介绍二手车交易相关管理条例及规定
	收购车辆信息采集与分析	能获取收购车辆车况、车主等基础信息
	收购渠道管理	能管理新车、二手车经销商收购渠道，能管理汽车后市场经营商收购渠道
二手车信息技术服务	二手车交易平台应用	能分析二手车交易平台车辆信息，能使用二手车交易平台购车、售车
	二手车价格分析平台应用	能运用二手车折旧原则计算二手车价格，运用二手车估价平台查询二手车价格；能依据车况调整二手车价格
	二手车技术平台应用	能查询车辆维修保养、违章、保险与出险记录
增值服务	车务手续委托办理	能办理车辆过户、年检手续
	保险业务办理	能介绍二手车保险业务，能策划二手车保险方案
	车辆精品配件销售	能介绍二手车精品配件，能制定二手车精品配件销售方案

六、二手车经纪人的专业教育现状

（一）相关专业

目前已有较多的院校开设了与该职业相关的专业。普通本科院校有车辆工程、汽车服务工程等。职业院校有汽车服务与营销、汽车技术服务与营销等。

（二）开设相关专业的院校（排名不分先后）

★ 相关院校：北京联合大学、天津科技大学、河北工程大学、内蒙古大学、大连交通大学、吉林大学、黑龙江工程学院、同济大学、南京工程学院、南昌交通学院、山东交通学院等。

◆ 相关院校：上海中侨职业技术大学、北京交通运输职业学院、内蒙古交通职业技术学院、辽宁省交通高等专科学校、长春汽车职业技术大学、吉林交通职业技术学院、黑龙江农业工程职业学院、浙江交通职业技术学院、江西职业技术大学、湖北工业职业技术学院、武汉交通职业学院、广西交通职业技术学院、四川交通职业技术学院、青海职业技术大学、新疆交通职业技术学院、江苏省交通技师学院、柳州市第二职业技术学校、青岛市技师学院、广州市技师学院、哈尔滨技师学院等。

七、二手车经纪人的就业创业信息

该职业从业人员主要集中在经济较发达的城市，如北京、上海、广州、深圳等，这些城市通常会有更多的二手车交易市场和需求，因此也会拥有更多的二手车经纪人。与此同时，一些被认为是汽车交易中心的城市，如重庆、成都、杭州、南京等，它们拥有较为发达的汽车市场和二手车交易市场，也会有较多的二手车经纪人从事相关工作。需要注意的是，随着二手车市场的发展和互联网的普及，越来越多的城市都有二手车经纪人存在。因此，二手车经纪人的分布不再局限于特定的城市，而是在整个二手车市场都有一定的存在和需求。

吸纳二手车经纪人就业较多的用人单位如下。

1. 二手车经纪公司：专门从事二手车交易和经纪服务的公司，它们雇用二手车经纪人来完成买卖双方的交易协调和中介服务，如广东澳康达二手车经销有限公司等。

2. 汽车经销商和车行：许多汽车经销商和车行会设立二手车部门，它们雇用二手车经纪人来负责二手车交易，以提供全面的购车咨询和服务，如宝马（中国）汽车贸易有限公司等。

3. 二手车交易平台：二手车交易平台会招聘二手车经纪人，负责处理平台上的二手车交易和客户服务，如瓜子二手车、优信二手车等。

4. 二手车评估鉴定机构：一些二手车评估鉴定机构会雇用二手车经纪人，以便在进行车辆评估和鉴定后推荐适合的买家或卖家，并为他们提供进一步的交易中介服务，如北京酷车易美网络科技有限公司等。

5. 个人创业者：一些个人创业者也可能需要二手车经纪人的帮助来处理自家或客户的二手车交易事务。

注：以上机构信息仅供参考，不代表编写出版方对其推荐或认可。

八、二手车经纪人的职业贯通发展

该职业的发展路径主要有四条。管理路线，即通过实际经验积累晋升到二手车门店经理等相对较高的领导管理职务。专家路线，即不断提高技能水平，在本职业领域成为二手车交易专家。复合人才路线，即向其他行业跨越或职业转型，如通过学习相关知识和技能转型为汽车驾驶员、汽车工程技术人员、二手车鉴定评估师、二手车整备工等。创业路线，即基于个人兴趣爱好进行创新创业。二手车经纪人职业贯通发展如图 4-01-03-04-1 所示。

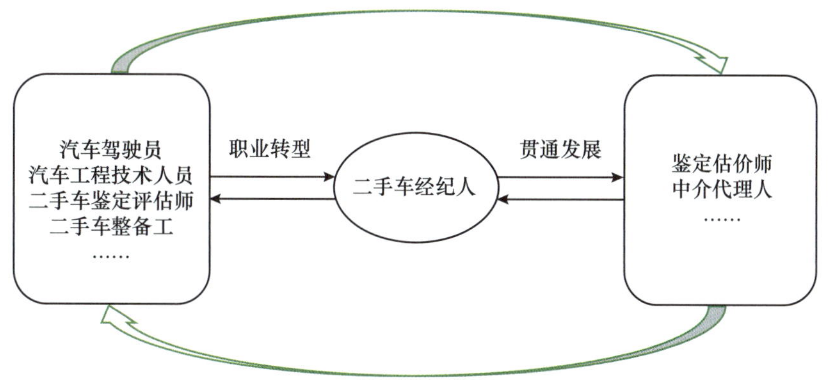

图 4-01-03-04-1　二手车经纪人职业贯通发展

九、二手车经纪人的发展前景

从市场供需看。根据中国汽车流通协会2022年的统计数据，2022年全年二手车累计交易量1602.78万辆，根据行业平均水平，相关从业人员平均每月交易35辆车，因此合理预估中国未来需要约46万名二手车经纪人。

从产业发展看。中国二手车产业涵盖了二手车市场、二手车经销商、二手车交易平台等多个环节。随着经济的快速发展和汽车消费的普及，中国的二手车产业迅速崛起，并成为全球大型二手车市场之一。根据中国汽车流通协会2022年统计数据，2022年中国汽车市场交易量达到2686.4万辆，交易额超过1万亿元。2020年7月，国务院办公厅发布《关于进一步优化营商环境更好服务市场主体的实施意见》，督促地方取消对二手车经销企业登记注册地设置的不合理规定；2022年9月，商务部办公厅、公安部办公厅发布《关于完善二手车市场主体备案和车辆交易登记管理的通知》，从产业角度多方面推动二手车交易，简化二手车经销企业购入机动车交易登记手续。近年来，许多在线二手车交易平台通过人工智能和大数据分析等技术手段，提供更便捷、安全的交易服务，为消费者提供了更多选择。

从政策红利看。政府相关部门出台了一系列政策措施，力求建立完善的二手车产业链，提高市场的透明度和交易的安全性，推动二手车行业向规范化、专业化、服务化方向发展。这些政策包括但不限于：2021年2月发布的《商务领域促进汽车消费工作指引》，提出发展二手车消费，全面取消二手车限迁政策，便利二手车交易，推动二手车信息开放共享，创新二手车流通模式；2021年4月发布的《商务部办公厅　公安部办公厅　税务总局办公厅关于推进二手车交易登记跨省通办便利二手车异地交易的通知》；2022年7月发布的《商务部等17部门关于搞活汽车流通　扩大汽车消费若干措施的通知》，提到加快活跃二手车市场、促进汽车更新消费等。

十、相关内容链接

国家职业标准：扫码即可查看☞。

相关政策文件：见表4-01-03-04-3。

表 4-01-03-04-3　二手车经纪人相关政策文件

发布或通过时间	发布或通过机构	文件名称
2020 年 4 月	财政部、税务总局	《关于二手车经销有关增值税政策的公告》
2020 年 7 月	国务院办公厅	《关于进一步优化营商环境更好服务市场主体的实施意见》
2022 年 9 月	商务部办公厅、公安部办公厅	《关于完善二手车市场主体备案和车辆交易登记管理的通知》

供稿：北京智车无忧科技有限公司　翟宇昊

航空安全员

职业编码：4-02-04-04

当越来越多的人习惯于选择飞机出行的时候，可曾注意到在旅客登机前这样一幅画面：一位工作人员眼神凌厉，穿梭于航空器内各个区域，不断变换着观察角度对飞机的每一处细节进行细致入微的检查。随着检查单上最后一项标注“正常”，本次航班安全又多了一分保障，这就是航空安全员的真实工作写照。航空安全员的全部工作围绕三件事：空中反恐、维护客舱秩序和真情服务。随着民航事业的发展，航空安全员这个神秘的群体日渐为大众所了解，航空安全员也是伴随着我们每一次飞行不可或缺的职业。

一、航空安全员的一天

记录时间：2023 年 6 月 23 日　　　　记录人：李某清

上午工作情况

9 点：

1. 确认当天所执飞航班的航班动态。（确认航班动态）

2. 前往公司健身房，开始进行热身以及力量训练、格斗以及实战训练，确认并保证良好的体能状态。（体能训练）

10 点：

1. 和飞行小组开航前准备会，确认本次航班航段、天气及旅客等相关信息，做好突发情况的处置预案。（航前准备会）

2. 抵达机场后协同机长和机组人员对飞机内部及外部进行相关检查，勘察机舱各处，进行第一次清舱，确保飞机能够安全飞行。（检查飞机状态）

下午工作情况

14 点：

1. 旅客即将登机，进行二次清舱确认。（清舱确认）

2. 旅客开始登机，旅客登机时巡视，检查应急出口以及大件行李安全问题，必要时检查旅客相关证件，核实相关信息。（旅客登机巡查）

3. 飞机平飞后，每 20~30 分钟巡舱一次，检查飞机和旅客动态，出现相关问题要及时解决并汇报。（飞行巡查）

17 点：

飞机落地，旅客下机后再对客舱以及飞机进行检查，确保无危险物品和飞机安全，结束飞行，进行相关总结。（飞行后清舱总结）

19 点：

确认第二天值飞航班动态，熟悉一起值飞成员，提前进行沟通工作；了解所要值飞机型与飞行航线情况，复习准备相关知识（预备次日飞行工作）

飞机客航

二、什么是航空安全员

职业定义。航空安全员是指在民用航空器上，从事民用航空器及其所载人员安全保卫工作的人员。

定义解读。航空安全员是指在民用航空器中执行空中安全保卫任务的空勤人员，由民航公安体系管辖，须经过专业培训并持证上岗，部分航空安全员可由航空公司空乘人员兼任。航空安全员的任务是维护飞行中的民用航空器内的秩序，防范和制止劫机、炸机及其他对民用航空器的非法干扰行为，保护民用航空器及其所载人员和财产的安全。部分兼职航空安全员还要承担客舱服务工作。

关联职业。密切关联的职业有民航乘务员、航空运输地面服务员、客运售票员、机场运行指挥员和机场场务员等。民航乘务员是指从事民用航空器客舱安全管理和旅客服务工作的人员；航空运输地面服务员是指从事航空港地面或地面设施内旅客、行李、货物及邮件运输服务工作的人员，主要负责办理旅客值机手续，办理旅客、行李进出港和中转手续，进行航班的配载和平衡，监控、记录集装设备的存储、使用情况等，包括但不限于民航客运员和民航货运员；客运售票员是指从事道路、港口、民航客运票据服务工作的人员，包括但不限于道路客运售票员、港口售票员、民航售票员；机场运行指挥员是指从事机场航班保障和服务资源调配、机坪运行管理、应急救援指挥和协调、机场运行信息采集和处置的人员；机场场务员是指从事民用机场跑道道面状况评估和报告、飞行区道面及场地巡视和维护、鸟击防范及机场净空巡查等工作的人员。上述职业从业人员具有一些共同的特点，如具有安全保障意识和预警能力，对突发事件有应变和处理能力，因此他们具备成为航空安全员的潜质。

相应岗位。安检员等。

三、航空安全员的主要工作职责

1. 实施民用航空器驾驶舱和客舱的安保检查。在旅客登机前和离机后对客舱进行检查，防止无关人员、不明物品留在客舱内，确保航空器上没有未经授权的武器、爆炸物以及其他危险物品；在飞行中，对受到威胁的航空器进行搜查，妥善处置发现的爆炸物、燃烧物和其他可疑物品。

2. 查验相关人员的登机凭证。在必要情况下，查验旅客的客票、登机牌、身份证件等。

3. 制止未经授权的人员或物品进入驾驶舱或客舱。航空安全员应当对飞行中的航空器驾驶舱采取保护措施，监护驾驶舱门，防止未经授权的人员和与飞行无关的物品进入驾驶舱。

4. 采取必要的管束措施，制止扰乱航空器秩序和妨碍机组人员履行职责的行为。飞行中的航空器上出现扰乱行为时，航空安全员应当按照本企业制定的扰乱行为管理程序对其进行管理。对扰乱行为，应当口头予以制止；制止无效的，应当采取约束性措施予以管束，航空器降落后移交民航公安机关处理。

5. 处置劫机、炸机及其他非法干扰事件。

6. 对乘客中的特殊对象，实施必要的安保措施。协助有关部门做好被押解人员、被遣返人员在飞行中的监管工作，协助警卫部门做好警卫对象和重要旅客乘坐民航班机、专机的安全保卫工作。

7. 执行上级交办的其他安全保卫任务。

四、航空安全员的薪酬福利待遇

平均薪酬水平。航空安全员的基本工资以本地区定的基数为准，主要收入来自飞行补助，各个航空公司飞行补助是不一样的，一般大约为 65 元 / 小时，还有其他各类补助，如住房补贴为 1500 元 / 月，国内过夜补助为 150 元 / 晚，国外过夜补助为 40~120 美元 / 晚等，一般月薪为 10000 元左右（按照实际飞行小时计费），国际资格安全员月薪为 10000~20000 元。大部分航空公司会根据员工飞行年限及工作表现，给予职业等级晋升，等级越高对应的收入越高。

与类似职业对比。类似职业薪酬水平见表 4-02-04-04-1。

表 4-02-04-04-1　类似职业薪酬水平

职业名称	薪酬水平（元 / 月）
航空安全员	10000~20000
民航乘务员	8000~20000

续表

职业名称	薪酬水平（元 / 月）
机场生态与鸟防员	5000~10000
航空运输地面服务员	5000~10000
客运售票员	4000~8000

五、从事航空安全员工作需要哪些本领

该职业从业人员需具备的知识和技能主要包括良好的体能和格斗能力、突发事件预警和处置能力，相关的理论知识和法律法规储备等，要符合《航空安全员合格审定规则》规定的训练要求。理论知识和法律法规必须烂熟于心，各种处置行为必须有理有据、有法可依；突发情况的处置必须果决有效，这对航空安全员的战术意识、处置技巧、控制手段、装备使用及处置程序应用等综合实战能力要求极高，并且需要克服高压力、高负荷的环境及心理因素。

航空安全员需具备的知识和技能见表 4-02-04-04-2。

表 4-02-04-04-2　航空安全员需具备的知识和技能

职业功能	工作内容	知识和技能要求
理论知识与相关法规	遇到突发事件时，根据相关知识和法规处理问题	明确航班安全常识，熟记民航安全管理规定，熟练运用民航安全技能
安全意识	劫机、炸机等紧急事件发生时，对不法行为人采取必要措施；对扰乱航空器内秩序且不听劝阻的人员，采取管束措施，航空器降落后将其移交民航公安机关处理	对事件的预警能力、处置能力及应对突发事件的能力
团队合作能力	和机组人员协作保障航班全程飞机和乘客的安全	把握航班工作流程，熟悉各岗位工作内容，熟练掌握各号位工作职责

续表

职业功能	工作内容	知识和技能要求
学习能力	持续学习航空安全员职业技能，提升个人职业技能等级	获取航空安全员训练合格证，获取民航局颁发的空中安全员相应等级证书
体能训练	为了应对机上突发事件需达到体能素质要求，保持良好的体能素质	航空安全员每两年脱产复训一次，时间不得少于 20 天；航空安全员的日常训练由航空安全员所在单位或保卫部门组织实施，训练时间每月不得少于 12 小时

六、航空安全员的专业教育现状

（一）相关专业

目前，已有较多的院校开设了与该职业相关的专业，涉及普通本科院校和职业院校等。主要院校相关专业有民航空中安全保卫、民航运输服务、空中乘务、民航安全技术管理、航空物流、民航通信技术、飞机机电设备维修等。

（二）开设相关专业的院校（排名不分先后）

★ 相关院校：中国民航大学、辽宁警察学院、中国民用航空飞行学院、安阳工学院、保定学院、河北师范大学、沈阳航空航天大学等。

◆ 相关院校：河北轨道运输职业技术学院、沧州渤海专修学院、成都航空职业技术学院、上海民航职业技术学院、三亚航空旅游职业学院、江苏航运职业技术学院、扬州工业职业技术学院、广州市交通技师学院等。

七、航空安全员的就业创业信息

吸纳航空安全员就业的用人单位主要是各个航空公司，如中国国际航空股份有限公司、中国东方航空集团有限公司、中国南方航空股份有限公司、海南航空控股股份有限公司、春秋航空股份有限公司、上海吉祥航空股份有限公司、华夏航空股份有限公司、龙江航空有限公司、成都航空有限公司、西藏航空有限公司等。

航空安全员创业的方向包括：运用在航空公司所学的技能及技巧，开设航空安全员职业培养学校，以安全员技能培养为主，进行相关业务开拓；运用个人体能优势，从事体能素质相关业务创业活动，如康复训练师、健身教练等。

注：以上信息仅供参考，不代表编写出版方对其推荐或认可。

八、航空安全员的职业贯通发展

该职业的发展路径主要有四条。管理路线，即从员工晋升到中层管理职务，再晋升到经理层，甚至更高的领导职务。航空安全员可晋升为副中队长、中队长等职位。专家路线，即不断提升业务能力水平，在职称等级上不断晋升。达到三级安全员职称后，可晋升为安全员训练教员等专家职位。安全员训练教员主要负责新入职安全员的技能培训以及每年航空公司组织的安全员集中复训等，需要取得民航局颁发的相关证书，负责所学科目的教学工作。复合人才路线，可转型为国防教育辅导员、健康管理师、游泳救生员、防疫员、航空器外场维护员等。创业路线，即基于个人兴趣爱好尝试创新创业。航空安全员职业贯通发展如图 4-02-04-04-1 所示。

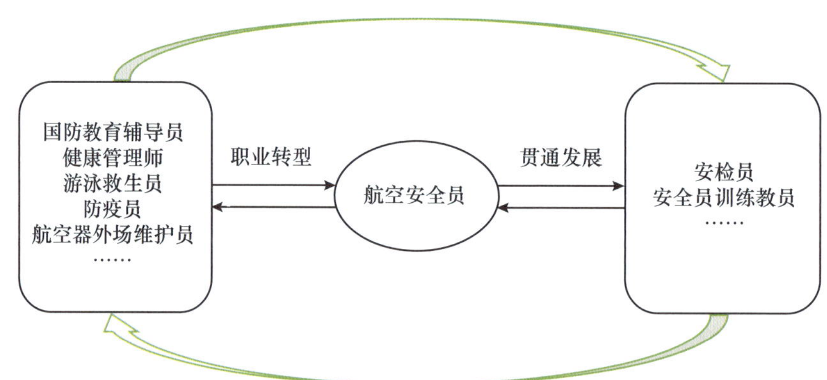

图 4-02-04-04-1　航空安全员职业贯通发展

九、航空安全员的发展前景

从市场供需看。随着新冠疫情后民航业的恢复与发展，民航空防安全形势日趋复杂，直接带动了我国空中保卫从业人员数量的急剧增加，需要大量补充新鲜血液，这又必将带动民航空中安全保卫专业毕业生的就业需求。我国航空安全员存在巨大的缺口，航空安全员的市场需求巨大，为航空安全员职业发展提供了广阔的发展空间。

从产业发展看。中国民用航空局 2023 年 9 月 2 日发文称，2023 年暑运期间，全民航共计保障航班 106.9 万班，日均保障 17242 班，较 2019 年暑运同期增加 0.54%。其中，日均保障国内客运航班 14087 班，较 2019 年暑运同期增长 14.83%；日均保障国际客运航班 1095 班，恢复至 2019 年暑运同期的 43.83%；日均保障港澳台地区航班 284 班，恢复至 2019 年暑运同期的 56.06%。2021 年发布的《"十四五"民用航空发展规划》明确提出，建设"空中丝绸之路"。推进"空中丝绸之路"建设作为共建"一带一路"的重要内容，是民航参与共建"一带一路"的核心任务。进入新发展阶段，高水平建设"空中丝绸之路"成为加快构建新发展格局、推进高质量共建"一带一路"的重要抓手，将不断增强我国民航运输的国际通达性、服务高效性、网络可靠性和产业协同性。我国民航正处于全面建设多领域民航强国的起步阶段，要求民航把握住新一轮科技革命和产业变革的战略契机，强化科技自立自强和创新引领，深化体制机制改革，积极应对资源环境约束，加快推进民航质量变革、效率变革和动力变革。

从政策红利看。航空公司待遇在全国均属于较高水平，需要储备大量专业人才，航空公司资质过硬、职业保障过关、薪资福利优厚、有极好的发展前景，行业荣誉感较高，工作也相对稳定。例如，某大型国有航空公司，每年提供 13 张国内 / 国际免费及一折机票，可供员工及直系亲属使用，并提供免费重疾补充医疗保险、免费子女医疗保险、往返通勤车、公司宿舍、企业年金等。具体福利待遇会因公司规模和地区政策而有所不同。

十、相关内容链接

国家职业标准：暂缺。

相关政策文件： 见表 4-02-04-04-3。

表 4-02-04-04-3　航空安全员相关政策文件

发布或通过时间	发布或通过机构	文件名称
2021 年 4 月	全国人大常委会	《中华人民共和国民用航空法(2021 修正)》
2021 年 12 月	中国民用航空局等 3 部门	《“十四五”民用航空发展规划》

供稿：北京云尚航空服务有限公司　卞春峰

国际快递业务师

职业编码：4-02-07-10

世界经济一体化发展迅速，全球买卖已经成为人们生活的常态。世界各地的商品通过国际快递送达，国际快递也保障着世界各地人们的需求。有这样一群人，他们每天和国际快递打交道，国内商家的货物经其发往世界各地。他们准确高效地安排好货物出境，并确保准确无误地将货物送到客户手中，他们就是国际快递业务师。他们不仅要给这些货物安排好每段“旅行”的位置，还要安排好它们的“身份信息”，以便在各个国家和地区可以顺利通关，更要利用现代通信网络系统实时监控货物的情况，及时与服务的客户进行沟通协调。

一、国际快递业务师的一天

记录时间：2023 年 9 月 11 日　　**记录人：徐某成**

上午工作情况

9 点：

1. 参加公司业务会议，汇报当前网络建设思路及工作进展情况；会后通过电子邮件与国外伙伴沟通工作。（设计、搭建服务网络）

2. 撰写 XX 国家海外仓的建设规划及建设方案，并提交给公司领导审核。（网络节点建设）

10 点：

1. 通过拜访、电话、问卷调查等方式，获取区域性寄递市场的需求。（市场开发）

2. 根据客户提出的新需求，制定及更新服务模式；根据客户反馈，完善寄递产品的意见，并以书面方式向公司反馈。（调研、分析需求与特点）

下午工作情况

14点：

1. 对近半年的国际快递业务量变化情况进行分析，对业务量上升较快的地区提出新开及增加航线建议，对业务量下滑较快的地区核减航线。（航线开设、增减建议）

2. 对近期业务数据进行分析，监测国际快递业务运行情况及主要指标的变化情况。对业务人员的服务质量进行管控，不断提升服务水平。（监测、分析）

国际快递业务师工作场景一

16点：

1. 拜访重点客户，了解其对国际寄递业务的满意度，搜集客户的意见与建议。（拜访客户）

2. 对客户的投诉和建议，提供解决方案并给予针对性的答复，以确保客

户满意。（调研满意度，优化方案）

3. 撰写外文电子邮件，办理国际邮件的报关报检手续。对于需要中转的邮件，办理清关与中转手续。（外文沟通，协助业务办理）

国际快递业务师工作场景二

二、什么是国际快递业务师

职业定义。国际快递业务师是指从事国际寄递服务网络设计搭建、海外仓等节点建设、业务市场开发、国际邮件快件中转清关管理等工作的人员。

定义解读。国际快递是指在两个或两个以上国家（或地区）之间所进行的快递业务。国际快件到达目的国之后，需要在目的国进行再次转运，才能将快件送达最终目的地。国际快递业务师是能够满足客户的实际需求，搭建国际寄递业务网络；能够进行市场开发，拓展新的业务客户，不断提升服务质量，对客户的投诉与建议制定方案与回复；能对国际邮件快件进行跟踪，办理中转清关等业务的工作人员。

关联职业。密切关联的职业有快件处理员、快递站点管理师。快件处理员是指从事快件及总包的接收、卸载、分拨、集包、装载、发运等工作的人员。快递站点管理师是指从事快递末端站点生产作业、质量管控、业务开发等工作的人员。国际快递业务师也会涉及快件处理员和快递站点管理师的业务，但国际快递业务师主要面向国际快递业务。此外，快件处理员是业务操作人员，国际快递业务师是业务规划人员。

相应岗位。国际快递业务员、国际快递规划工作人员、国际快递操作员。

三、国际快递业务师的主要工作职责

1. 设计、搭建国际区域性寄递服务网络。

2. 筹备、规划、建设海外仓等网络节点。

3. 调研、分析国际区域性寄递市场需求和特点，提出开发完善寄递产品意见，制定服务模式。

4. 评估国际寄递业务变化，提出国际寄递航线开设、增减等建议。

5. 监测、分析国际区域性寄递业务运行数据、指标等变动情况，进行服务质量管控和提升。

6. 调研国际寄递业务满意度，优化服务方案。

7. 运用外国语言，进行国际邮件快件报关报检手续办理，协助完成清关中转等工作。

四、国际快递业务师的薪酬福利待遇

平均薪酬水平。据国家统计局发布的 2022 年规模以上企业就业人员年平均工资情况，交通运输、仓储和邮政业的年平均工资为 109674 元。国际快递业务师的业务能力要求更高，国际快递的利润水平也会更高。根据看准网、猎聘网等招聘网站给出的薪酬数据，国际快递业务师的月平均工资为 10000~20000 元。行业中从事规划设计及业务开发的部分经理等人员，年薪可达 30 万 ~50 万元。

与类似职业对比。类似职业薪酬水平见表 4-02-07-10-1。

表 4-02-07-10-1　类似职业薪酬水平

职业名称	薪酬水平（元 / 月）
国际快递业务师	10000~20000
国际货运代理业务员	6000~10000
物流专员	2000~7000
供应链专员	7000~12000
国际物流业务代表	6000~10000

五、从事国际快递业务师工作需要哪些本领

国际快递业务师需具备的知识和技能见表 4-02-07-10-2。

表 4-02-07-10-2　国际快递业务师需具备的知识和技能

职业功能	工作内容	知识和技能要求
规划与建设	服务网络规划与设计	掌握物流网络规划设计知识，能设计、搭建国际区域性寄递服务网络
	网络节点建设	掌握海外仓等网络节点建设知识，能筹备、规划、建设海外仓等网络节点
	航线开设与增减	掌握成本核算等知识，能够根据业务数据变化情况新开或培养航线
市场开发	需求调研	掌握调研的基本知识与技能，能够向客户开展需求调研，根据国际区域寄递市场需求和特点，提出开发完善寄递产品意见，并能根据客户需求制定服务方案
	客户开发与服务	掌握营销和客户开发计划制订原则知识，能根据营销方案开发新客户并根据客户需求制定解决方案
	客户满意度管理	能够开展满意度调查，处理涉及保险保价、资费、关税等投诉，并根据客户的意见与建议制定满意度提升方案

续表

职业功能	工作内容	知识和技能要求
业务与监控	业务流程与办理	掌握收寄路线、主要目的国或地区清关、特殊物品的收寄等知识，能够计算与核算国际快件资费，能够用外语进行沟通
	数据监测与分析	掌握数据分析的基础知识，能够监测业务变化及分析业务运行数据，并对业务工作进行反馈
	服务质量管控	能够对客户服务质量进行监测，根据相关数据提出客户服务质量提升方案
	问题处理	掌握业务及客户服务等问题处理方法，能处理如问题件、中转、清关等业务中存在的问题，能够解决客户纠纷

六、国际快递业务师的专业教育现状

（一）相关专业

普通本科院校相关专业有物流管理、物流工程、供应链管理等。职业院校相关专业有现代物流管理、物流工程技术、供应链管理、邮政通信管理、邮政快递运营管理等。

（二）开设相关专业的院校（排名不分先后）

★ 相关院校：北京交通大学、北京工商大学、北京物资学院、华东理工大学、上海海事大学、浙江工商大学、东南大学、浙江大学、重庆大学、重庆工商大学等。

◆ 相关院校：浙江广厦建设职业技术大学、湖南现代物流职业技术学院、浙江经济职业技术学院、天津交通职业学院、山东交通职业学院、辽宁经济职业技术学院、深圳职业技术大学、武汉交通职业学院、南京交通职业技术学院、宁波职业技术学院等。

七、国际快递业务师的就业创业信息

国际快递业务师的主要就业地区为我国沿海经济发达城市，一是沿海经济发达城市的对外贸易发达，对国际快递业务的需求量比较大；二是沿海经济发达城市海陆空交通便利，有利于国际快递业务低成本、高效率地运营；三是国际快递业务是资本、技术、人员密集型行业，需要有实力的企业集团来运作。

吸纳国际快递业务师就业较多的用人单位如下。

1. 国内外从事国际业务的快递类企业：这些企业主要从事国际快递寄递业务，如中国邮政集团有限公司、顺丰速运有限公司、京东物流股份有限公司、联邦快递（中国）有限公司，敦豪全球货运（中国）有限公司等。

2. 国内外跨境电商企业：这些企业主要在海外仓建设与运营上有较多的人员需求，如亚马逊（中国）投资有限公司等。

3. 国际货运代理企业：中国外运股份有限公司、深圳市递四方速递有限公司、浙江海源国际货运代理有限公司等。

注：以上机构信息仅供参考，不代表编写出版方对其推荐或认可。

八、国际快递业务师的职业贯通发展

该职业的发展路径主要有四条。管理路线，即从国际快递业务师向部门主管、业务经理、公司总经理的管理人员发展路径晋升。专家路线，即从普通国际快递业务师向资深国际快递业务师不断晋升，成为专家级国际快递业务人员。复合人才路线，即从国际快递业务师向物流服务师、供应链管理师、快递站点管理师等专业岗位横向贯通。创业路径，即在业务熟练的情况下，可以开展创业，成立国际货运代理公司，建设与运营海外仓等。国际快递业务师职业贯通发展如图 4-02-07-10-1 所示。

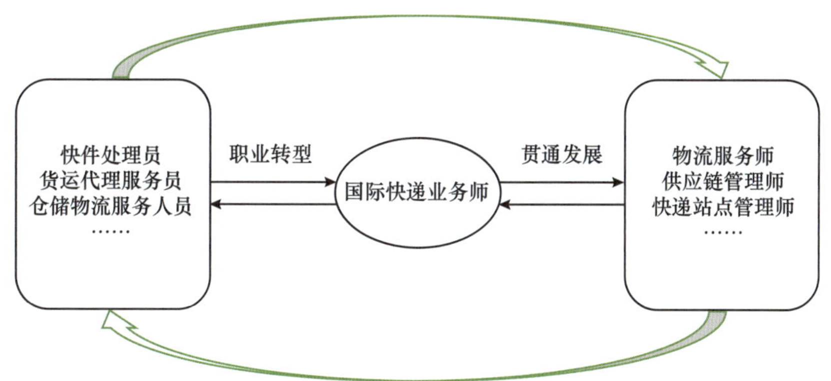

图 4-02-07-10-1　国际快递业务师职业贯通发展

九、国际快递业务师的发展前景

从市场供需看。目前国内主要的快递业务员主要服务于国内快递业务，但对刚刚发展起来的国际快递业务并不熟悉，国内的快递巨头如顺丰、京东、中国邮政、极兔等纷纷布局海外快递业务。然而，由于对从业人员的要求相对较高，目前国际快递业务人员主要来自院校的应届毕业生。因此，国际快递业务师的市场需求和缺口较大。

从产业发展看。国际快递业务是跨境电商配送环节的重要支撑，跨境电商的繁荣也将带动国际快递业务的快速发展，从而带来大量的人才需求。根据国家邮政局发布的 2022 年邮政行业发展统计公报，2022 年国际 / 港澳台快递业务量完成 20.2 亿件，收入完成 1161.1 亿元。跨境电商的快速发展，将会持续带动国际快递业务的增长，对国际快递业务人员的需求也将持续增加。

从政策红利看。供应链安全已经越来越得到国家的重视，国际快递业务作为供应链安全的重要一环，也必将得到更多的政策红利。2022 年 3 月，《中共中央国务院关于加快建设全国统一大市场的意见》发布；2022 年 1 月，国家发展改革委发布《“十四五”现代流通体系建设规划》；2020 年 4 月，《商务部等 8 部门关于进一步做好供应链创新与应用试点工作的通知》发布。以上政策的落地，将不断推高国际快递业务师的市场热度。

十、相关内容链接

国家职业标准：暂缺。

相关政策文件：见表 4-02-07-10-3。

4-02-07-10-3 国际快递业务师相关政策文件

发布或通过时间	发布或通过机构	文件名称
2021 年 12 月	国家邮政局等 3 部门	《“十四五”邮政业发展规划》
2022 年 5 月	国务院办公厅	《“十四五”现代物流发展规划》

供稿：浙江广厦建设职业技术大学　徐月成

快递站点管理师

职业编码：4-02-07-11

快递业前端连着生产供给，末端连着消费需求，如同城乡的“毛细血管”，为彼此输送“养分”。大家在网上购物，快递到家，就是幸福到家；快递员按照大家的需求上门服务，快递畅通，生活就有保障；线下见面受阻时，大家通过快递给家人朋友寄出一份快递，也传达了一份感情。

不知不觉中，快递已成为我们日常生活的一部分。随处可见的快递站点，也成了我们生活基础设施的重要组成部分，成功破解了快递末端配送难题，有效支撑了城市寄递和“一刻钟便民生活圈”建设，切实打通了农村物流运输和快递进村的“最后一公里”。当前，快递业日益成为拉动国民经济增长、服务国家战略部署、保障经济社会稳定运行和满足人民美好生活向往的重要力量。伴随着快递业务量的持续增长，快递末端站点的数量还会持续增加。如何加快快递末端站点建设，规范快递末端站点管理，提高快件收发效率，增强大家的消费幸福感呢？快递站点管理师的重要作用日益凸显。

一、快递站点管理师的一天

记录时间：2023 年 5 月 30 日　　记录人：蔡某峰

上午工作情况

8 点 30 分：

1. 接收服务区域内快件，完成清点和交接。（业务管理）
2. 检查员工出勤情况，制订当天工作计划，做好早会准备。（员工管理）

3. 开早会，传达和解读相关政策和标准，分配当天任务。（政策传达）

4. 带领全员打扫卫生、整理快件，做好营业前准备工作。（环境维护）

9 点：

1. 协调当天的运力和资源调度。（运力调度）

2. 指导快递员收寄、分拣、派送等作业标准化操作。（作业指导）

3. 检查督导快递员操作及服务过程。（服务督导）

4. 接待客户，及时处理异常突发事件。（突发情况协调）

快递站点管理师工作场景

下午工作情况

14 点：

1. 继续统筹协调站点内各项事务。（服务监督）

2. 调研市场环境、客户满意度，明确寄递产品开发方向。（市场调研）

3. 挖掘分析客户需求，开发新客户，制定个性化服务方案。（客户开发与维护）

4. 处理和分析客户投诉，提出产品和服务优化建议。（业务优化）

5. 组织员工进行下班前快件盘点和核对以及安全事项检查。（安全管理）

20 点：

1. 分析、监测快递站点运行数据指标。（指标分析）
2. 做好当天目标核定和工作总结，完成相关报表。（业绩考核）
3. 召开晚会，分析业绩、考核、问题及不足。（日常业务运营）
4. 根据需要，进行人员招聘和专题培训。（员工招聘与培训）
5. 反馈报表，巡场检查。（反馈与监督）

二、什么是快递站点管理师

职业定义。快递站点管理师是指从事快递末端站点生产作业、质量管控、业务开发等工作的人员。

定义解读。快递站点是指快递公司在各个地方设立的分发货物的末端站点或门店，如菜鸟驿站等。快递站点管理师一般是指快递站点的管理者，代表了快递公司的整体形象。他们站在公司的立场强化管理，是快递站点的指挥者，站点营业额目标的实现，很大程度上依赖于快递站点管理师的优异表现。

关联职业。密切关联的职业有快递员和国际快递业务师。快递员是指从事快件揽收、派送和客户信息收集、关系维护及业务推广工作的人员。虽然快递员与快递站点管理师都服务于快递末端站点，但快递员属于一线操作人员，而快递站点管理师属于管理人员。国际快递业务师是指从事国际寄递服务网络设计搭建、海外仓等节点建设、业务市场开发、国际邮件快件中转清关管理等工作的人员。国际快递业务师与快递站点管理师的区别在于国际快递业务师服务的是国际寄递服务网络及国际邮件快件管理，而快递站点管理师更多的是面向快递末端站点和国内快递快件管理。

相应岗位。快递站点管理、邮件转运管理、仓储管理、货运代理服务、批发与零售服务等岗位。

三、快递站点管理师的主要工作职责

1. 负责快递站点的日常运营管理，包括快件分发、回收、保管、交接等工作任务安排与协调，服务区域内运力调度、设备管理、安全管理和环境维护等。

2. 负责快递站点的业务指导和监督，包括收寄、分拣、派送等生产作业标准化操作指导和监督。

3. 负责快递站点的客户管理，包括市场调研、客户需求分析与挖掘、新客户开发、客户个性化服务方案设计、老客户维护等。

4. 负责快递站点的员工管理，包括人员招聘、员工培训、员工考核、员工激励等。

5. 负责快递站点的异常处理，包括站点异常突发情况协调和处理，反馈和监督等。

6. 负责快递站点的绩效管理，包括站点运行数据和指标的分析和监测，如站点业绩完成情况，收派作业的效率分析、成本控制，客户满意度分析，以及寄递产品开发和站点业务优化建议等。

快递站点

四、快递站点管理师的薪酬福利待遇

平均薪酬水平。根据国家统计局发布的 2021 年各行业城镇非私营单位就业人员平均工资信息，2021 年，交通运输、仓储和邮政业城镇非私营单位就业人员平均工资在 100000 元以上，在 19 个行业中排名第 9 位。

与类似职业对比。据智联招聘网 2023 年 5 月数据，在上海地区，该职业 15% 的人员年平均工资在 167300 元以上，远远高于全国平均水平。同时快递站点管理师的薪酬和福利待遇也高于配送员、客户服务管理员以及仓储管理员的薪酬和福利待遇。类似职业薪酬水平见表 4-02-07-11-1。

表 4-02-07-11-1　类似职业薪酬水平

职业名称	薪酬水平（元 / 月）
快递站点管理师	5000~35000
配送员	4000~15000
客户服务管理员	3000~10000
仓储管理员	4000~10000

五、从事快递站点管理师工作需要哪些本领

该职业从业人员需具备的知识和技能主要包括基本的快递业务和站点管理知识及日常运营管理、业务指导、客户管理及人员管理能力等。核心是站点运营管理、沟通协调、服务和优化等能力。

快递站点管理师需具备的知识和技能见表 4-02-07-11-2。

表 4-02-07-11-2　快递站点管理师需具备的知识和技能

职业功能	工作内容	知识和技能要求
日常运营管理	业务管理	熟悉快递业务操作和服务流程，具有丰富的快递行业操作经验
	运力调度	了解快递运力配备情况，具有一定的管理协调能力
	设备管理	了解设备使用、维护、保养、管理等相关知识，具有一定的设备调度和管理能力
	安全管理	了解站点快件、设备、消防等相关安全知识，具有较强的安全意识和较高的安全操作技能

续表

职业功能	工作内容	知识和技能要求
日常运营管理	环境维护	了解“6S”现场管理及快递回收等相关知识，具备较强的环境保护和绿色回收意识
快递业务指导与监督	政策传达	及时了解国家政策及行业标准，具有良好的政策及标准解读和表达能力
	作业指导	熟悉快件收寄、分拣、派送等业务操作标准，具备丰富的作业及操作指导经验
	服务监督	熟悉快件收寄、分拣、派送等绩效指标，具备丰富的作业及服务监督经验
快递客户管理	市场调研	了解市场调研和数据分析的相关知识，具备一定的市场调研和数据分析能力
	客户开发与维护	了解客户管理的相关知识，具有一定的客户开发、维护和个性化服务能力
员工管理	人员招聘与培训	了解快递站点所有岗位的职责、工作内容、需求，具备独立思考、沟通和判断能力
	员工考核	掌握员工考核及管理的相关知识和方法，具备良好的语言表达和沟通能力
快件异常处理	突发情况协调	熟悉快件相关业务流程，具有较全面的管理协调和处理突发事件的能力
	反馈和监督	工作严谨，执行能力强，具有良好的沟通能力及团队合作精神
快递站点绩效管理	业绩考核	掌握绩效考核的相关知识，能结合站点实际情况制定合理的业绩考核方案并实施
	指标分析	熟练掌握快递站点考核指标和具体数据分析，如效率、成本控制、客户满意度等
	业务优化	能结合快递站点的实际情况，提出产品开发及业务优化的具体建议

六、快递站点管理师的专业教育现状

（一）相关专业

目前越来越多的院校开设了与快递站点管理师相关的专业，涉及普通本科院校、职业院校等。普通本科院校相关专业主要有邮政管理、邮政工程、物流管理、交通运输等。职业院校相关专业主要有邮政快递管理、邮政快递运营管理、快递运营管理、现代物流管理等。

（二）开设相关专业的院校（排名不分先后）

★ 相关院校：北京邮电大学、南京邮电大学、西安邮电大学、东南大学、西南交通大学、北京交通大学等。

◆ 相关院校：石家庄邮电职业技术学院、浙江邮电职业技术学院、淄博职业学院、天津交通职业学院、湖南邮电职业技术学院、无锡城市职业技术学院、山西工程科技职业大学、新疆科技职业技术学院等。

七、快递站点管理师的就业创业信息

该职业的从业人员遍布全国各地，杭州、广州、上海、北京、深圳、苏州、成都、武汉、佛山、南京等地为该职业从业人员高密度聚集区。

吸纳快递站点管理师就业较多的用人单位如下。

1. 快递公司：顺丰速运有限公司、圆通速递股份有限公司、中通快递股份有限公司、申通快递股份有限公司、极兔速递有限公司等。

2. 快递柜公司：菜鸟网络科技有限公司等。

3. 物流公司：京东物流股份有限公司、苏宁易购集团股份有限公司、德邦物流股份有限公司等。

注：以上机构信息仅供参考，不代表编写出版方对其推荐或认可。

八、快递站点管理师的职业贯通发展

该职业发展路径主要有四条。管理路线，即从快递站点管理师晋升到转运中心管理者，再晋升到区域高层管理者，甚至往更高的领导职务发展。专家路线，即不断提高技能和管理水平，在职称等级上不断晋升，成为快递工程师。复合人才路线，即向其他行业跨越或职业转型，如通过学习相关知识和技能转型为物流服务师、项目管理师、供应链管理师、数字化管理师、连锁经营管理师等。创业路线，即基于个人兴趣爱好或者团队优势进行创新创业，成为快递站点店长、平台配送点店长等。快递站点管理师职业贯通发展如图 4-02-07-11-1 所示。

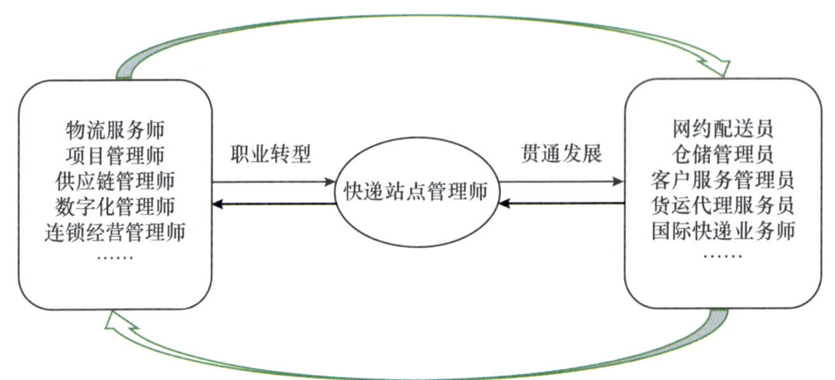

图 4-02-07-11-1　快递站点管理师职业贯通发展

九、快递站点管理师的发展前景

从市场供需看。随着快递业的快速发展，快递相关职业成为大热门。相关统计数据显示，全国快递从业人员数量已从 2010 年仅有的 54.2 万人增长到 2022 年的近 450 万人。根据国家邮政局发布的相关数据，2022 年累计布放智能快件箱（信包箱）36.2 万组，建设快递营业网点和末端服务站 34.3 万个，以每个站点 2~3 个管理员计算，快递站点管理师的需求约是 69 万至 103 万人。同时，随着乡村振兴战略的推进，各地区都在整合在村邮政、快递、供销、电商等资源，建设村级寄递物流综合服务站，规范管理农村寄递网点，快递站点管理师的价值将更加凸显。

从产业发展看。党的十八大以来，快递服务能力显著提升，快递业务量连续 9 年位居世界第一，最高日处理能力超过 7 亿件，年人均快件量接近 80 件，我国进入了年快递件量过千亿件、年快递收入上万亿元的新阶段，实现了建制村直接通邮，建成了世界上最为通达、最为普惠、规模最大、受益人数最多的邮政快递

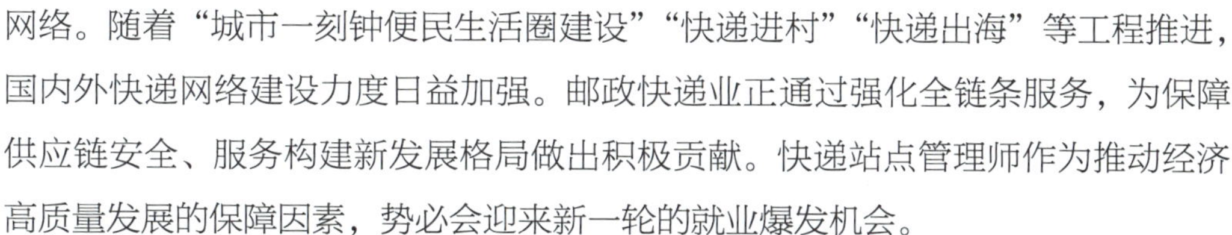

网络。随着“城市一刻钟便民生活圈建设”“快递进村”“快递出海”等工程推进，国内外快递网络建设力度日益加强。邮政快递业正通过强化全链条服务，为保障供应链安全、服务构建新发展格局做出积极贡献。快递站点管理师作为推动经济高质量发展的保障因素，势必会迎来新一轮的就业爆发机会。

从政策红利看。党中央、国务院高度重视邮政业发展，党的十八大以来，习近平总书记多次就邮政业改革发展作出重要指示，称赞“快递小哥”是美好生活的创造者、守护者，要求加强快递队伍建设。《交通运输部等十八部门关于认真落实习近平总书记重要指示推动邮政业高质量发展的实施意见》提出“拓展从业人员发展空间”“推动快递企业加强职业教育和培训”“维护从业人员合法权益”。自2018年以来，江苏、广东等各省市陆续部署加快推进快递工程技术人员职称评审工作，各地全面落实推进“人才强邮”战略。2023年，江苏省启动了百名快递工程师培养工程。

近年来，维护快递员群体合法权益已成为行业共识，以此来保证快递末端的服务质量和行业的行稳致远。国家邮政局继续推广快递企业末端派费核算指引，开展快递员劳动定额试点；持续开展关爱快递员“暖蜂行动”“快递从业青年服务月”等活动，进一步推动解决快递员在住房、子女教育、医疗体检等方面的实际困难；加强先进典型选树引领，继续组织开展寻找“最美快递员”活动。

十、相关内容链接

国家职业标准：暂缺。

相关政策文件：见表4-02-07-11-3。

表4-02-07-11-3　快递站点管理师相关政策文件

发布或通过时间	发布或通过机构	文件名称
2021年12月	国家邮政局等3部门	《“十四五”邮政业发展规划》

供稿：南京工业职业技术大学　王桂花

食品安全管理师

职业编码：4-03-02-11

民以食为天，食以安为先。有这样一群人，他们通过对人、机、料、法、环等进行全方位的危害分析与安全控制管理，全面保障食品安全，推动食品产业高质量发展。他们就是守护食品安全的卫士——食品安全管理师。

一、食品安全管理师的一天

记录时间：2023 年 6 月 19 日 **记录人：周某云**

上午工作情况

8 点：

1. 检查企业生产人员的卫生状况，如工作衣帽是否穿戴齐全、健康状况是否出现异常等。（人员健康管理）

2. 车间检查：查验车间环境卫生状况、原料的来源以及有效期限是否合格，投料量和生产条件设置是否符合要求等。（环境场所管理）

10 点：

1. 生产检查：检查生产设备是否正常运行，检查中间体或产品的外观是否正常，核对生产记录等。（生产检查）

2. 仓库检查：原材料来货验收以及来货记录检查，包括原材料的进货渠道、外包装、外观品质等查验，索要产品合格凭证或检验报告；检查储存条件是否适宜。（验收管理）

食品安全管理师工作场景一

食品安全管理师工作场景二

下午工作情况

14点：

1. 产品抽检：取样到食品快速检测室进行检测，如有异常，及时进行处理。（产品抽检）

2. 组织部分员工进行食品安全培训，将培训考核记录留存。（人员培训管理）

16点：

1. 车间检查：检查生产机器设备、工具以及场所的清洁消毒情况。（设备设施管理）

2. 检查当天生产产品的留样和记录执行情况，并将检查记录归档保存。（生产经营过程管理）

食品安全管理师工作场景三

二、什么是食品安全管理师

职业定义。食品安全管理师是指在食品生产、餐饮服务、食品销售等单位生产经营活动中，从事原料、食品及相关产品、人员等食品安全控制的人员，包括冷链食品安全管理员等工种。

定义解读。食品是指各种供人食用或者饮用的成品或原料，以及按照传统既是食品又是中药材的物品，但是不包括以治疗为目的的物品。食品安全是指食品无毒、无害，符合应有的营养要求，对人体健康不造成任何急性、亚急性或者慢性危害。安全管理是指运用行政、法律、经济、教育和科学技术手段等，协调社会经济发展与安全生产的关系，处理国民经济各部门、各社会集团和个人有关安全问题的相互关系，保障社会经济活动和生产、科研活动顺利进行。食品安全管理师在保障食品安全方面发挥着重要的作用。食品安全管理师是依据国家法律和标准，采用危害分析与关键控制点等食品安全控制技术，在食品生产、餐饮服务和食品流通等活动中，从事食品安全风险控制和管理的人员。

关联职业。密切关联的职业有营养配餐员、中式烹调师。营养配餐员是指从事就餐对象营养需求调查、分析和平衡膳食与食疗养生食谱设计工作的人员。中式烹调师是指运用刀法与烹调技法等，对原材料进行选配、加工，组合制作中式菜肴的人员。他们的相同点是食品安全管理师、营养配餐员与中式烹调师都是与食品直接相关的职业，都需要掌握食品卫生控制等方面的知识。他们的不同点是营养配餐员与中式烹调师主要进行食品加工，而食品安全管理师则负责制定和实施营养配餐，制定烹调过程中食品安全管理制度，负责食品质量和卫生状况检查以及食品安全事故处理等工作，是营养配餐与中式烹调过程中的食品安全保障。

相应岗位。品控员、质检员（化验员）、体系管理员、安全审核员、餐厅安全员、仓库验收员等。

三、食品安全管理师的主要工作职责

1. 配合市场监督管理部门对本单位食品安全进行监督检查，并如实提供有关情况资料。

2. 定期协助组织本单位从业人员进行食品安全法律法规和食品安全知识培训。

3. 制定本单位食品安全管理制度及岗位责任制度，并对执行情况进行督促检查。

4. 检查食品生产经营过程的食品安全状况并记录，对检查中发现的不符合要求的行为及时制止并提出处理意见。

5. 对食品安全检验工作进行管理，对原料、辅料、包装材料按要求进行抽样检验，及时上报不合格情况。

6. 对本单位从业人员进行健康管理，实施健康检查。

7. 建立健全食品安全管理档案，保存各种检查记录。

8. 协助所在单位定期向市场监督管理部门上交本单位的食品安全自查报告。

9. 与保障食品安全有关的其他管理工作。

四、食品安全管理师的薪酬福利待遇

平均薪酬水平。从 2023 年 7 月看准网反馈的信息可知，食品安全管理师在全国的平均月薪为 10091 元，中位数为 9441 元。

与类似职业对比。类似职业薪酬水平见表 4-03-02-11-1。

表 4-03-02-11-1　类似职业薪酬水平

职业名称	薪酬水平（元 / 月）
食品安全管理师	7000~12000
营养配餐员	7000~12000
中式烹调师	2000~7000

五、从事食品安全管理师工作需要哪些本领

该职业从业人员需具备的知识和技能主要包括食品安全基础知识、食品安全风险分析能力、食品生产基础知识、食品安全管理体系知识、食品安全检验能力、安全生产基础知识以及相关的法律法规知识等。

食品安全管理师需具备的知识和技能见表 4-03-02-11-2。

表 4-03-02-11-2 食品安全管理师需具备的知识和技能

职业功能	工作内容	知识和技能要求
人员管理	健康管理	能督促从业人员定期体检，能进行从业人员健康证明公示管理
	行为管理	能检查从业人员工作服（帽）的穿戴情况、手部清洁消毒等个人卫生状况以及食品安全防护情况
	培训组织与指导	能组织从业人员参加食品安全培训，能进行培训考核记录
环境管理	场所管理	能检查生产经营场所清洁、消毒过程和状态，能检查生产经营场所废弃物处理情况
	病媒生物防制管理	能检查病媒生物入侵、滋生情况，能检查防护设备完好性；能检查生产经营场所病媒生物的痕迹
采购和验收管理	采购管理	能核查食品、食品添加剂、食品相关产品供应商的合法资质，能核查食品、食品添加剂、食品相关产品的合格证明
	验收管理	能核查进货查验的实施情况，能核查进货查验记录
设备设施管理	维护管理	能检查食品生产经营工具的使用和维护情况，能检查生产经营设备设施使用和维护情况
	清洁消毒作业管理	能检查食品生产经营工具的清洁消毒情况，能检查生产经营设备设施清洁消毒情况
过程管理	储运管理	能检查运输工具和库房的清洁状况和交叉污染情况，能检查运输工具和库房的保温、冷藏、冷冻、保鲜、保湿等设施的运行情况和状态，能核查食品、食品添加剂、食品相关产品的标识、保存期限及先进先出的执行情况，能核查库房温湿度的监测记录
	生产经营过程管理	能检查生产经营过程的关键控制点，能检查生产经营过程的记录，能检查产品出厂放行执行情况，能检查食品留样和记录执行情况

续表

职业功能	工作内容	知识和技能要求
过程管理	食品安全自查管理	能实施食品安全自查并记录食品安全自查结果
	可追溯管理	能督促追溯工作的开展，能核查产品追溯信息完整性、有效性
应急管理	事故管理	能配合政府监管部门进行食品安全检查，能配合政府监管部门进行食品抽检
	食品召回	能配合进行食品召回工作，能监督不合格食品的下架
	舆情应对	能收集舆情、投诉信息，能配合舆情、投诉处理

六、食品安全管理师的专业教育现状

（一）相关专业

目前已有较多的院校开设了与该职业相关的专业，涉及普通本科院校和职业院校。普通本科院校相关专业有食品科学与工程、食品安全与检测、烹饪与营养教育、食品营养与检验教育等。职业院校相关专业有食品质量与安全、食品营养与健康、食品检验检测技术、食品药品监督管理等。

（二）开设相关专业的院校（排名不分先后）

★ 相关院校：江南大学、中国农业大学、华南理工大学、华中农业大学、南京农业大学、南昌大学、西北农林科技大学等。

◆ 相关院校：江苏经贸职业技术学院、江苏食品药品职业技术学院、漳州职业技术学院、广东轻工职业技术大学、芜湖职业技术学院、江苏农牧科技职业学院、北京电子科技职业学院、日照职业技术学院、黑龙江农垦职业学院等。

七、食品安全管理师的就业创业信息

就业前景较好的地区包括上海、北京、重庆、广州、天津、武汉、南京、成都、石家庄、苏州等。食品行业对于各种专业人才的需求一直是比较稳定的，人口的增长和新食品的开发都为增加就业提供了机会。

吸纳食品安全管理师就业较多的用人单位如下。

1. 餐饮（酒店）连锁企业：四川海底捞餐饮股份有限公司、真功夫餐饮管理有限公司、天津顶益食品有限公司、大娘水饺餐饮集团有限公司、江苏小厨娘餐饮管理有限公司等。

2. 食品生产企业：中国蒙牛乳业有限公司、内蒙古伊利实业集团股份有限公司、新希望集团有限公司、君乐宝乳业集团有限公司、牧原食品股份有限公司等。

3. 单位食堂：学校、托幼机构、养老机构、建筑工地、企事业单位等集中用餐单位食堂。

4. 大型超市：沃尔玛、永辉超市、欧尚超市、华润万家、盒马鲜生、家乐福、麦德龙、山姆会员商店等。

5. 农产品批发市场：北京市新发地农产品股份有限公司、南京农副产品物流配送中心有限公司、青岛市城阳蔬菜水产品批发市场有限公司、苏州南环桥市场投资有限公司等。

注：以上机构信息仅供参考，不代表编写出版方对其推荐或认可。

八、食品安全管理师的职业贯通发展

该职业的发展路径主要有四条。管理路线，即从普通员工晋升到主管 / 单位中层，再晋升到经理 / 单位领导层，甚至往更高的领导职务发展。专家路线，即不断提高技能水平，成为食品安全管理领域专家。复合人才路线，即向其他行业跨越或职业转型，如通过学习相关知识和技能转型为公共营养师、营养配餐师、健康管理师等。创业路线，即基于个人兴趣爱好进行创新创业。食品安全管理师职业贯通发展如图 4-03-02-11-1 所示。

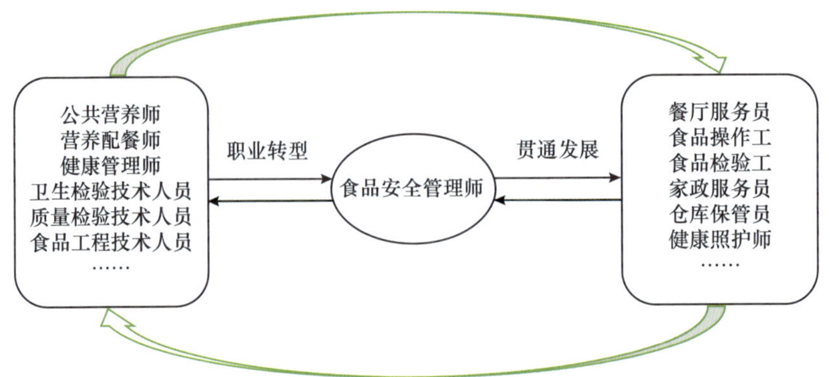

图 4-03-02-11-1　食品安全管理师职业贯通发展

九、食品安全管理师的发展前景

从市场供需看。截至 2022 年 3 月，我国餐饮服务企业 1172.36 万家，随着人们对食品安全的日益重视，按平均每个企业配备 1 名食品安全管理师，加之企业食堂、连锁超市、农贸市场的需求，预计从业人员规模约 2000 万人。但目前已经培训上岗的食品安全管理师远远不能满足行业和市场的需要。

从产业发展看。食品安全关系国民健康，对全面推进“健康中国”建设至关重要。新修订的《中华人民共和国食品安全法》于 2021 年 4 月正式实施，推动我国食品安全水平再上新的台阶。《“十三五”国家食品安全规划》《食品安全标准与监测评估“十四五”规划》等政策的落实，也不断推动我国食品安全现代化治理体系的建设。随着社会对食品安全问题关注度越来越高，消费者的食品安全意识也普遍得到了提升，饮食安全更是成为消费者关注的热点问题。

从政策红利看。2022 年 9 月，国家市场监督管理总局发布《企业落实食品安全主体责任监督管理规定》，自 2022 年 11 月 1 日起施行，提出食品生产经营企业未按规定建立食品安全管理制度，或者未按规定配备、培训、考核食品安全总监、食品安全员等食品安全管理人员，或者未按责任制要求落实食品安全责任的，由县级以上地方市场监督管理部门依照食品安全法第一百二十六条第一款的规定责令改正，给予警告；拒不改正的，处 5000 元以上 5 万元以下罚款；情节严重的，责令停产停业，直至吊销许可证。此外，自国务院办公厅印发《职业技能提升行动方案（2019—2021 年）》后，近年来各省市陆续发布实施方案，释放一系列政策红利。例如，江苏省发布了《省人力资源社会保障厅　省财政厅关于加强和改进职业技能培训补贴管理工作的通知》，自 2023 年 6 月 1 日起执行，符合条件的补贴对象每年可申领不超过 3 次培训补贴。

十、相关内容链接

国家职业标准： 扫码即可查看☞。

相关政策文件： 见表 4-03-02-11-3。

表 4-03-02-11-3　食品安全管理师相关政策文件

发布或通过时间	发布或通过机构	文件名称
2021 年 4 月	全国人大常委会	《中华人民共和国食品安全法（2021 修正）》
2021 年 11 月	国家卫生健康委	《食品安全风险监测管理规定》
2021 年 12 月	国家市场监督管理总局	《食品生产经营监督检查管理办法》
2022 年 8 月	国家卫生健康委	《食品安全标准与监测评估“十四五”规划》

供稿：江苏经贸职业技术学院　蒋彩云

侍酒师

职业编码：4-03-02-12

有这样一群人，他们既是服务者，也是文化传播者。他们帮助人们确认酒品质量，从风味体验与营养搭配的角度提供专业餐酒建议，他们服务于我们的美好生活需求。在餐厅、在接待中心、在品牌旗舰店、在各个酒庄，他们无处不在，向人们传递美好。他们让人们品鉴的不仅是酒本身，更让人们遨游于佳酿出产的自然山水之间，他们就是“侍酒师”。

一、侍酒师的一天

记录时间：2023 年 7 月 15 日 **记录人：李某**

上午工作情况

10 点：

1. 完成专业着装及仪容仪表整理工作。（专业着装准备）

2. 巡检当日酒类产品储存情况，检查环境温湿度。（营业前准备）

3. 巡检当日酒类产品数量、类型，确认是否需要进行采购补充库存。（检查数量）

4. 核查当日午餐单菜品风味，确定主推产品类型。（确认产品）

5. 了解当日午餐预约客户备注的特殊需求，并做好服务准备。（定制化服务准备）

11 点：

1. 依照不同类型产品的饮用温度和方式进行酒类产品服务准备工作。

（侍酒服务准备）

2. 依据客户诉求开展餐间侍酒服务工作。（侍酒服务）

3. 应客户诉求提供餐酒搭配建议。（餐酒搭配）

4. 完成侍酒服务后工作器具整理工作。（工作台整理）

侍酒师工作场景

下午工作情况

14点：

1. 整理、清点侍酒器具数量，检查器具清洁度。（器具检查）

2. 开展侍酒师服务技能培训。（培训提升）

3. 总结当日午餐侍酒服务工作。（午间总结）

16点：

1. 核查当日晚餐单菜品风味，确定主推产品类型。（确认产品）

2. 了解当日晚餐预约客户备注的特殊需求，并做好服务准备。（个性化服务准备）

3. 依照不同类型产品的饮用温度和方式进行酒类产品服务准备工作。（侍酒服务准备）

4. 依据客户诉求开展餐间侍酒服务工作。(侍酒服务)

5. 应客户诉求提供餐酒搭配建议。(餐酒搭配)

6. 完成侍酒服务后工作器具整理工作。(工作台整理)

7. 盘点、调拨及工作日志填写。(当日盘点、记录)

二、什么是侍酒师

职业定义。侍酒师是指在酒类消费场所运用感官品评专业技术及专用器具，对酒类产品开展品评、鉴赏、文化普及等工作，并提供酒单设计、餐酒搭配、产品宣传、销售服务的人员。

定义解读。酒类产品的消费场景已经越来越多元，不再限定于餐饮，在不同的消费场景之下消费者都希望获得更好的消费体验。侍酒服务就是指侍酒师通过专业技能向消费者传达酒类产品的饮用价值和文化价值，并应用专业知识指导餐酒风味搭配、酒单设计以及更加适合的产品宣传和推介方式。侍酒师需要具备良好的理论基础知识和扎实的实际操作能力。

关联职业。密切关联的职业有品酒师、酿酒师。他们的相同点是都需要掌握酒类酿造基础知识、酒类感官评定基础技能。他们的不同之处在于，品酒师主要工作内容是依靠感官对酒类产品质量进行评价，并发现质量问题，给出解决办法；酿酒师主要工作内容是从事酒类酿造指导及酒类新产品开发；侍酒师主要工作内容是通过语言表达与服务动作向酒类消费者传播酒类文化知识，提升其饮酒风味体验。

相应岗位。白酒侍酒师、啤酒侍酒师、葡萄酒侍酒师等。

三、侍酒师的主要工作职责

1. 依据消费场所特征，提供酒单设计方案，编制酒水采购计划，计算成本，进行采购洽谈。

2. 制定不同酒类产品存储方案，进行存储过程的酒品质量管理。保障酒类产品在开瓶饮用前保持最佳风味，保障质量安全。

3. 依据消费需求，运用食品营养学知识提供餐酒搭配服务，让客户获得更好的餐酒消费体验。

4. 向客户展示酒类产品，使用专用器具进行开酒、醒酒、斟酒等侍酒服务工作。让客户了解酒类产品的最佳饮用方式，并获得视觉美感的体验。

5. 向客户介绍产品品牌、历史、文化、风味特色，并指导客户品鉴。依据不同的酒类产品的风味特征，指导客户寻找到产品的特殊香气获得最佳饮用体验。

四、侍酒师的薪酬福利待遇

平均薪酬水平。根据国家统计局于 2023 年 5 月 9 日发布的 2022 年规模以上企业就业人员年平均工资情况，2022 年全国规模以上企业就业人员年平均工资为 92492 元，比 2021 年名义增长 5.0%。其中，社会生产服务和生活服务人员年平均工资为 70234 元，增长 3.3%。社会生产服务和生活服务人员年平均工资从区域来看有一定差别：东部地区为 77365 元，中部地区为 55907 元，西部地区为 61662 元，东北地区为 66998 元。根据《中华人民共和国职业分类大典（2022 年版）》，侍酒师属于社会生产服务和生活服务人员范畴，上述数据可作为参考。随着社会经济不断向好，消费市场已经从原来的追求价格至上，到性价比平衡，再到如今的品质消费。丰富的物质为消费者带来了更多选择，也为侍酒师带来了更多工作岗位。侍酒师是提升消费者消费体验，服务人民美好生活的职业，预期侍酒师薪资在未来 5 年上涨幅度不低于 10%，高于社会生产服务和生活服务人员的平均水平。

与类似职业对比。根据招聘网站信息，侍酒师平均薪酬为 3000~9000 元 / 月，品酒师平均薪酬为 6000~8000 元 / 月，酿酒师平均薪酬为 12000~16000 元 / 月。类似职业薪酬水平见表 4-03-02-12-1。

表 4-03-02-12-1 类似职业薪酬水平

职业名称	薪酬水平（元 / 月）
侍酒师	3000~9000
品酒师	6000~8000
酿酒师	12000~16000

五、从事侍酒师工作需要哪些本领

该职业从业人员需具备的知识和技能主要包括较好的人际交往能力，良好的表达和示范能力，动作协调、肢体灵活、心理素质良好，酒类专业理论知识和侍酒服务、酒窖管理等实际操作专业能力等。

侍酒师需具备的知识和技能见表 4-03-02-12-2。

表 4-03-02-12-2　侍酒师需具备的知识和技能

职业功能	工作内容	知识和技能要求
侍酒服务	侍酒服务技术	能掌握并运用接待服务流程规范、侍酒服务流程规范以及特殊酒类酒种的侍酒服务流程规范
	酒水介绍及文化普及	能介绍酒类产品品牌、历史、文化、风味特色，设计大型活动酒水完整计划
	餐酒搭配知识	能掌握并运用餐酒搭配规范、餐酒搭配语言规范
酒单设计	酒单酒款设计	能掌握酒单设计规范、酒款选择规范并指导酒单设计生产
	酒单设计流程	能制定酒单设计流程并对酒单进行审核审议
供应链管理	库存管理知识	能制定库存管理方案、人员架构及考核方案，制定营销计划策略并根据报表设计采购标准方案
	酒窖安全管理知识	能制定系统安全库存及考核系统方案、危机处理解决方案
	采购知识	能设计周期性采购方案并依照方案开发对接新供应商；能与供应商谈判，对接物流企业、海关等单位完成批量采购
培训和指导	培训	能编写专项技能培训教材并组织技能培训
	指导	能组织侍酒师操作指导并对侍酒师工艺作业指导手册编写提出建议

六、侍酒师的专业教育现状

（一）相关专业

普通本科院校相关专业有食品科学与工程、酿酒工程、食品质量与安全、葡萄与葡萄酒工程、白酒酿造工程、食品营养与健康、食品安全与检测等。职业院校相关专业有食品工程技术、食品质量与安全、食品营养与健康、葡萄酒文化与营销、旅游管理等。

（二）开设相关专业的院校（排名不分先后）

★ 相关院校：清华大学、北京大学、中国人民大学、上海交通大学、中山大学、对外经济贸易大学、江南大学、北京工商大学、北京第二外国语学院、北京联合大学、中国劳动关系学院、天津农学院等。

◆ 相关院校：泸州职业技术学院、宜宾职业技术学院、江苏食品药品职业技术学院、湖北轻工职业技术学院等。

七、侍酒师的就业创业信息

该职业从业人员遍布全国各地的餐饮企业，主要分布在一线及新一线城市，如北京、上海、广州、深圳、杭州等，或是在酒类生产企业集中的地区，如四川、贵州、山东、河南、江苏等。

侍酒师职业发展初期工作场所多在以售卖高级酒水为主的餐厅，职业发展中期将下沉至各种酒类消费场所，如酒类企业的体验中心、葡萄酒酒庄、酒企旗舰店等。与酒相关的场所都将引入侍酒师工作岗位，以加强酒类产品知识传播、品牌传播以及与消费者互动。未来侍酒师也将可以独立开店，专门设立以侍酒服务为营销卖点的酒类产品销售场所，开展自主创业。

吸纳侍酒师就业较多的用人单位如下。

1. 学校：如高等学校、中等职业技术学校等。

2. 相关企业：北京首旅酒店（集团）股份有限公司、假日酒店（中国）有限公司、贵州茅台酒股份有限公司、四川省宜宾五粮液集团有限公司。

注：以上机构信息仅供参考，不代表编写出版方对其推荐或认可。

八、侍酒师的职业贯通发展

该职业的发展路径主要有四条。管理路线，即从员工晋升到主管 / 单位中层，再晋升到经理 / 单位领导层，甚至向更高的领导职务发展。专家路线，即不断提高技能水平，成为侍酒服务领域的专家。复合人才路线，即向其他行业跨越或职业转型，如通过学习相关知识和技能转型为品酒师、酿酒师、酒水采购管理人员等。创业路线，即基于个人能力、志向与相关条件进行创新创业。侍酒师职业贯通发展如图 4-03-02-12-1 所示。

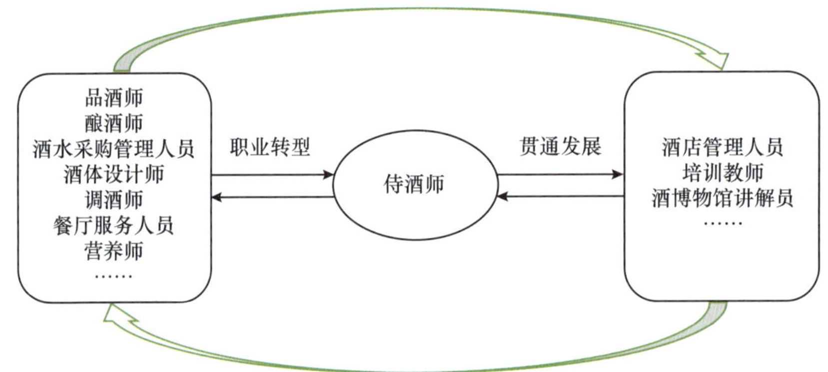

图 4-03-02-12-1　侍酒师职业贯通发展

九、侍酒师的发展前景

从市场供需看。侍酒师是酒水企业的核心工作者，是结合多方面专业知识的综合性岗位，属于稀缺人才。从消费者消费需求来看，品质消费提升将带动侍酒师岗位从业人员需求激增。

从产业发展看。2022 年，全国酿酒产业规模以上企业累计完成产品销售收入 9509 亿元，同比增长 9.1%；累计实现利润总额 2491.5 亿元，同比增长 27.4%。依照《中国酒业“十四五”发展指导意见》，预计 2025 年，中国酒类产业将实现销售收入 14180 亿元，增长 69.8%。2023 年 1—6 月，全国餐饮收入 24329 亿元，同比增长 21.4%。产业发展稳步向好，能够给侍酒师带来更多的发展空间，也能够吸引更多年轻人投身于侍酒师职业。

从政策红利看。中共中央办公厅、国务院办公厅印发《关于深化现代职业教育体系建设改革的意见》，强调推动形成同市场需求相适应、同产业结构相匹配的现代职业教育结构和区域布局。各地还大力倡导产教融合发展，为技能人才搭建学习酒业相关知识的联动平台，积极鼓励其从事技能岗位工作。全国各地均出台相应的鼓励政策支持技能人才队伍建设工作，例如，宜宾市、宿迁市为白酒产业的技能人才提供培训补贴。

十、相关内容链接

国家职业标准：暂缺。

相关政策文件：见表 4-03-02-12-3。

表 4-03-02-12-3　侍酒师相关政策文件

发布或通过时间	发布或通过机构	文件名称
2022 年 3 月	人力资源社会保障部	《关于健全完善新时代技能人才职业技能等级制度的意见（试行）》
2022 年 4 月	全国人大常委会	《中华人民共和国职业教育法（2022 修订）》
2022 年 10 月	中共中央办公厅、国务院办公厅	《关于加强新时代高技能人才队伍建设的意见》

供稿：中国酒业协会　毛雪

保险公估人

职业编码：4-05-03-03

只要有物质存在或运动，风险就存在，风险的本质为不确定性。有了风险，才有保险，而保险是通过集中起来的保险费建立保险基金，用于对被保险人因自然灾害或意外事故造成的经济损失给予补偿的一种制度。所以，保险对国民经济建设与发展起到了稳定、催化和促进作用。其中，展业、核保和理赔是保险的三大要素，尤以理赔为重。赔得不合理、赔得不公正，甚至以赔营私，都会损害保险人的形象及其发展。如何正确、公正、合理地理赔呢？保险公估人正是这一过程中的重要角色。在保险理赔活动中，客观上需要一个保持独立、客观、公正的“裁判员”，即保险公估人。保险公估人是保险产业链上不可缺少的重要成员，在完善保险市场主体体系、提升市场效率、维护保险当事人的合法权益等方面发挥着非常重要的作用。

一、保险公估人的一天

记录时间：2023 年 7 月 26 日　　记录人：吴某晗

上午工作情况

9 点：

1. 接到业务主管的指派，与其他保险公估人成立公估小组，小组负责人将小组组成人员、联系方式及到达现场时间，以书面形式通知保险公司。（受理委托，指派保险公估人）

2. 准备工具、仪器设备（查勘包、摄像设备等）以及相关资料。（公估

前准备）

3. 到达事故现场后，了解出险车辆基本情况，查明出险时间、地点、原因，确定损失情况，拍摄现场照片。（现场查勘）

4. 根据事故损失情况，确定汽车碰撞损失定损内容。（损失核定）

下午工作情况

14点：

1. 收集和整理现场带回的勘察资料。（整理资料）

2. 根据勘察信息，对保险事故进行评估和鉴定。（评估和鉴定）

3. 小组一起研讨编制公估报告的要点，开展相关培训活动。（研讨培训）

4. 分工开始撰写公估报告。（报告撰写）

5. 为完成公估费未到账催收工作，积极与保险人联系，争取近期到账。（催收公估费）

17点：

1. 配合业务主管做好第二天业务拓展工作前的准备。（第二天工作准备）

2. 根据联系的客户在购买保险时的疑问，准备相关解答及建议的资料。（客户服务）

保险公估人工作场景

二、什么是保险公估人

职业定义。保险公估人是指在保险公估机构中，从事保险标的的查验、估价、残值处理、风险评估、风险管理咨询等业务工作的人员。

定义解读。保险公估是指评估机构及其评估专业人员接受委托，对保险标的或者保险事故进行评估、勘验、鉴定、估损理算以及相关的风险评估。在相关定义中，保险公估人特指专门从事上述业务的评估机构，包括保险公估机构及其分支机构。而保险公估从业人员是指在保险公估人中，为委托人办理保险标的承保前和承保后的检验、估价及风险评估，保险标的出险后的查勘、检验、估损理算及出险保险标的残值处理，风险管理咨询等业务的人员。本文该职业指保险公估从业人员，包括公估师和其他具有公估专业知识及实践经验的评估从业人员。

关联职业。密切关联的职业有保险代理人、保险经纪人等服务于保险行业的职业。其中，保险代理人是保险人的代理人，其行为代表保险人的利益，在保险人授权的范围内以保险人的名义进行业务活动，包括招揽业务的宣传推销活动，接受投保，出具暂保单或保险单，代收保险费，代理查勘理赔等。保险经纪人是投保人的代理人，其行为代表投保人的利益，为投保人与保险人订立保险合同提供中介服务，并依法收取佣金。而保险公估人既不代表保险人的利益也不代表投保人的利益，其站在第三者的立场，受保险公司、投保人或被保险人委托办理保险标的查勘、鉴定、估损以及赔款的理算，并向委托人收取酬金。

相应岗位。保险公司的保险理赔员、查勘定损员等。

三、保险公估人的主要工作职责

1. 接受客户或保险机构委托。

2. 对出险后的保险标的进行查勘调查、收集资料、核查验证。

3. 依保险合同约定，进行损失评定估算、残值处理。

4. 在公估作业过程中，按公司礼仪与客户沟通，注意维护公司形象，配合相关部门做好宣传工作，巩固原有业务渠道。

5. 能够很好地调解保险人、被保险人及其代理人之间对受损财产处理和理赔过程中出现的争议，化解矛盾，加强合作关系。

6. 协助客户收集索赔资料，并协助客户向保险公司进行索赔，同时协助客户处理与保险公司的理赔争议。

7. 收集、整理、分析索赔资料，包括事故现场照片、事故证明、医疗记录、鉴定报告等，以便准确判断事故责任和损失情况。

8. 编写并出具公估报告。通过对保险标的进行公估，得出公估结论，并出具公估报告，为保险人或被保险人确定损失、赔偿金额提供依据。

9. 公估作业过程中妥善保管相关资料，结案后将所有资料包括电子版移交相关人员存档。

10. 提供防灾、减灾、救灾建议，能够对参与承保公估和理赔公估的保险标的的防灾防损，提出合理的建议和方案。

11. 能够提供与保险检验、鉴定、评估等有关的咨询服务，能对应急管理、风险管理等技术提供咨询服务。

12. 风险评估和预防。为保险公司提供有关保险风险和预防措施的建议，帮助保险公司更好地控制风险。

四、保险公估人的薪酬福利待遇

平均薪酬水平。保险公估人的薪酬在全国没有统一标准，而且受所处地区、单位类型等因素影响，工资水平存在较大差异；在同一单位内部，由于人员所处岗位不同，工资水平也会存在一定差异。根据国家统计局发布的数据，2022 年全国城镇非私营单位中，保险业的年平均工资为 9.1 万元。保险公估人作为保险业的技术人员，是复合型、紧缺型人才，原则上其薪酬水平会高于保险业平均薪酬水平。

与类似职业对比。根据招聘网站 2023 年 8 月数据，以浙江省省会城市杭州为例，该职业的薪酬与保险规划师基本持平，高于保险内勤、保险理赔专员等，略低于保险经纪人、保险精算师等。类似职业薪酬水平见表 4-05-03-03-1。

表 4-05-03-03-1　类似职业薪酬水平

职业名称	薪酬水平（元/月）
保险公估人	7000~15000
保险规划师	8000~15000
保险内勤	7000~9000
保险理赔专员	6000~8000
保险经纪人	9000~20000
保险精算师	15000~25000

五、从事保险公估人工作需要哪些本领

该职业从业人员需具备的知识和技能主要包括财产保险、工程保险、机器损坏险、责任保险、机动车辆保险、船舶保险以及货物运输保险等险种公估业务的操作技巧、风险评估及业务运作程序等知识，公估的现场查勘、事故原因分析、责任认定、损失理算等实务操作技能。

保险公估人需具备的知识和技能见表 4-05-03-03-2。

表 4-05-03-03-2　保险公估人需具备的知识和技能

职业功能	工作内容	知识和技能要求
公估服务	现场查勘	能准确查验出险时间、出险地点、出险原因，收集证明材料，及时采取施救与保护，有效处理损余物资，准确对财产损失进行估算与核实，缮制查勘报告等
	责任审核	能结合出险时间、地点、气象、环境等情况综合分析出险原因，依法履行保险合同，实事求是审核定性
	损失核定	能根据被保险人提供的财产损失清单、费用支出原始单据和现场查勘掌握的情况逐项加以核定，并最终确定损失数额

续表

职业功能	工作内容	知识和技能要求
公估服务	赔偿处理	能根据保险金额、保险价值、损失额度和采用的赔偿方式等进行赔偿责任（额度）的确定以及赔款的理算
	编制公估报告	能撰写一份内容完整、结构严谨、条理清楚的公估报告
协调服务	提供协调服务	作为独立的第三方，可以妥善调解保险双方的纠纷，促进双方达成共识
风险评估服务	提供风险评估	能对保险标的物客观存在的风险在承保前进行查勘、鉴定、分析、预测，以对承保标的物的性质、条件及风险程度、责任范围作出科学的判断
信息咨询服务	提供咨询服务	能够为有关各方提供分析管理咨询、防灾防损、检验和定损服务
监装监卸服务	监装监卸	能代表没有权益冲突的发货人、收货人、运输公司和保险公司开展监装监卸工作

六、保险公估人的专业教育现状

（一）相关专业

目前已有较多的院校开设了与该职业相关的专业，涉及普通本科院校、职业院校等。普通本科院校相关专业有保险学、精算学、金融学等。职业院校相关专业有保险实务、金融服务与管理、金融科技应用等。

（二）开设相关专业的院校（排名不分先后）

★ 相关院校：中国人民大学、中央财经大学、上海财经大学、河北金融学院、浙江工商大学、浙江财经大学、云南大学、东北财经大学、江西财经大学、安徽财经大学等。

◆ 相关院校：浙江经济职业技术学院、浙江金融职业学院、辽宁金融职业学院、长春金融高等专科学校、山西省财政税务专科学校、宁夏财经职业技术学院、广西金融职业技术学院等。

七、保险公估人的就业创业信息

当前保险公估人的就业创业形势较好，尤其是在大城市和经济发达地区，保险公估人的需求更加旺盛，就业前景广阔。

一方面，随着保险市场的不断扩大和保险行业的快速发展，保险公估人可以在保险公司、保险代理公司、保险经纪公司等机构就业，或者自主创业开设保险公估公司；另一方面，保险公估人作为第三方中立的专业人士，为被保险人或受益人提供保险评估、理赔咨询和协商等服务，市场需求较大，就业机会较多。

此外，随着人们保险意识的提高和保险行业的日益成熟，保险公估人的职业前景也较为广阔，行业对人才的需求不断增加，未来发展潜力较大。保险公估人主要分布在上海、广州、深圳、北京、杭州、重庆、武汉、天津、成都、郑州、南京等城市。

吸纳保险公估人就业较多的用人单位如下。

1. 保险公估公司：民太安财产保险公估股份有限公司、赛维特保险公估（中国）有限公司、汕头市均衡保险公估有限公司、北京中咨保险公估有限公司、中衡保险公估股份有限公司等。

2. 保险公司：中国人民保险集团股份有限公司、中华联合保险集团股份有限公司、中国太平洋保险（集团）股份有限公司等。

3. 其他金融机构：中国工商银行股份有限公司、招商证券股份有限公司等。

4. 行政单位：金融监管机构、人力资源社会保障机构等。

注：以上机构信息仅供参考，不代表编写出版方对其推荐或认可。

八、保险公估人的职业贯通发展

该职业的发展路径主要有四条。管理路线，即从员工晋升到主管 / 单位中层，再晋升到经理 / 单位领导层，甚至向更高的领导职务发展。专家路线，即不断提高技能水平，成为保险公估领域专家。复合人才路线，即向其他行业跨越或职业转型，例如，通过学习相关知识和技能转型为精算师、风险管理师、保险学研究人员、理财师等。创业路线，即基于个人兴趣爱好进行创新创业，选择方向有保险公估机构、第三方咨询公司等。保险公估人职业贯通发展如图 4-05-03-03-1 所示。

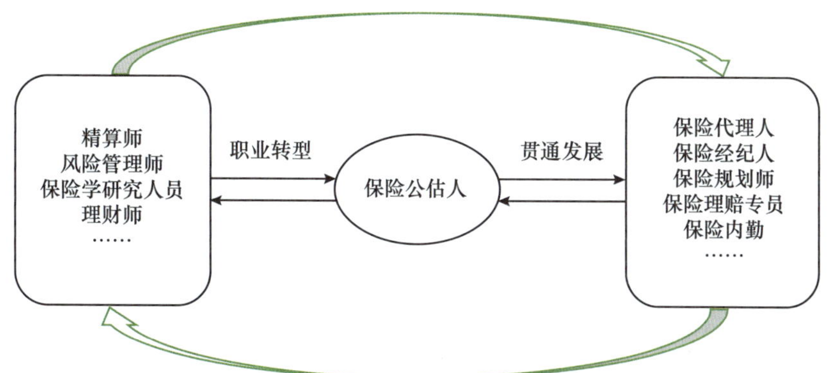

图 4-05-03-03-1　保险公估人职业贯通发展

九、保险公估人的发展前景

从市场供需看。目前，我国是全球第二大保险市场。截至 2022 年年底，我国共有保险法人机构 237 家，资产总额 27.15 万亿元。随着保险机构和保险业规模扩大，我国对高层次保险专业人才需求增加。

从产业发展看。2019—2021 年，我国保险业保单分别为 495.4 亿件、526.3 亿件和 489 亿件。2022 年全年保险业保单达 554 亿件，同比增长 13.3%。随着我国经济的发展和人民生活水平的提高，人们对保险的需求越来越大。同时，由于我国保险市场的快速发展，保险公估行业也得到了迅速的发展。未来，保险公估行业的前景非常广阔，主要表现在随着科技的不断进步，保险公估行业将进行技术创新，推出更加智能化、高效化的保险理赔服务。同时随着我国人口老龄化的加剧和人们对保险理赔服务的需求增加，保险公估行业的服务需求也将随之增长。

从政策红利看。中国保险监督管理委员会于 2018 年 2 月发布了《保险公估人监管规定》。同年 5 月，中国银行保险监督管理委员会发布了《保险公估基本准则》。这两份文件规范了保险公估执业行为，保护了保险公估活动当事人合法权益和公共利益。随着科技的不断进步，保险公估行业将进行技术创新，提高服务质量和效率，推出更加智能化、高效化的保险理赔服务。

十、相关内容链接

国家职业标准：暂缺。

相关政策文件：见表 4-05-03-03-3。

表 4-05-03-03-3　保险公估人相关政策文件

发布或通过时间	发布或通过机构	文件名称
2018 年 2 月	中国保险监督管理委员会	《保险公估人监管规定》
2018 年 5 月	中国银行保险监督管理委员会	《保险公估基本准则》

供稿：浙江经济职业技术学院　姚建锋

验房师

职业编码：4-06-02-03

近年来国内房地产行业在交易中，因交房质量问题，开发商与业主冲突不断。随着房地产市场的发展，人们对房屋居住品质的要求越来越高，验房师也越来越重要。验房师是房屋交付时的关键人物，他们的工作是检查房屋的质量，确保未来居住者可以获得良好的居住环境。随着房地产市场的变化，大批新房交付和二手房交易时，业主对于验房师的服务需求日益增多。在工作中，验房师需要结合不同类型房屋的特点和使用需求，运用专业知识和工具，对房屋水电工程、门窗工程、地面工程、墙面工程、细部工程等进行全面检测。

一、验房师的一天

记录时间：2023 年 6 月 9 日 **记录人：黄某辉**

上午工作情况

9 点：

1. 按照和客户约定的时间，携带验房工具箱，到达今日第一户需要验房的客户家，先与客户进行沟通，介绍验房的程序和流程。（对接客户）

2. 开展验房服务：检查水电工程、门窗工程、地面工程、墙面工程、细部工程等，记录房屋的问题和隐患。（查验实施）

3. 对查验中发现的问题，如墙面裂缝、空鼓、渗漏等，进行分类和评估，撰写电子版验房报告。（查验报告）

4. 将电子版验房报告交给客户。（结果反馈）

验房师工作场景一

下午工作情况

14点：

到达第二户有验房需求的客户家里，按照既定流程标准对房屋进行查验并出具验房报告。（房屋查验）

16点：

1. 汇总、分析当日查验数据、资料及问题，总结经验、方法。查看是否有过往服务过的客户咨询房屋问题，若有则逐一解答，提高客户满意度并维护客户关系。（总结方法，维护客户关系）

2. 逐一与第二天预约验房的客户进行电话沟通，准备第二天的验房工具并梳理第二天预约验房时间表。（梳理第二天验房计划）

验房师工作场景二

二、什么是验房师

职业定义。验房师是指接受客户委托，使用量具、工具或仪器，查验房屋质量及其附属设施、装置的观感和使用功能，并提供验房报告的服务人员。

定义解读。验房师是按照客户委托，专门从事房屋查验和检测工作，使用相位仪、激光水平仪、测距仪、卷尺、空鼓锤等工具检测房屋质量，并为客户提供专业的建议和意见的人员。

关联职业。密切关联的职业有房地产经纪人、装修监理师、房产评估师。房地产经纪人负责介绍房屋出售或出租的信息，需要了解房屋的状况和价值，与验房师合作提供相关信息给客户；装修监理师负责监督装修工程的质量和进度，需要与验房师合作，确保施工符合相关标准和规范；房产评估师负责对房屋进行评估和估价，需要了解房屋的状况和价值，与验房师合作提供相关信息给客户。验房师主要职责是对房屋质量进行检测和评估，检查房屋结构、维修状况、安全隐患、装修质量等多个方面，为客户提供专业的建议和意见，侧重点是对房屋进行检测和评估，而房地产经纪人、装修监理师、房产评估师则着重于房屋租赁或买卖、装修监控和房产估价等方面。

相应岗位。室内装修验房师、房屋查验咨询师、房屋验收咨询师等。

三、验房师的主要工作职责

1. 接受客户咨询和委托，签订新房、二手房或装修房验房委托合同，与客户沟通了解房屋的具体情况，确认标的房屋及其查验项目，明确检测范围，以确保房屋查验的准确性和全面性。

2. 收集查验房屋的购置或装修合同等资料。仔细核查房屋的基本信息，如户型、面积等，确保与委托合同一致。同时，了解房屋的维修记录，以便更好地评估房屋的质量状况。

3. 使用相位仪、漏水检测仪、网络测线器、万用表等仪器和工具，查验房屋给排水、电气系统等工程情况，确保房屋的安全性和稳定性。

4. 使用伸缩检测镜、卷尺、手电筒等仪器和工具，查验房屋门窗、护栏、楼梯、橱柜等情况，确保房屋的细节部分符合规范要求。

5. 使用空鼓锤、激光水平仪、测距仪、靠尺等仪器和工具，查验房屋砖面、结构面、地面、抹灰层等工程情况，确保房屋的外观和质量符合标准要求。

6. 使用测距仪、水准仪等工具、仪器检查房屋周边环境，计算容积率、绿化率等数据，点检、评价公用配套设施。

7. 汇总、分析查验数据、资料及发现的问题，编撰详细的验房报告，向客户提供全面、准确的房屋质量检测结果和建议。这份报告包括房屋的基本信息、检测范围、检测项目、检测结果和整改建议等内容。此外，验房师还需根据客户的具体需求，提供相应的解决方案和建议，以便客户更好地了解和维护个人权益。

四、验房师的薪酬福利待遇

平均薪酬水平。验房师的薪酬待遇水平因地区、经验、机构规模等因素的不同而不同。验房师的薪资一般为每月 6000~15000 元（验房分淡季与旺季，旺季验房师薪酬会有明显幅度的上升），具有丰富经验和高水平技能的验房师的薪酬可能达到每月 2 万元以上。同时，一些大型房地产公司和检测机构会提供更高的薪资和福利待遇。总体来说，验房师的薪资水平相对稳定。

与类似职业对比。2023 年 6 月招聘平台数据显示，该职业的薪酬高于房地产经纪人、装修监理师，低于房产评估师，该职业薪酬上升空间较大。类似职业薪酬水平见表 4-06-02-03-1。

表 4-06-02-03-1　类似职业薪酬水平

职业名称	薪酬水平（元 / 月）
验房师	6000~15000
房地产经纪人	4000~12000
装修监理师	6000~8000
房产评估师	10000~15000

五、从事验房师工作需要哪些本领

该职业从业人员需具备撰写合同、水电工程查验、门窗工程查验、地面工程查验、墙面工程查验、细部工程查验、家装质量查验、编制报告等方面的知识和技能。

验房师需具备的知识和技能见表 4-06-02-03-2。

表 4-06-02-03-2　验房师需具备的知识和技能

职业功能	工作内容	知识和技能要求
撰写合同	接受客户咨询和委托，签订房屋验房委托合同	能规范撰写合同
水电工程查验	使用相位仪、游标卡尺、储水桶、手电筒等仪器和工具，查验房屋给水系统、排水系统、照明、插座等水电工程的情况，记录查验情况和发现的问题	能依据国际法律法规进行检测，通过测量、目测、手感等方式检查，并结合客户使用习惯排查问题

续表

职业功能	工作内容	知识和技能要求
门窗工程查验	使用卷尺、手电筒、噪声检测仪等仪器和工具，查验门窗工程情况，记录查验情况和发现的问题	能依据国际法律法规进行检测，通过测量、目测、手感等方式检查，并结合客户使用习惯排查问题
地面工程查验	使用空鼓锤、两米靠尺、塞尺、测距仪等仪器和工具，查验房屋砖面层、结构面层等工程情况，记录查验情况和发现的问题	能依据国际法律法规进行检测，通过测量、目测、手感等方式检查，并结合客户使用习惯排查问题
墙面工程查验	使用空鼓锤、两米靠尺、塞尺、阴阳角尺、激光水平仪、测距仪等仪器和工具，查验房屋抹灰层、饰面层等墙面工程，记录查验情况和发现的问题	能依据国际法律法规进行检测，通过测量、目测、手感等方式检查，并结合客户使用习惯排查问题
细部工程查验	使用伸缩检测镜、卷尺等工具，查验房屋护栏、楼梯、橱柜等细部工程，记录查验情况和发现的问题	能依据国际法律法规进行检测，通过测量、目测、手感等方式检查，并结合客户使用习惯排查问题
家装质量查验	使用两米靠尺、激光水平仪、测距仪、空鼓锤、塞尺、阴阳角尺、相位仪、卷尺、噪声检测仪、伸缩检测镜、测试水桶、游标卡尺等仪器工具，为客户提供家装质量查验服务	能依据国际法律法规进行检测，通过测量、目测、手感等方式检查，并结合客户使用习惯排查问题
编制报告	根据验房服务过程中发现的问题，编制电子验房报告，向客户提供查验结果和整改建议	能规范编写验房报告

六、验房师的专业教育现状

（一）相关专业

目前已有较多的院校开设了与该职业相关的专业。普通本科院校相关专业有建筑学、土木工程等。职业院校相关专业有建筑工程、土木工程检测技术、建设工程监理等。

（二）开设相关专业的院校（排名不分先后）

★ 相关院校：清华大学、北京建筑大学、中国人民大学、青岛理工大学、同济大学、上海交通大学、哈尔滨工业大学、中国科学技术大学、西安交通大学、南京大学、浙江大学等。

◆ 相关院校：上海城建职业学院、河北建材职业技术学院、海南经贸职业技术学院、山东城市建设职业学院、深圳技师学院等。

七、验房师的就业创业信息

该职业从业人员主要分布在北京、上海、广州、深圳等城市，以及经济发展较快的省份，如四川、山东、江苏、浙江等。

吸纳验房师就业较多的用人单位如下。

1. 房地产公司：万科企业股份有限公司、中国保利集团有限公司、中铁建设集团有限公司、中交地产股份有限公司、北京首都开发控股（集团）有限公司等。

2. 房地产智库平台：北京中房商学企业管理研究院等。

3. 装修公司：苏州金螳螂建筑装饰股份有限公司、东易日盛家居装饰集团股份有限公司、业之峰诺华家居装饰集团股份有限公司、顾家家居股份有限公司、全友家私有限公司、索菲亚家居股份有限公司等。

4. 第三方验房机构：广州新家美物联网科技有限公司、广东鲁班验管理咨询有限公司、重庆康盛筑远工程管理有限公司、广州天玑房地产咨询服务有限公司、网众验房（成都）科技有限公司等。

5. 房地产中介机构：贝壳找房（北京）科技有限公司、佛山置天下房地产中介服务有限公司等。

注：以上机构信息仅供参考，不代表编写出版方对其推荐或认可。

八、验房师的职业贯通发展

该职业的发展路径主要有四条。管理路线，即从员工晋升到主管 / 单位中层，再晋升到经理 / 单位领导层，甚至向更高的领导职务发展。专家路线，即不断提升技能水平，成为验房师职业领域的专家。复合人才路线，即向其他行业跨越或职业转型，如通过学习相关知识和技能转型为资产管理师、房地产策划师、物业管理师、房产经纪人等。创业路线，即基于个人能力、志向与相关条件进行创新创业。验房师职业贯通发展如图 4-06-02-03-1 所示。

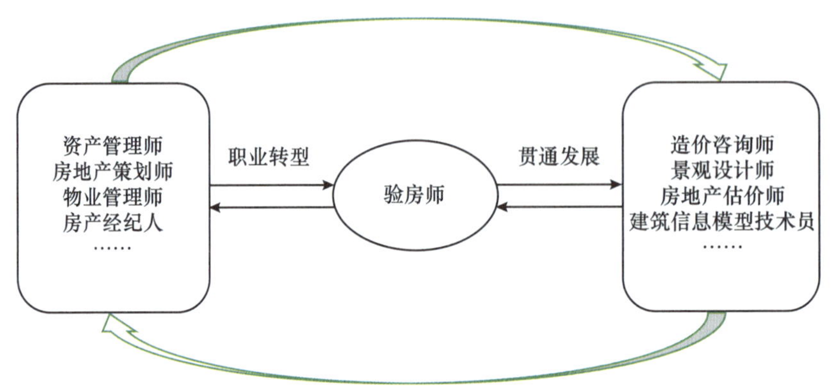

图 4-06-02-03-1　验房师职业贯通发展

九、验房师的发展前景

从市场供需看。随着人们居住观念的变化和房地产市场规模的不断扩大，购房者对于房屋质量的要求也越来越高，验房师作为专业的房屋质量检测人员，市场需求也必然会不断增长。

从产业发展看。2023 年 1 月 17 日，国家统计局发布的数据显示，2022 年，全国房地产开发投资 132895 万亿元，市场规模非常庞大。同时，目前很多省市住房和城乡建设部门在大力推行“一户一验”。在国家产业结构调整、加快现代服务业发展政策背景下，验房业属于朝阳产业，潜力巨大。

从政策红利看。为了保障人民生命财产安全和切实维护消费者合法权益，国家逐步加大对房屋建设行业的支持力度，同时也针对验房行业进行政策性扶持。例如，《关于做好住宅工程质量分户验收工作的通知》《四川省住宅工程质量分户验收管理规定》等文件，要求保障消费者的合法权益，加强房地产工程质量监管，推动房屋质量验收和住房检测机构审批制度改革，这些措施有力地保护了消费者的权益，也规范了验房行业的发展。

十、相关内容链接

国家职业标准：暂缺。

相关政策文件：见表 4-06-02-03-3。

表 4-06-02-03-3　验房师相关政策文件

发布或通过时间	发布或通过机构	文件名称
2009 年 12 月	住房城乡建设部	《关于做好住宅工程质量分户验收工作的通知》
2024 年 5 月	四川省住房和城乡建设厅	《四川省住宅工程质量分户验收管理规定》

供稿：中房商学院、中房智库　邓明政

会展服务师

职业编码：4-07-07-01

会展经济与人们的生活息息相关，它是一种综合性、系统性较强的经济模式，有着极强的城市经济发展特征。会展经济在发展过程中树立了城市特色品牌、增强了城市影响力，更促进了城市化功能提升，为城市引入了更多的资源，推进了我国贸易经济、产业经济的健康、良性发展。伴随着越来越多的会议和展览召开，会议和展览策划与管理的人员需求也越来越多，会展场馆场地出租，会展设施设备租赁、调试与维护，接送及食宿安排，现场签到等大量会展服务工作都需要由会展服务师去完成。

一、会展服务师的一天

记录时间：2023 年 6 月 12 日 **记录人：祁某**

上午工作情况

8 点 30 分：

1. 研究分析会展服务项目，按会展服务要求，于会展前与参展方和合作保险公司联系，根据参展方要求，网上办理保险，包括展品和道具险、雇工责任险、人身伤害险等（保险费用由参展方承担）。（保险办理）

2. 与承租会展场馆电话沟通，协调当日赴现场实地察看人员的工作安排。（场馆场地租赁）

9 点：

1. 到会展场馆实地察看，现场与场馆负责人再次确认场地时间，确保时

间安排准确无误。（场地勘察）

2. 现场确定会展设施设备所需数量、种类，调试相关设备，确保功能完好。（场地设备调试与维护）

3. 布置场地广告（海报、条幅、显示屏内容等），布置接待服务人员工作点位。（会展宣传服务）

10 点：

1. 回公司参加会议，向公司领导层及相关职能部门汇报当前会展服务准备情况。（服务沟通与协调）

2. 对新会展服务需求进行研讨分析，在完成目标会展的同时，接受新任务。（需求挖掘）

11 点：

团队协作，根据参展规模与参展方需求确定新任务选址及考察场馆场地时间，同时进行新策划案构思。（活动策划）

会展服务师工作场景一

下午工作情况

14 点：

团队分工按事前分组，逐一与参会人员联系，确定到会时间、航班/车次，对参会人员到会时间、地点进行分组，安排接机/车线路及具体对接负责人。（活动交通）

15 点：

1. 召开接待人员会议，布置具体接待任务，对需重点关注的客户或参展人员，进行重点说明。（设定接待程序与任务）

2. 印制签到表，安排团队人员准备伴手礼、茶歇及会议相关资料。（会展礼仪）

17 点：

再次到会展场馆，摆放签到桌、签到表，再次调试确认会展现场多媒体设备。（现场服务）

20 点：

第一批参展人员到达，安排接机/车，安排参展人员住宿。（会展活动接待）

会展服务师工作场景二

二、什么是会展服务师

职业定义。会展服务师是指从事会展场馆场地出租，会展设施设备租赁、调试与维护，接送及食宿安排，现场签到等工作的服务人员。

定义解读。会展场馆场地出租是指根据参展方的需求及会展规模大小，对场馆进行选址，场地勘察确定并租赁。会展设施设备租赁、调试与维护则是指按参展项目、内容及场地需要，在场馆场地设施设备不满足参展要求的情况下，进行相关设施设备的租赁，如音响、灯光、展台、背景 LED 屏幕等的租赁，并对相应设备进行安装、调试及参展期间的维修养护等。

关联职业。密切关联的职业有会展设计师、会展策划专业人员、数字媒体艺术专业人员、讲解员等。其中，会展设计师是指在会议、展览及节事活动中，从事空间环境视觉化表现设计工作的人员；会展策划专业人员是指从事会展项目调研、策划、运营、推广的专业人员；数字媒体艺术专业人员是指在广播、电视、网络、电影、会展、娱乐等领域，从事数字艺术、媒体、游戏、动画、图形与图像、界面、交互设计的专业人员；讲解员是指在展览与游览场所，从事接待、解说、引导等工作的人员。会展服务师在策划组织实施会展服务工作中，需要上述人员的配合与协助。

相应岗位。会展场馆管理师、会议接待服务师。

三、会展服务师的主要工作职责

1. 根据客户需求、展品类别、观众数量、展览面积以及参展费用预算等，编制会展场馆的场地排期。

2. 根据会展规模等要求出租会展场馆场地，按需租赁会展设施设备并进行调试、维护。

3. 负责排查会展场馆的安全隐患，对会展过程中的突发事件进行事前预警和事后处理。

4. 负责会展全过程的服务与接待工作，具体包括安排参会参展人员接送、现场签到以及协调食宿等。

5. 辅助管理会展现场活动，如展会咨询、秘书服务，组织展会的礼宾、翻译及法律咨询服务等。

6. 进行会展场馆与会展服务信息管理系统操作。

四、会展服务师的薪酬福利待遇

平均薪酬水平。会展服务属于商务服务业。根据国家统计局发布的 2022 年规模以上企业就业人员年平均工资情况，2022 年分行业门类分岗位就业人员年平均工资中，租赁和商务服务业年平均工资在全部 16 个行业中排在第 10 位；会展服务师属于专业技术人员，租赁和商务服务业专业技术人员年平均工资为 146861 元。猎聘网等招聘网站相关数据表明，在上海等会展业发达的城市，会展专业人才的月薪可达 10000~18000 元，高级车展、房展人才年薪一般在 12 万元左右，最高可达 30 万元。

与类似职业对比。类似职业薪酬水平见表 4-07-07-01-1。

表 4-07-07-01-1　类似职业薪酬水平

职业名称	薪酬水平（元 / 月）
会展服务师	10000~18000
会展策划专业人员	7000~12000
市场营销专业人员	7000~12000
广告设计师	2000~7000

五、从事会展服务师工作需要哪些本领

该职业从业人员需具备会展礼仪、会展文案撰写、会展服务、布展搭建、会展营销、会展活动策划、会展平面设计实务、新媒体技术等方面的知识和技能。

会展服务师需具备的知识和技能见表 4-07-07-01-2。

表 4-07-07-01-2　会展服务师需具备的知识和技能

职业功能	工作内容	知识和技能要求
会展礼仪	会展活动接待	了解会议的服务与管理、会展中常见的仪式、会展相关设备设施的介绍与使用等内容，掌握伴手礼设计、会议资料发放、签到礼仪等技能要求，掌握各类会展相关活动的商务接待礼仪
会展文案撰写	会展相关文书撰写	会展活动策划方案、申请、通知、邀请函、会议议程、会议纪要等撰写
会展服务	会展现场服务	掌握会展从服务到现场管理的整体流程和专业知识，能进行周密的展会现场接待，进行相关的商务服务；能组织展会的安保和清洁工作，组织展会的礼宾、翻译及法律咨询服务，进行紧密的客户跟踪服务；与会展组织者、参展商、观众积极沟通，根据行业的行为规范判断、控制和评价自己和他人的行为；能承受工作压力乃至失败、挫折，能独立地获取新的信息、培养新的技能，能分析问题的原因并快速做出决策
布展搭建	现场布展与环境搭建	具备良好的现场布展协调沟通能力，能与主办单位进行联络洽谈，了解主办单位需求；能协调场地、展架搭建；熟悉会展音响、照明技术知识；能做好展品安全保卫工作、安全有序搭建及撤展工作；能做好客户回访汇总工作；能协助参展商处理展位各项工作要求
会展营销	展位营销	掌握展会不同的推介方法；能制定展会推介方案、招展方案，能设计与制作招展书，掌握电话、传真、邮件、拜访等招展技术，拟定参展合同，制定招商方案，建立观众数据库，掌握设计与制作参观者邀请函技术，能正确选择展馆，合理进行展区展位布局，绘制展会相关图纸，设计与制作会刊、宣传册；具备较好的市场营销能力，能制定各种营销方案
会展活动策划	活动策划	熟悉会议、展览在内的各类活动策划基本原理和方法，了解会展活动管理的全过程；具备会展策划能力、会展活动管理能力以及会展活动执行能力

续表

职业功能	工作内容	知识和技能要求
会展平面设计实务	展位设计	了解会展平面设计工作的性质、任务、作用及其意义；具备从事会展平面设计工作的能力和处理问题的能力，对会展设计内容有正确的认知，能判断区分会展设计风格的差异，能综合利用设计能力为会展行业服务，设计较好的会展平面视觉包装方案，对设计流程有正确认知，对设计品有正确审美和市场判断
新媒体技术	影像后期处理	具有摄影美学修养和摄影摄像基本技术、影像后期处理技术等影像制作行业必备的基础理论知识，掌握摄影摄像基本技术和影像后期处理技术

六、会展服务师的专业教育现状

（一）相关专业

目前已有较多的院校开设了与该职业相关的专业，涉及普通本科院校、职业院校等。普通本科院校相关专业有会展、会展经济与管理等。职业院校相关专业有会展策划与管理、会展服务与管理等。

（二）开设相关专业的院校（排名不分先后）

★ 相关院校：上海大学、北京石油化工学院、福建商学院、青岛电影学院、南开大学、华南理工大学、上海对外经贸大学、四川大学、华侨大学、湖南师范大学、海南大学、南昌大学、上海第二工业大学、海口经济学院、首钢工学院等。

◆ 相关院校：北京信息职业技术学院、北京农业职业学院、北京财贸职业学院、北京艺术传媒职业学院、天津轻工职业技术学院、天津商务职业学院、深圳市第二职业技术学校、贵州铝业技师学院、四川省南充外国语中等专业学校、厦门市翔安职业技术学校等。

七、会展服务师的就业创业信息

该职业从业人员主要分布在北京、上海、深圳、广州、天津、重庆、成都、武汉等地。

吸纳会展服务师就业的主要用人单位如下。

1. 文化传媒公司：北京合力汇展文化传媒有限公司、深圳邦之禾实业发展有限公司、中辉文化传播（天津）有限公司、长沙捷盛文化传播有限公司等。

2. 会展服务公司：北京融合国际展览有限公司、北京联诚国际展览有限公司、上海威盾会议服务有限公司、四川中拓博通会展服务有限公司、福州会展会务集团有限公司、宁夏报业传媒集团会展有限公司、武夷山市中茶国际会展有限公司等。

3. 各地会展中心：北京北辰实业股份有限公司国家会议中心、中国国际展览中心集团有限公司、国家会展中心（上海）有限责任公司、上海国际展览中心有限公司、昆明国际会展中心有限公司、广州白云国际会议中心有限公司等。

4. 各大酒店：北京朗丽兹西山花园酒店管理有限公司、厦门国际会展酒店有限公司、上海浦东会展大酒店有限公司、成都家园国际酒店有限公司、青海假日王朝大酒店有限公司等。

5. 相关企业：中建科工集团运营管理有限公司、成都德冠物业管理股份有限公司等。

注：以上机构信息仅供参考，不代表编写出版方对其推荐或认可。

八、会展服务师的职业贯通发展

该职业的发展路径主要有四条。管理路线，即从会展服务普通员工晋升到项目主管 / 单位中层，再晋升到项目经理 / 单位领导层，甚至往更高的领导职务发展。专家路线，即不断提升专业技能水平，成为会展专业领域专家。复合人才路线，即向其他行业跨越或职业转型，如通过学习相关知识和技能转型为国际商务专业人员、商务策划专业人员等。创业路线，即基于个人兴趣爱好、专业能力、发展志向与相关条件，成立专门的会展公司，进行自主创业。会展服务师职业贯通发展如图 4-07-07-01-1 所示。

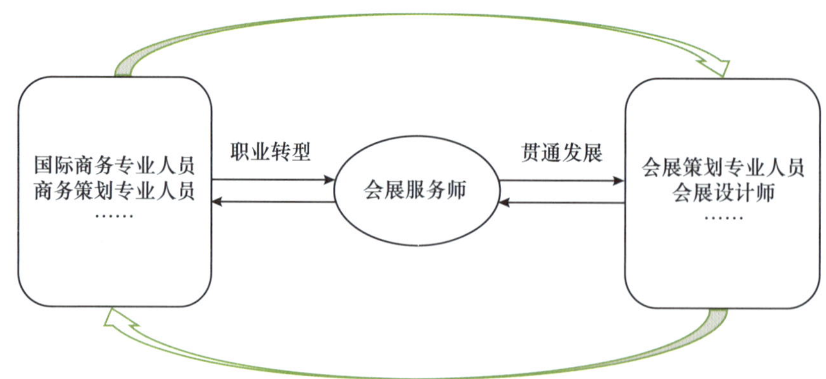

图 4-07-07-01-1　会展服务师职业贯通发展

九、会展服务师的发展前景

从市场供需看。随着越来越多的会议和展览召开，我国对会议和展览策划和管理的人员需求也越来越多。市场上负责这些会议和展览的人员，几乎没有相关的专业背景和训练，因此，拥有国家职业资格认证，训练有素、服务高效，能针对用户的需求提供个性化服务的高水平的会展服务师需求量比较可观。就展览而言，根据中国会展经济研究会发布的《2023 年度中国展览数据统计报告》，2023 年，全国总共举办线下展览 7852 个，展览总面积为 14345 万平方米，平均每个展览举办面积为 1.83 万平方米。按照每个展览服务人员平均配置 100 人保守估算，预计需要 78 万余人。

从产业发展看。会展产业在我国属于朝阳产业，近年来，以北京、上海、广州、大连、成都五大会展城市为中心，形成了“环渤海、长三角、珠三角、东北、中西部”五个会展经济产业带。环渤海会展经济产业带以北京为中心，以天津、廊坊等城市为重点，其会展业发展早、规模大、数量多，专业化、国际化程度高，门类齐全，知名品牌展会集中，辐射面广。长三角会展经济产业带以上海为中心，以南京、杭州、宁波、苏州等城市为依托，该经济产业带起点高、政府支持力度大、规划布局合理、贸易色彩浓厚，发展潜力巨大。珠三角会展经济产业带以广州为中心，以中国进出口商品交易会为助推器，包括深圳、珠海、厦门、东莞等会展城市，该经济产业带国际化和现代化程度高、会展产业结构特色突出、会展地域及产业分布密集。东北会展经济产业带以大连为中心，以哈尔滨、沈阳、长春等城市为重点，其依托东北工业基地的产业优势及东北亚的区位优势，形成了哈尔滨国际经济贸易洽谈会、中国国际装备制造业博览会、中国（长春）国际汽车博览会等品牌展会。中西部会展经济产业带以成都为中心，以重庆、西安等城市为重点，通过不断发展，现已形成了中国西部国际博览会、中国重庆高新技术交易会、中国东西部合作与投资贸易洽谈会等品牌展会。

展览会场搭建

从政策红利看。我国各省市纷纷出台多项政策推动会展业持续发展，如北京市出台的《关于促进我市商业会展业高质量发展的若干措施（暂行）》提出，鼓励展会提升国际化水平，对国际参展商（含台、港、澳地区和外商投资及合资企业）租用展览面积达到总展览面积 30% 以上的展会，给予主办方不超过 50 万元奖励；鼓励展会做大做强，对参展商租用展览面积比上届增加的展会，每增加 5000 平方米展览面积，给予主办方不超过 30 万元奖励，最高不超过 100 万元。

十、相关内容链接

国家职业标准：暂缺。

相关政策文件：见表 4-07-07-01-3。

表 4-07-07-01-3　会展服务师相关政策文件

发布或通过时间	发布或通过机构	文件名称
2017 年 10 月	杭州市人民代表大会常务委员会	《杭州市会展业促进条例》
2020 年 3 月	上海市人民代表大会常务委员会	《上海市会展业条例》
2020 年 12 月	厦门市人民代表大会常务委员会	《厦门经济特区会展业促进条例》

供稿：哈尔滨市第一职业高级中学校　祁海艳

公路水运工程试验检测员

职业编码：4-08-05-08

公路水运工程试验检测员通俗地说就是“公路医生”，试验检测是国家质量基础的重要组成部分，也是公路水运工程质量控制管理工作的重中之重。从设计初期的地质勘探到施工建设，再延伸到运营中的养护管理，都离不开试验检测。这一职业从业者身处交通建设一线，是海量试验检测数据的提供者、安全监测的承担者和安全隐患的排查者，其专业知识和职业能力直接关系工程安全和质量，其工作成果更是交通基础设施安全运营的主要评判依据。

一、公路水运工程试验检测员的一天

记录时间：2023 年 6 月 6 日　　记录人：王某龙

上午工作情况

8 点：

1. 检查试验室设备，准备试验材料。（工作准备）

2. 接收客户试验样品，检查样品状态，进行分类编号登记。（接收试验样品）

3. 对送检原材料进行试验准备。（试验检测初步工作）

10 点：

1. 按计划进行原材料和试件的试验检测。（室内试验检测）

2. 试验检测数据处理，出具试验检测报告。（出具试验报告）

下午工作情况

14 点：

1. 接受施工现场试验检测任务，试验设备准备和装车。（现场试验前准备）

2. 试验检测外业小组驱车前往检测现场。（赶赴检测现场）

3. 安装仪器设备，现场开展试验检测工作。（现场试验检测）

4. 现场试验数据采集和简单处理。（现场数据采集）

18 点：

1. 拆卸试验检测仪器，清理检测现场，驱车返回试验室。（结束检测）

2. 出具检测报告，为客户顺利开展现场施工、推进施工进度赢得宝贵时间。（出具检测报告）

公路水运工程试验检测员工作场景一

二、什么是公路水运工程试验检测员

职业定义。公路水运工程试验检测员是指从事公路水运工程材料、构件、产品及工程实体的质量、技术指标试验检测，并提供检测报告的人员。

定义解读。公路水运包括两方面，一是公路工程，包括道路和桥梁；二是水运工程，包括港口、航道等。工程试验检测工作贯穿工程全过程，包括工程开工前准备、施工过程中、交工竣工验收以及运营维护阶段的各项试验检测工作。

关联职业。密切关联的职业有质量员、标准员，他们都负责对工程的质量进行控制，但三者侧重不同。公路水运工程试验检测员更注重于从事工程试验和检测的具体工作。质量员通常也叫质检员，侧重于对所在工程项目进行质量的监督、检验、评定，以及相关的质量记录，同时也参与技术方案交底措施的制定，隐蔽工程和分项工程的验收工作。标准员侧重于从事工程施工现场一些施工监督、组织、效果评价等工作。

相应岗位。助理试验检测师、试验检测师。

三、公路水运工程试验检测员的主要工作职责

1. 编制、审定公路水运工程试验检测的方案，检查确认工程的测试样品及试件符合性。

2. 对公路、桥梁、隧道、港口、码头、航道与相关设施等被检工程的材料、构件、产品、实体与样品的符合性进行室内与原位检测试验。

3. 计算、整理、分析试验检测数据与结果，评定被检对象的使用性、安全性、耐久性的现状与变化趋势。

4. 评价被检对象的质量缺陷与安全隐患，为其维护、修缮与加固等提供指导性依据和建议。

5. 编制、审核、签发公路水运工程试验检测报告。

6. 参与公路、桥梁、隧道、港口、码头、航道与相关设施等质量事故的调查、成因分析与应急处置。

7. 编制公路水运工程计量器具量值溯源规划，制定公路水运工程试验检测数据准确性保障措施。

8. 进行公路水运工程新、特、专检测技术研究与公路水运工程现代化应用方法研究。

9. 参与编制和修订公路水运工程试验检测规程、规范、标准与实施质量管理体系等。

公路水运工程试验检测员工作场景二

四、公路水运工程试验检测员的薪酬福利待遇

平均薪酬水平。随着国家“一带一路”倡议和交通强国战略的深入推进，公路水运工程试验检测员的需求和价值进一步得到体现。《中国统计年鉴 2023》显示，从 2009 年到 2022 年，交通运输仓储和邮政业城镇非私营单位就业人员年平均工资不断增长。

与类似职业对比。根据智联招聘网 2023 年 5 月数据，在浙江地区，该职业的薪酬一般要高于施工员、质量员和预算员等的薪酬。类似职业薪酬水平见表 4-08-05-08-1。

表 4-08-05-08-1　类似职业薪酬水平

职业名称	薪酬水平（元 / 月）
公路水运工程试验检测员	6000~10000
施工员	4000~8000
质量员	4000~8000
预算员	4000~7000

五、从事公路水运工程试验检测员工作需要哪些本领

公路水运工程试验检测员既是试验检测管理制度体系的重要组成，又是试验检测管理制度体系和技术标准体系的实施者，其职业素养、专业能力水平直接关系到工程质量安全。

公路水运工程试验检测员需具备的知识和技能见表 4-08-05-08-2。

表 4-08-05-08-2 公路水运工程试验检测员需具备的知识和技能

职业功能	工作内容	知识和技能要求
公路水运原材料试验检测	原材料鉴定	能进行公路水运工程原材料试验检测、评定和鉴定
	混合料配合比设计	具备公路水运工程混合料的配合比设计的能力
	混合料的质量鉴定	能进行混合料的技术性能鉴定、混合料的质量鉴定
公路水运工程质量检测	现场质量检测	能编制质量检测方案，能进行现场工序质量控制与鉴定、现场检测
	质量评定	能按照技术规范进行道路工程质量控制检测与结果评价
	交竣工验收	能进行公路水运工程项目交工验收、竣工验收
工地试验室建设与管理	工地试验室标准化建设与管理	具备工地试验室标准化建设与管理、试验检测机构试验室标准化建设的能力
	母体试验室标准化建设	能编制试验室丙级资质等级申报书、试验室计量认证申报书，具备母体试验室标准化建设的能力
公路水运工程检测与养护	公路工程检测与养护	具备公路工程维护与管理的相关理论知识，能进行公路工程维护与保养工作
	水运工程检测与养护	具备水运工程维护与管理的相关理论知识，能进行水运工程维护与保养工作

六、公路水运工程试验检测员的专业教育现状

（一）相关专业

目前已有较多的院校开设了与该职业相关的专业，涉及普通本科院校、职业院校等。普通本科院校相关专业有道路桥梁与渡河工程、土木工程、交通工程、交通运输、港口航道与海岸工程等。职业院校相关专业有建筑智能检测与修复、道路工程检测技术、土木工程检测技术、道路与桥梁工程技术、道路养护与管理、港口与航道工程技术等。

（二）开设相关专业的院校（排名不分先后）

★ 相关院校：同济大学、东南大学、哈尔滨工业大学、长安大学、河北工业大学、长沙理工大学、重庆交通大学、新疆大学、山东交通学院、广东工业大学等。

◆ 相关院校：浙江广厦建设职业技术大学、辽宁省交通高等专科学校、浙江交通职业技术学院、南京交通职业技术学院、甘肃交通职业技术学院、陕西交通职业技术学院、江西交通职业技术学院、山东交通职业学院、四川交通职业技术学院、新疆交通职业技术学院等。

公路水运工程试验检测仪器设备

七、公路水运工程试验检测员的就业创业信息

该职业从业人员遍布在全国各地基础设施建设领域，主要集中在交通建设行业。吸纳该职业就业较多的用人单位如下。

1. 试验检测单位：中咨公路养护检测技术有限公司、上海同济检测技术有限公司、辽宁省交通高等专科学校公路工程质量检测中心、苏交科集团股份有限公司工程勘察中心、宁波市交通建设工程试验检测中心有限公司等。

2. 施工企业：中国交通建设集团有限公司、浙江省建投交通基础建设集团有限公司、新疆交通建设集团股份有限公司、中交二航局第一工程有限公司、西南交通建设集团股份有限公司等。

3. 监理企业：中咨工程管理咨询有限公司、上海建科工程咨询有限公司、山西交通建设监理咨询集团有限公司、新疆交投工程咨询有限责任公司、山东省交通工程监理咨询有限公司等。

4. 勘察设计单位：北京交科公路勘察设计研究院有限公司、广东省交通规划设计研究院集团股份有限公司、河北省交通规划设计研究院有限公司、甘肃省交通规划勘察设计院股份有限公司、福建省交通规划设计院有限公司等。

注：以上机构信息仅供参考，不代表编写出版方对其推荐或认可。

八、公路水运工程试验检测员的职业贯通发展

该职业的发展路径主要有四条。管理路线，即通过实践经验积累从试验检测员晋升到试验主管或单位中层，再晋升到经理 / 单位领导层。专家路线，即不断提高职业能力和职称，从试验检测员不断往助理试验检测师、试验检测师、试验检测高级工程师、技术负责人、公司总工、试验检测专家库专家方向发展，成为工程试验检测领域的专家。复合人才路线，通过学习相关专业知识和技能，拓展职业领域，转型为施工员、质量员、注册建造师、注册监理工程师、注册土木工程师（道路工程）等。创业路线，即基于个人兴趣爱好、业务能力和专业基础进行相关领域的创新创业。公路水运工程试验检测员职业贯通发展如图 4-08-05-08-1 所示。

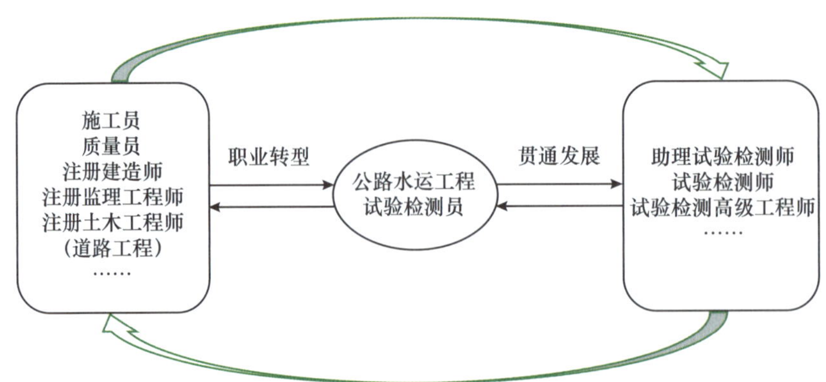

图 4-08-05-08-1 公路水运工程试验检测员职业贯通发展

九、公路水运工程试验检测员的发展前景

从市场供需看。2013 年 6 月 20 日，国务院新闻办公室就《国家公路网规划（2013 年—2030 年）》举行发布会，交通运输部官员表示，我国将投入 4.7 万亿元用于国家公路网建设，至 2030 年，我国将建成总规模约 40 万公里的国家公路网。如此大规模的基础设施兴建，其试验检测、质量监测必然需要大量的人才。随着我国经济建设的飞速发展，试验检测技术的应用越来越广泛，要求也越来越高，更要与国际接轨。这就需要更多、更专业的试验检测技术人才。交通基础设施要实现高质量发展，全面提高交通工程的安全性和耐久性，提升全寿命周期发展水平，试验检测工作将发挥更加重要的作用。

从产业发展看。根据国家市场监督管理总局发布的统计数据，检验检测行业 2019 年市场规模达 3225 亿元，2020 年达 3586 亿元，2021 年达 4090 亿元，预计至 2026 年我国检验检测产业规模将突破 7500 亿元。

从政策红利看。为全面推进交通强国建设，2019 年 9 月，中共中央、国务院发布实施《交通强国建设纲要》，提出到 2035 年，基本建成交通强国，现代化综合交通体系基本形成。到本世纪中叶，全面建成人民满意、保障有力、世界前列的交通强国。基础设施规模质量、技术装备、科技创新能力、智能化与绿色化水平位居世界前列，交通安全水平、治理能力、文明程度、国际竞争力及影响力达到国际先进水平，全面服务和保障社会主义现代化强国建设，人民享有美好交通服务。

2015 年发布的《推动共建丝绸之路经济带和 21 世纪海上丝绸之路的愿景与行动》明确指出，抓住交通基础设施的关键通道、关键节点和重点工程，优先打通缺失路段，畅通瓶颈路段，配套完善道路安全防护设施和交通管理设施设备，提升道路通达水平。2023 年 3 月，交通运输部等部门联合印发《加快建设交通强国五年行动计划（2023—2027 年）》，确定的行动目标是，到 2027 年，党的二十大关于交通运输工作部署得到全面贯彻落实，加快建设交通强国取得阶段性成果，交通运输高质量发展取得新突破，“四个一流”建设成效显著，现代化综合交通运输体系建设取得重大进展，“全国 123 出行交通圈”和“全球 123 快货物流圈”加速构建，有效服务保障全面建设社会主义现代化国家开局起步。

十、相关内容链接

国家职业标准：暂缺。

相关政策文件：见表 4-08-05-08-3。

表 4-08-05-08-3　公路水运工程试验检测员相关政策文件

发布或通过时间	发布或通过机构	文件名称
2023 年 3 月	交通运输部等 5 部门	《加快建设交通强国五年行动计划（2023—2027 年）》

供稿：浙江广厦建设职业技术大学　郑育新

建设工程质量检测员

职业编码：4-08-05-09

随着我国经济的不断发展，工程建筑业蓬勃兴起。在工程建设的过程中，工程质量应该严格管控。当前造成建筑工程质量问题的因素有很多，如使用劣质建筑材料、施工检测不准确等。建筑作为人们工作、生活、学习、娱乐的重要场所，关乎人民生命财产安全及城市未来和传承，因此，管控建筑工程质量、保障建筑工程结构安全、确保建筑使用功能完备，满足人们对建筑品质的日益提升的要求，建设工程质量检测员义不容辞、责无旁贷。

一、建设工程质量检测员的一天

记录时间：2023 年 5 月 18 日 **记录人：朱某廷**

上午工作情况

8 点：

1. 接受检测任务，开展调研、资料收集，明确委托方的检测目的和具体要求，编制检测方案。（检测策划）

2. 确认施工内容进度和技术要求，识读检测方案，确定检测工艺，准备检测设备和工具。（检测准备）

3. 进入项目现场，开展现场勘探，并按规定的检测方法、程序、设备进行现场检测，做好检测原始记录。（现场检测）

4. 处置现场检测过程中出现的异常数据，分析、处置及记录导致数据异常的原因，并负责进行补充检测或复检。（补充检测）

下午工作情况

14 点：

1. 对进入施工现场的水泥、钢筋等建筑材料、构配件进行见证取样，做好试样的标识、保存，按规定进行试样的加工、检测。（取样检测）

2. 召开与委托方的异常分析会议，分析异常问题情况并提出改善意见、应对方案。（异常分析处理）

3. 对项目检测资料进行收集、分析，对检测结果进行评定，编写检测报告。（检测报告编制）

4. 对项目检测资料进行整理、汇总，做好项目检测资料的移交、归档。（检测资料管理）

建设工程质量检测员工作场景

二、什么是建设工程质量检测员

职业定义。建设工程质量检测员是指从事新建、扩建、改建房屋建筑和市政基础设施工程质量检测，对建筑材料、构配件、工程实体的质量及使用功能等进行测试的人员。

定义解读。建设工程是房屋、道路、桥梁、大坝、烟囱等各类建筑物和工程设施的统称。建设工程质量检测是指依据有关法规和标准，对建筑材料、地基基础、主体结构、构配件等进行检验检测，判定其性能是否符合工程建设标准，再利用检测结果改进施工工艺等，确保建设工程质量的合规性。

关联职业。密切关联的职业有土木建筑工程技术人员、项目管理工程技术人员、监理工程技术人员等。建设工程质量检测员与他们的最大共同点在于，都为了实现建设工程质量目标，开展建设工程质量控制与管理工作，都要熟悉工程建设程序、工程材料、工程构造、工程质量标准等内容。与他们最大的区别在于该职业还需要掌握检验检测技术、检测数据分析处理能力，以及检测新方法开发技能等，以保障建设工程质量符合规范标准要求。

相应岗位。工程地基检测员、工程结构检测员、建筑材料检测员、施工员、质量员、材料员、资料员、监理员等专业岗位。

建设工程质量检测员工作场景二

三、建设工程质量检测员的主要工作职责

1. 识读检测项目工程施工图、施工组织设计等文件资料，负责检测项目现场踏勘和有关技术资料的调查，编制检测工作计划。

2. 负责编制检测项目的检测方案，负责相关检测方法标准和样品符合性的确认，负责对检测项目使用的检测仪器设备状态、环境设施适用性等进行确认与校准。

3. 负责检测项目检测工作的具体实施，按规定的检测方法、程序进行检测，填写检测原始记录。

4. 对现场取得的试样及时进行标识、保存，按规定进行试样的加工、检测。

5. 检测过程中发现数据异常时，分析、处置及记录导致数据异常的原因，并负责进行补充检测或复检。

6. 制定并落实检测项目质量安全管理体系和措施，遵守检测现场工地的安全规定。

7. 负责检测项目工作区的环境卫生工作，制定现场检测项目环保措施。

8. 现场工作结束后，及时提出相应结构或构件局部损伤的修补方案。

9. 对项目检测资料进行收集、汇总、整理、分析，编写项目的检测报告，负责项目检测资料的移交、归档。

建设工程质量检测员工作场景三

四、建设工程质量检测员的薪酬福利待遇

平均薪酬水平。根据国家统计局公布的数据，建筑业城镇非私营单位就业人员年平均工资逐年不断增长，从 2017 年的 55568 元提升到 2021 年的 75762 元。

与类似职业对比。据智联招聘网 2023 年 7 月数据，在北京地区，类似职业薪酬水平见表 4-08-05-09-1。

表 4-08-05-09-1　类似职业薪酬水平

职业名称	薪酬水平（元/月）
建设工程质量检测员	6000~15000
土木建筑工程技术人员	8000~15000
项目管理工程技术人员	5000~10000
监理工程技术人员	5000~8000

五、从事建设工程质量检测员工作需要哪些本领

该职业从业人员需具备建筑识图、建筑构造、建材性能、建筑检测技术、建筑质量标准、检测数据采集分析与处理等方面的知识和技能。核心技能是检测、分析与管理。

建设工程质量检测员需具备的知识和技能见表 4-08-05-09-2。

表 4-08-05-09-2　建设工程质量检测员需具备的知识和技能

职业功能	工作内容	知识和技能要求
检测组织策划	识读图纸与技术资料	能识读建设工程施工图，能识读施工组织设计等技术资料
	编制计划与检测方案	能编制检测工作计划和检测方案，能确认检测方法标准和样品符合性
	调研现场与设备选择	能进行检测前项目现场踏勘和有关技术资料的调查，能根据检测方案选择检测设备类型和参数
检测技术管理	了解标准与规范	能够理解检测项目所涉及的检测标准、规范、内容要求等文件
	熟悉流程与设备操作	能够熟练掌握检测相关流程、试验仪器设备操作方法与步骤
	掌握取样与数据处理方法	能够按规范要求进行取样，掌握采集、处理、分析检测数据的方法

续表

职业功能	工作内容	知识和技能要求
检测过程控制	对象与程序确定	能够合理确定检测工程中的检测对象、频率、取样数量等，明确检测程序
	资源调配与实施	能够充分利用及合理调配检测资源，严格实施检测计划，根据现场条件优化检测方案，按规范实施检测
	数据处理与填报	能够按规范要求处理检测数据，填写原始记录，编制检测报告
质量安全环境管理	质量控制处理	能够合理确定检测质量控制点，按质量管理体系和措施要求进行检测，能够参与检测质量、职业健康安全与环境问题的调查分析
	安全防范控制	能够确定试验安全防范重点，能够识别检测过程中的危险源，按安全管理体系和措施及时消除安全隐患，严格遵守检测现场安全生产管理要求
	环境保护管理	能够制定合理的检测辅助措施，按环保措施要求减小环境污染
检测信息资料管理	数据记录分析	能够规范记录试验检测情况，归纳和总结检测结果，能够对检测结果进行分析验证，判定是否满足国家现行标准和特定的要求
	检测报告编制	能够按规范处理检测数据，编写检测报告
	信息资料归档	能够对项目检测资料进行整理、汇总，能进行项目检测资料的移交、归档

六、建设工程质量检测员的专业教育现状

（一）相关专业

目前已有较多的院校开设了与该职业相关的专业，涉及普通本科院校、职业院校等。普通本科院校相关专业有土木工程、智能建造、工程管理等。职业院校

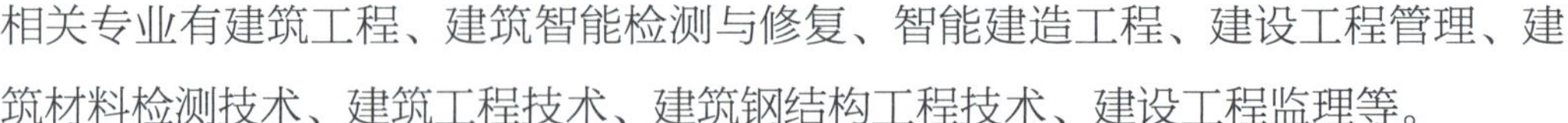

相关专业有建筑工程、建筑智能检测与修复、智能建造工程、建设工程管理、建筑材料检测技术、建筑工程技术、建筑钢结构工程技术、建设工程监理等。

（二）开设相关专业的院校（排名不分先后）

★ 相关院校：浙江大学、同济大学、东南大学、哈尔滨工业大学、天津大学、华南理工大学、西安建筑科技大学、湖南大学、大连理工大学、上海交通大学、北京建筑大学、天津城建大学、沈阳建筑大学、南京理工大学、浙江工业大学等。

◆ 相关院校：浙江广厦建设职业技术大学、浙江建设职业技术学院、四川建筑职业技术学院、江苏建筑职业技术学院、广西建设职业技术学院、河南建筑职业技术学院、内蒙古建筑职业技术学院、贵州建设职业技术学院、北京金隅科技学校、上海市建筑工程学校、广西城市建设学校、河北城乡建设学校、浙江省东阳市技术学校等。

七、建设工程质量检测员的就业创业信息

该职业从业人员遍布全国各地，其中主要集中在上海、北京、湖南、浙江、江苏、天津、江西、山东、四川等省市。

吸纳建设工程质量检测员就业较多的用人单位如下。

1. 大型施工企业：中国建筑集团有限公司、中铁建设集团有限公司、北京城建集团有限责任公司、中天建设集团有限公司、江苏省建工集团有限公司、中亿丰建设集团股份有限公司等。

2. 房地产开发企业：保利发展控股集团股份有限公司、中海企业发展集团有限公司、华润置地（北京）股份有限公司、绿城房地产集团有限公司等。

3. 第三方检测机构：上海同济检测技术有限公司、浙江省建设工程质量检验站有限公司、浙江大合检测有限公司、徐州东方工程检测有限责任公司、苏州市建设工程质量检测中心有限公司、吉林亚新工程检测有限责任公司、浙江新世纪工程检测有限公司、浙江华正检测有限公司等。

4. 研究机构：上海闵衡建筑检测研究所有限公司、浙江省地球物理技术应用研究所有限公司、宁波市工业建筑设计研究院有限公司、温州市建筑质监科学研

究所有限公司等。

注：以上机构信息仅供参考，不代表编写出版方对其推荐或认可。

八、建设工程质量检测员的职业贯通发展

该职业的发展路径主要有四条。管理路线，即从员工晋升到组长、主任、部长等单位中层，再晋升到总监、总工等单位领导层，甚至往更高的领导职务发展。专家路线，即不断提高技能水平，从检测员到检测工程师，再到技术专家、技术总监、技术总工，成为建设工程质量检测领域专家。复合人才路线，即通过学习相关知识和专业技能，拓展职业领域，转型为砌筑工、钢筋工、混凝土工、装配式建筑施工员、公路水运工程试验检测员、产品质量检验工程技术人员、土木建筑工程技术人员、项目管理工程技术人员、监理工程技术人员等，实现横向贯通和复合发展。创业路线，即基于个人业务能力、专业基础和兴趣爱好，选择合适机会进行创新创业，实现自我价值。建设工程质量检测员职业贯通发展如图 4-08-05-09-1 所示。

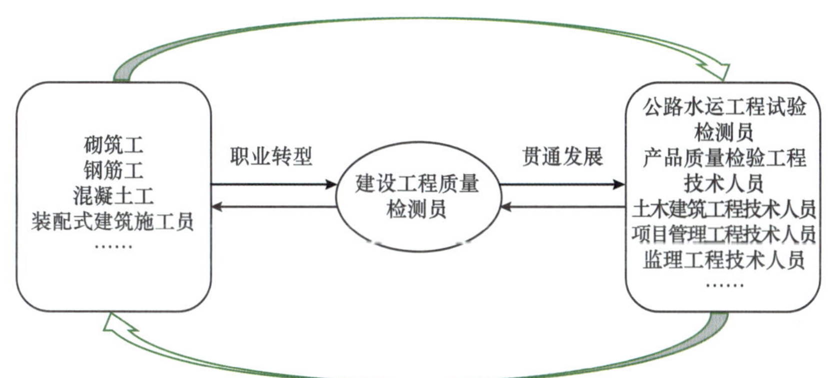

图 4-08-05-09-1　建设工程质量检测员职业贯通发展

九、建设工程质量检测员的发展前景

从市场供需看。国家统计局发布的《中国统计年鉴 2022》显示，2021 年全国共有建筑业企业 128743 个，比 2020 年增加 12021 个，增速为 10.3%。国家市场监督管理总局发布的统计数据显示，我国认证认可检验检测机构数量逐年攀升，

从2019年的44007家上升至2021年的51949家。从检验检测专业领域来看，2021年机构数量排在前十位的领域为机动车检验（13940家）、环境监测（8575家）、建筑工程（8146家）、建筑材料（7573家）、其他（5739家）、水质（3650家）、食品及食品接触材料（3495家）、卫生疾控（2847家）、农林渔牧业（2833家）、公安刑事技术（1913家），其中建设工程类检测机构15719家。按每家建筑业企业及其供应链平均增加20名、第三方检测机构平均增加5名建设工程质量检测员测算，该职业人才缺口达260多万人。

从产业发展看。随着国民生活水平的不断提高，社会各界对环保质量安全的关注度日益提升，对建筑品质的要求越来越高，相对应工程检测项目内容也更加丰富，工程检测专业人员的需求呈现多元增长趋势。国家市场监督管理总局发布的统计数据显示，检验检测行业2019年市场规模达3225亿元，2020年达3586亿元，2021年达4090亿元，预计至2026年我国检验检测产业规模将突破7500亿元。

从政策红利看。2023年2月，中共中央、国务院印发的《质量强国建设纲要》提出，强化工程质量保障，提高建筑材料质量水平，打造中国建造升级版，提升建设工程品质。2022年12月，住房城乡建设部发布《建设工程质量检测管理办法》，强化建设工程质量检测管理，规范建设工程质量检测行为。2023年3月，住房城乡建设部发布《建设工程质量检测机构资质标准》，从调整检测资质分类、强化检测参数评审、提高技术人员要求、加强设备场所考核、提高检测数字化应用等多个方面强化建设工程质量检测资质管理，提高检测机构专业技术能力，促进建设工程质量检测行业健康发展，保障建设工程质量。目前各地也纷纷出台相关政策、实施细则，明确了工程质量检测要求、检测人员技术及培训要求，推动了工程质量检测行业转型升级，促进了建设工程质量检测人员专业技术水平提升。

十、相关内容链接

国家职业标准：暂缺。

相关政策文件：见表4-08-05-09-3。

表 4-08-05-09-3　建设工程质量检测员相关政策文件

发布或通过时间	发布或通过机构	文件名称
2022 年 12 月	住房城乡建设部	《建设工程质量检测管理办法》
2023 年 2 月	中共中央、国务院	《质量强国建设纲要》
2023 年 3 月	住房城乡建设部	《建设工程质量检测机构资质标准》

供稿：浙江广厦建设职业技术大学　朱维香

斫琴师

职业编码：4-08-08-25

有一种乐器，是中国古老的弹拨乐器，也是古代音乐的活化石，被称为“国乐之冠”，有据可查的历史已经有 4000 多年，它就是古琴。2003 年，古琴艺术被列入世界第二批“人类口头和非物质遗产代表作”。

古琴不但历史悠久，而且造型优美、音色古朴，制作工艺传承完整，承载着深厚的中国传统文化精神，至今仍鸣响在舞台上，为世界瞩目。随着传统文化复兴的大潮，传统乐器发展迅速，具有独特地位的古琴更是学习者越来越多，对琴器的市场需求也不断扩大。古琴制作流程繁杂、工艺挑剔，对制作者的要求很高。古琴制作的专业人员，被称作斫琴师，他们依靠对传统文化的热爱，斫琴、弹琴的丰富经验以及对古琴音韵的独到理解，把一块块精心挑选、看似寻常的木材通过一双巧手变为能弹奏出雅韵正声的合格古琴，送到每位知音的手中。

一、斫琴师的一天

记录时间：2023 年 8 月 15 日 **记录人：王某**

上午工作情况

8 点：

1. 到木材仓库，通过反复对比，精心选择木料。（取材，如图 4-08-08-25-1 所示）

2. 根据古琴的形制图，确定款式和尺寸，做出所需要的样式。（下料出坯，如图 4-08-08-25-2 所示）

图 4-08-08-25-1 取材

图 4-08-08-25-2 下料出坯

10 点：

1. 根据图纸切割木材，做出底板。（底板制作，如图 4-08-08-25-3 所示）

2. 准备好岳山、冠角和龙龈等配件。（上配件，如图 4-08-08-25-4 所示）

图 4-08-08-25-3 底板制作

图 4-08-08-25-4 上配件

3. 根据木材上的结疤和纹理对面板内部槽腹进行精修。[调音（修槽腹），如图 4-08-08-25-5 所示]

图 4-08-08-25-5 调音（修槽腹）

下午工作情况

14 点：

1. 用漆把修整完毕的面板与配套的底板进行黏合，用绳捆扎固定，再裱裹麻布。（合琴，如图 4-08-08-25-6、图 4-08-08-25-7 所示，裱布）

图 4-08-08-25-6　合琴（一）

图 4-08-08-25-7　合琴（二）

2. 用鹿角霜和大漆混合，进行粗—中—细—极细的反复打磨、阴干和补胎。（上灰胎，如图 4-08-08-25-8 所示）

3. 用松节油稀释生漆。反复上漆，打磨擦青，包括底漆、中涂两次、表涂两次，每次都需要从不同的方向工作，并自然晾干。（上漆，如图 4-08-08-25-9 所示）

图 4-08-08-25-8　上灰胎

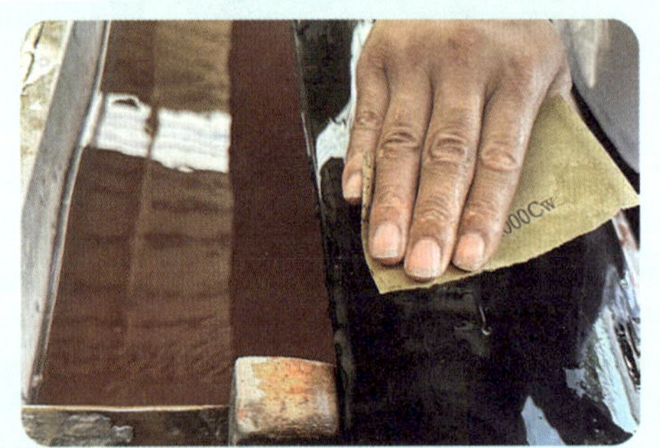

图 4-08-08-25-9　上漆

16 点：

1. 用手掌心不停地用力推撒了珍珠粉的琴面，反复多次，直至光滑细腻。（推光，如图 4-08-08-25-10 所示）

2.底板上确定好尾托到轸池的黄金分割点位置，安装雁足。（打眼安足，如图 4-08-08-25-11 所示）

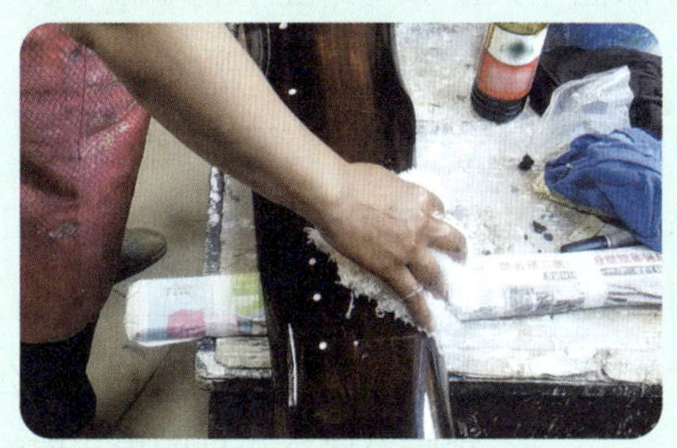

图 4-08-08-25-10 推光

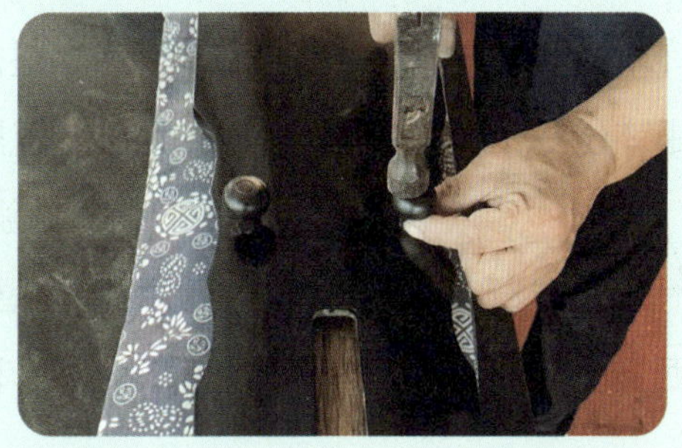

图 4-08-08-25-11 打眼安足

3.从五弦开始，按照次序，依次将琴弦穿过绒剅，固定在雁足上，并进行调试。（上弦，如图 4-08-08-25-12 所示，调音）

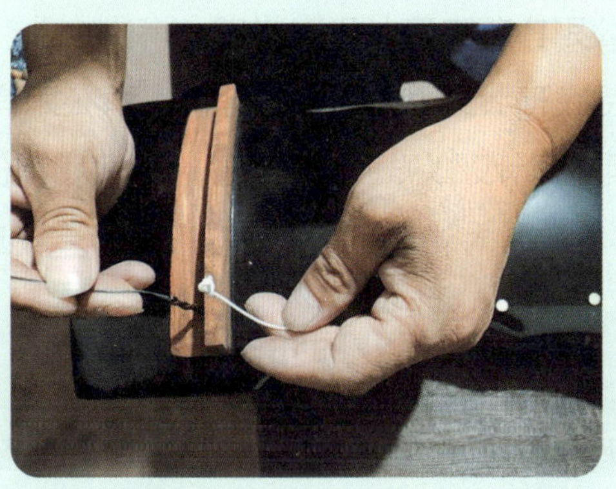

图 4-08-08-25-12 上弦

二、什么是斫琴师

职业定义。斫琴师是指运用乐理、材料、工艺等相关知识，斫制传统范式古琴的人员。

定义解读。斫琴师按照古琴的制作工艺要求，使用木工专业工具、髹漆专业工具，将木材、大漆等材料以及岳山、承露、龙龈、徽、轸、雁足、弦等配件制成古琴。古琴制作需要经过选材、面板处理、涂漆、上弦等多个步骤，由于每块木头硬度、密度、纹理不同，即使用同样的制作工艺和设计，最后其发出的声音都是截然不同的，因此制作过程需要斫琴师丰富的经验和技巧。

关联职业。密切关联的职业有乐器调音师、民族拉弦弹拨乐器制作工、漆器制作工等。乐器调音师的主要职责是使用专业工具和检测仪器对乐器进行检测、维修、调试，斫琴师也具有检测、维修、调试古琴的职能，两者使用工具、仪器和工作流程基本相同。民族拉弦弹拨乐器制作工的职能是将木材、竹材、皮膜等原材料制成古筝、二胡等民族拉弦类、弹拨类乐器，而斫琴师专注于古琴制作，需用到更为专业的传统木工与髹漆技术。漆器制作工是指从事漆器工艺品原坯制作、彩绘、雕填、镶嵌和表面装饰的人员。因为古琴本身就是一种带有使用属性的漆器产品，斫琴需掌握较高水平的髹漆技术，所以每一位合格的斫琴师都应具备制作一般漆器工艺品的能力。

相应岗位。古琴调音师、古琴设计师、斫琴培训师、古琴鉴定师。

三、斫琴师的主要工作职责

1. 识读、绘制三视图、共鸣体等各部件的图纸、单体部件的制材工艺图、主体结构装配图、主体组合部件的制材工艺图。

2. 制作并正确使用夹具、量具、模具、加工工具等常用工具，合理选用刃具，调整进给速度和切削深度，并可排除一般故障。

3. 选配高级琴主体部件及组合部件的材料，并根据不同的材料、规格、要求等，为高级琴的整件配套制材。

4. 完成腔体、其他部件的制作和所有零部件整体装配，完成底板、面板的黏合，确定岳山、龙龈的高度；对损坏的琴进行修理，更换损坏的零部件。

5. 检验产品各部件是否有开裂、变形等质量问题，检验产品组装工艺规格、琴面平整度是否符合要求，通过演奏乐曲中的乐句部分，鉴别琴的音质和音色，并做合理调整。

6. 对不同流派琴的工艺特征及要求进行鉴别，并根据不同琴的音色选配适合的琴弦。

四、斫琴师的薪酬福利待遇

平均薪酬水平。以国内最大的琴筝产业基地扬州为例，不同等级以及不同工作年限的斫琴师制作的产品，其市场价格差别较大。普通斫琴师制作的产品市场价在 3000 元 / 张至 10000 元 / 张不等。而著名的斫琴师，其制作的古琴市场价在 50 万元 / 张至 100 万元 / 张不等。

与类似职业对比。根据行业内部统计，该职业的薪酬普遍要高于其他乐器制作师的薪酬。类似职业薪酬水平见表 4-08-08-25-1。

表 4-08-08-25-1　类似职业薪酬水平

职业名称	薪酬水平（元 / 月）
斫琴师	9000
古筝制作师	7000
乐器调音师	8000
漆器工艺师	6000

五、斫琴师工作需要哪些本领

该职业从业人员需具备的知识和技能主要包括机械制图、木材及工艺、大漆（生漆）及漆艺工艺、声学、琴制作、乐理等方面的基本知识和古琴基本演奏技能。

斫琴师需具备的知识和技能见表 4-08-08-25-2。

表 4-08-08-25-2　斫琴师需具备的知识和技能

职业功能	工作内容	知识和技能要求
制作准备	识图、绘图	能识读、绘制三视图、共鸣体等各部件的图纸、单体部件的制材工艺图、主体结构装配图、主体组合部件的制材工艺图

续表

职业功能	工作内容	知识和技能要求
制作准备	工具制作与准备	能制作并正确使用夹具、量具、模具、加工工具等常用工具，能够合理选用刃具，调整进给速度和切削深度，并可排除一般故障
	材料准备	能选配高级琴主体部件及组合部件的材料，并根据不同的材料、规格、要求等，为高级琴的整件配套制材
制作工艺	部件制作与装配	能完成腔体、其他部件的制作和所有零部件的整体装配，完成底板、面板的黏合，确定岳山、龙龈的高度；能够对损坏的琴进行修理，更换损坏零部件
	髹漆	掌握琴葛布的装裱方法、琴髹漆工艺方法、徽位位置的计算方法、生漆不同色彩调配的方法、不同材质灰胎的调制的方法、不同漆艺（犀皮、变涂等）的制作方法
	成品装配	掌握雁足的安装方法，蜻蜓结（蝇头）的制作方法，绒剅、琴轸的装配方法，琴弦安装方法
产品检测	工艺品质	能检验产品各部件是否有开裂、变形等质量问题，检验产品组装工艺规格、琴面平整度是否符合要求，检验琴是否有煞音、打板、抗指等问题，进行音色等级鉴定

六、斫琴师的专业教育现状

（一）相关专业

目前国内院校开设的相关专业有乐器维修与制作 、乐器制造与维护等。

（二）开设相关专业的院校（排名不分先后）

★ 相关院校：中央音乐学院、中国音乐学院、上海音乐学院、沈阳音乐学院、天津音乐学院、四川音乐学院、西安音乐学院、浙江音乐学院、中国人民大学、南京艺术学院等。

◆ 相关院校：贵州装备制造职业学院、江西制造职业技术学院、大连装备制造职业技术学院、重庆资源与环境保护职业学院、广西制造工程职业技术学院、河南水利与环境职业学院、营口职业技术学院、黑龙江艺术职业学院、河南艺术职业学院、兰考三农职业学院等。

七、斫琴师的就业创业信息

该职业从业人员目前在全国各地均有分布，尤其在经济发展较快、传统文化积淀较深的地区较为集中，如京津冀、江浙、成渝地区等。

吸纳斫琴师就业较多的用人单位如下。

1. 古琴生产企业：北京钧天坊古琴文化艺术传播有限公司、扬州天韵琴筝有限公司、扬州金韵乐器御工坊有限公司、扬州民族乐器研制厂有限公司、扬州市汉风古琴制作技术研究所、扬州市广陵区龙吟民族乐器厂等。

2. 古琴配件生产企业：上海乐圣乐器有限公司、上海戴氏琴弦制作社等。

3. 检测机构：国家轻工业乐器质量监督检测中心等。

4. 古琴教育培训机构：北京铭乐堂文化传播有限公司等。

同时，许多青年斫琴师开始探索商业和艺术的融合兼顾，开设个人斫琴工坊。

注：以上机构信息仅供参考，不代表编写出版方对其推荐或认可。

八、斫琴师的职业贯通发展

该职业的发展路径主要有四条。管理路线，即从员工晋升到单位中层，再晋升到单位领导层。专家路线，即不断提升专业技能水平，成为领域内专家。复合人才路线，即向相关行业或职业转型，如转型为乐器维修工、民族拉弦弹拨乐器制作工、乐器设计师等，由于斫琴需具有较高的髹漆水平，还可转型为漆艺师、漆器制作工等。创业路线，即基于个人综合能力进行创新创业，成立斫琴工作室、古琴制作企业等。斫琴师职业贯通发展如图 4-08-08-25-13 所示。

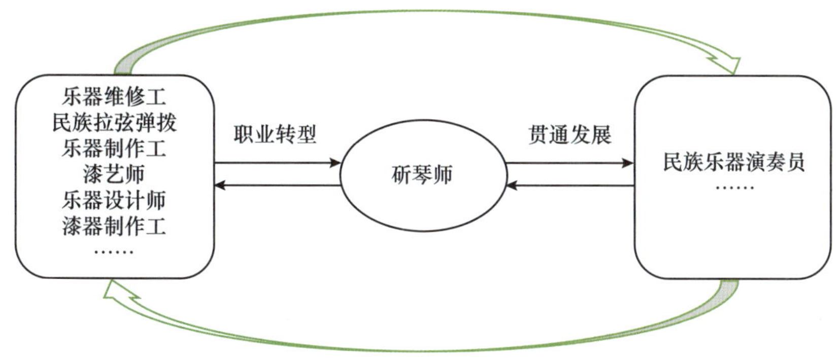

图 4-08-08-25-13　斫琴师职业贯通发展

九、斫琴师的发展前景

从市场供需看。我国斫琴师存在较大的缺口。近年来，古琴行业发展迅速，已成为文化消费市场新的增长热点，潜力巨大。目前国内古琴市场需求主要集中在两大领域，第一个是居民消费市场，第二个是收藏市场。古琴斫制日趋规模化、产业化，现有产能远不能供给当前的市场需求，斫琴师人才极度稀缺，未来具有广阔的就业前景。

从产业发展看。古琴艺术是中华优秀传统文化的重要组成部分，保护好、传承好、利用好这份非物质文化遗产，对于延续历史文脉、坚定文化自信具有重要意义。2020 年，文化和旅游部会同商务部、国务院扶贫办共同支持阿里巴巴、京东、拼多多等网络平台举办“非遗购物节”，搭建非遗产品网络销售平台，打通非遗产品从生产到销售的“最后一公里”。活动当天，在阿里巴巴、京东等电商平台非遗产品下单数超过 300 万笔，成交金额近 4 亿元。作为非遗产业的重点项目，古琴斫制产业有利于激发新的文化消费增长点，培育文化市场，满足不同层次人群的文化需求，增强文化软实力，传承优秀文化遗产。

从政策红利看。2015 年，文化部启动“中国非物质文化遗产传承人群研修培训计划”试点工作。2021 年 12 月，《文化和旅游部办公厅　人力资源社会保障部办公厅　国家乡村振兴局综合司关于持续推动非遗工坊建设助力乡村振兴的通知》发布，明确将符合条件的非遗工坊录入县级巩固拓展脱贫攻坚成果和乡村振兴项目库，落实就业帮扶车间各项优惠政策。近年来，各地也陆续出台了关于传承发展非物质文化遗产以及非遗与文旅深度结合的相关政策。相关政策文件的出台极大地推动了斫琴师职业的发展。

十、相关内容链接

国家职业标准：暂缺。

相关政策文件：见表 4-08-08-25-3。

表 4-08-08-25-3　斫琴师相关政策文件

发布或通过时间	发布或通过机构	文件名称
2012 年 6 月	文化部	《关于鼓励和引导民间资本进入文化领域的实施意见》
2022 年 6 月	文化和旅游部等 10 部门	《关于推动传统工艺高质量传承发展的通知》

供稿：中国乐器协会　田泉

钟表设计师

职业编码：4-08-08-27

中华民族在计时上一度领先于世界，例如，东汉的张衡发明了漏水转浑天仪，唐代的张遂和梁令瓒制成了具备钟表擒纵器要素的水运浑象，宋代的苏颂和韩公濂也制造出在世界钟表技术史上占有重要地位的水运仪象台。

钟表是人们在生活与工作中的计时必需品。如今，我国的钟表业不仅能够提供款式多样的产品，而且能够生产陀飞轮、万年历、三问等具有各种复杂功能的产品，为丰富人们生活和提升生活品质不断做出新的贡献。其中，钟表设计师一直扮演着重要角色。不夸张地说，钟表设计师现在已经成为传承品牌文化、引领消费潮流、满足消费者美好生活要求的不可或缺的一员。

一、钟表设计师的一天

记录时间：2023 年 6 月 8 日　　**记录人：马某皓**

上午工作情况

8 点：

1. 与负责不同渠道的市场部门讨论新产品开发计划，进行计划评审。（设计准备）

2. 进行市场客户研究，制定产品前期策划预案。（市场研究）

3. 确定设计新产品的销售渠道、人群定位、价格定位、上市时间等具体目标。（设计定位）

10点：

1. 开始钟表设计阶段。针对新产品的具体设计要求进行基本要素定型。（要素确定）

2. 进行概念草图手绘、二维计算机彩图绘制工作。（设计初稿）

3. 进行三维渲染绘制输出，多角度进行钟表外观展示，进行设计完善。（设计完善）

4. 设计彩图通过项目组评审后，进行彩图结构工艺分析。（工艺评审）

5. 由钟表结构设计师进行结构图绘制。（结构绘图）

下午工作情况

14点：

1. 与相关钟表配件厂进行实际加工的工艺探讨、可行性分析。（加工验证）

2. 对已制作完成的配件（钟表的外壳、表盘、表针、后盖等外观件）进行实物效果确认。（配件确认）

3. 对已组装完成的成表样品进行效果确认。（样品确认）

4. 对样品各项功能进行检测。（样品检测）

16点：

1. 汇报新产品工作的进展与成果，通过评审后进入钟表量产阶段。（最终评审）

2. 与项目策划组进行新产品宣传交流，并确认钟表配套产品（包装盒、礼品等）效果。（产品配套）

3. 进行外观专利申请工作。（外观专利）

4. 对市场培训专员进行新产品上市前的培训。（产品培训）

5. 确认产品量产的外观效果。（外观确认）

6. 跟踪已上市产品市场效果，收集消费者反馈，进行设计总结。（产品总结）

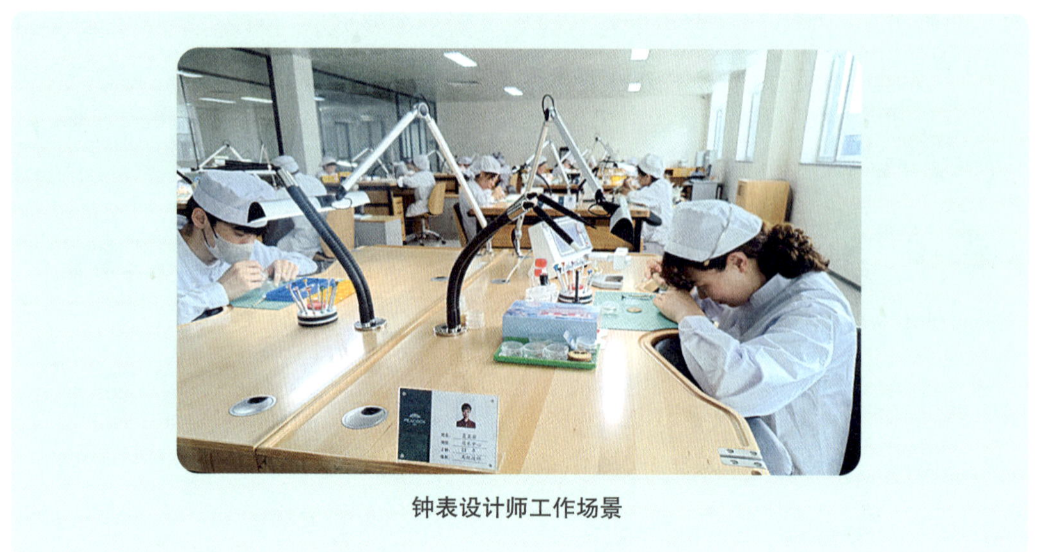

钟表设计师工作场景

二、什么是钟表设计师

职业定义。钟表设计师是指从事钟表外观、功能、材质等创意设计的人员。

定义解读。钟表是一种计量和指示时间的精密仪器。钟表由发条、齿轮和擒纵系统等组成。这里所说的钟表设计主要指钟表的外观设计，即将钟表产品的国内外流行趋势、文化内涵、时尚元素、消费者偏好等因素与钟表的实用功能融为一体，以独特的形式完美地呈现在钟表外观的设计上。所以，对钟表设计师而言，丰富的想象力、卓越的创新能力和敏锐的前瞻性必不可少。

关联职业。密切关联的职业有美术专业人员、视觉传达设计人员和数字媒体艺术专业人员等。美术专业人员是指从事造型艺术创作人员；视觉传达设计人员是指在书籍、印刷、形象识别、环境视觉等领域运用可视艺术形式，从事设计的专业人员；数字媒体艺术专业人员是指在广播、电视、网络、电影、会展、娱乐等领域，从事艺术、媒体、游戏、动画、图形与图像、界面、交互设计的专业人员。从事上述职业的人员具有一些共同的特点，如具有美术功底，对时尚和潮流比较敏感，具有丰富的想象力和创造力，所以他们具备成为钟表设计师的潜质。

相应岗位。工业设计师、产品设计师、外观设计师等。

三、钟表设计师的主要工作职责

1. 对品牌用户和潜在客户进行实地调研，形成对未来市场需求判断，据此提出并完成对应市场需求的钟表新产品的设计方案。

2. 与市场销售部门进行沟通，根据市场部采集的线下、线上数据，分析出品牌用户群体喜好特征，据此确定新产品的销售渠道、人群定位、价格定位、上市时间等具体目标。

3. 手绘新产品的草图，完成新款造型的初步设计，之后进行二维计算机彩图绘制，以呈现出在色彩、材质、形态等方面近乎真实产品的效果。

4. 协助产品设计后期的相关工作，设计师准确地画出新产品外观件的工程图线框，并辅助结构工程师进行工程线稿的绘制及其他辅助工作。

5. 与相关钟表配件厂进行实际加工的工艺探讨和可行性分析，以便确认设计方案是否可以实现。

6. 对已加工完成的钟表外观件进行实物效果的确认，如未达到设计效果，则需继续修改。

7. 对已组装完成的钟表样品进行整体效果确认，包括配件之间的颜色和效果搭配等，使之达到最接近量产的效果。

8. 对钟表样品各项功能进行检测，包括走时、防水、舒适度、人机工程学等。

9. 负责预上市样品配件以及大货的外观确认及跟进工作，以避免供应商在样品确认与量产过程中出现问题。

10. 参与新产品的宣传策划，设计师是新产品的设计者和创造者，需要把每一个新产品的亮点准确传达给策划部门人员，以助力宣传推广新产品。

11. 对接市场部门的营业员培训工作，通过简短的语言表达新产品的亮点，促成产品销售。

12. 跟踪已上市产品市场效果，收集消费者反馈，定期进行分析，为以后新产品开发提供借鉴。

13. 跟踪产品开发全流程。

14. 负责品牌产品系列体系的前期策划构建。

四、钟表设计师的薪酬福利待遇

平均薪酬水平。钟表设计师的薪酬水平高低与其设计的具体产品及所在地域有关。据 2021 年对我国钟表行业内企业的不完全统计，钟表设计师的月薪一般为 7000 元到 13000 元。

与类似职业对比。类似职业薪酬水平见表 4-08-08-27-1。

表 4-08-08-27-1　类似职业薪酬水平

职业名称	薪酬水平（元 / 月）
钟表设计师	7000~13000
照明设计师	10000~11000
家居设计师	10000~11000
珠宝设计师	9000~10000
家具设计师	9000~10000

五、从事钟表设计师工作需要哪些本领

该职业从业人员需了解和掌握工业设计知识、钟表知识、市场营销知识等基础知识，并且能够将艺术与商业紧密结合。想象力、前瞻性和创新能力，是成为一个成功设计师的核心要素。

钟表设计师需具备的知识和技能见表 4-08-08-27-2。

表 4-08-08-27-2　钟表设计师需具备的知识和技能

职业功能	工作内容	知识和技能要求
设计要素构思	市场需求要素构思	掌握钟表设计、艺术设计、市场营销等知识，能分析、判断消费者对钟表品牌、功能的偏好，能觉察设计方向
	品牌基因要素构思	了解品牌的市场战略和定位，了解品牌的优势品种并使之扩展和延伸

续表

职业功能	工作内容	知识和技能要求
设计要素构思	功能和结构要素构思	掌握机械钟表、石英钟表和智能钟表的基本功能与结构原理
	工艺构思	了解钟表外观件相关加工工艺，了解非遗传统工艺在钟表方面的应用
	材料构思	了解不锈钢材料、贵金属材料和非金属材料在钟表上的应用
创意表现	承担设计方案	能承担机械、石英钟表外观设计方案，能够参与审核设计方案
	手工绘制设计图	能使用多种技法绘制概念草图，能绘制钟表外观三维图
	计算机绘制设计图	能使用相关软件绘制钟表外观的二维、三维图，能指导制作相关视频
工艺验证	验证图纸工艺	能对设计图进行工艺验证，能在验证后对数据进行修改调整
	验证样品工艺	能对样品和样品零部件进行工艺验证，能在验证后对数据进行修改调整
管理	定稿	能使设计定稿

六、钟表设计师的专业教育现状

（一）相关专业

目前已有较多的院校开设了与该职业相关的专业，涉及普通本科院校、职业院校等。普通本科院校专业有工业设计、工艺美术、艺术与科技、绘画等。职业院校专业有艺术设计、产品艺术设计、公共艺术设计、工艺美术品设计、计算机平面设计等。

（二）开设相关专业的院校（排名不分先后）

★ 相关院校：清华大学、浙江大学、北京理工大学、哈尔滨工业大学、同济大学、天津大学、华南理工大学、北京工业大学、湖南大学、江南大学等。

◆ 相关院校：湖南工艺美术职业学院、河南职业技术学院、武汉职业技术学院、重庆电子科技职业大学、山东理工职业学院、大同市第一高级职业中学校、四川省工业贸易学校、中山市中等专业学校、武汉市第二职业教育中心学校、江苏省昆山第一中等专业学校等。

七、钟表设计师的就业创业信息

该职业从业人员主要分布在广东、上海、浙江、福建、山东、天津、辽宁等地。其中，深圳、福州、漳州、临安是钟表产业集群所在地，在相关企业和从业人数的分布方面都相对集中。

吸纳钟表设计师就业较多的用人单位如下。

1. 钟表生产企业：飞亚达精密科技股份有限公司、珠海罗西尼表业有限公司、天津海鸥表业集团有限公司、上海表业有限公司、西安轻工业钟表研究所有限公司、烟台北极星钟表（集团）有限公司等。

2. 相关设计机构：浪尖设计集团有限公司、深圳市佳简几何工业设计有限公司、深圳市玺佳创新有限公司、东道品牌创意集团有限公司、深圳市朗图设计有限公司等。

注：以上信息仅供参考，不代表编写出版方对其推荐或认可。

八、钟表设计师的职业贯通发展

该职业的发展路径主要有四条。管理路线，即从普通员工晋升到主管，再晋升到经理，甚至向更高的领导职务发展。专家路线，即依托所从事的钟表设计工作不断提高技能水平，成为所在领域的专家。复合人才路线，即依托所从事的钟表设计背景，向其他行业跨越或职业转型，如转型为美术专业人员、视觉传达设计人员等。创业路线，即基于个人兴趣爱好，尝试创新创业。钟表设计师职业贯通发展如图 4-08-08-27-1 所示。

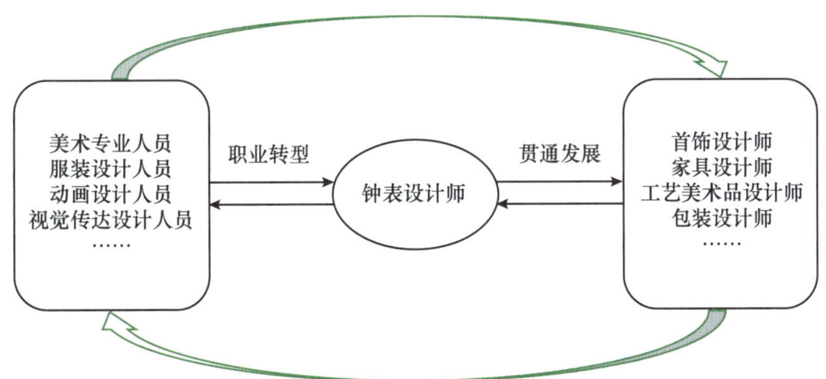

图 4-08-08-27-1　钟表设计师职业贯通发展

九、钟表设计师的发展前景

从市场供需看。虽然我国是钟表生产大国，但与瑞士、日本相比，仍处于钟表产业价值链的低端，主要差距在于产品的外观设计和机芯的精细加工方面，造成差距的原因之一是缺乏相应的高素质人才。以广东深圳的钟表企业为例，有的年销售额超亿元人民币，但企业的钟表设计师仅 2~3 人，虽然求贤若渴，但张榜招贤多年也难以寻觅到合格的设计人才，一定程度上影响了企业的设计人才梯队建设和可持续发展。目前国家、地方和企业都非常重视并正在努力解决钟表设计人才供需问题，尤其是高端人才的供需问题。

从产业发展看。经过几十年的不懈努力，中国钟表行业已经形成专业化、具有大规模生产能力和完整产业链的精密制造工业体系。目前，我国已成为钟表生产大国，也是世界日用钟表的主要供应国。

钟表生产是构成人们美好生活的重要组成部分，同时还是精密制造业的代表，是高科技领域精密加工的重要支撑。近年来，我国在高科技领域持续突破、国产化能力不断提升，钟表工业的贡献有目共睹。后续随着人们生活水平的持续提高，通信、交通、航天等重要领域快速发展，有望拉动对钟表产品及其精密加工能力的需求，推动行业可持续发展。

从政策红利看。为顺应国家经济科技发展的大势，近些年地方政府纷纷出台吸引人才的激励措施，具体包括项目扶持资金、税收优惠、购房补贴等，努力营造汇聚人才、扶持人才、培育人才、成就人才的积极氛围。

十、相关内容链接

国家职业标准： 暂缺。

相关政策文件： 见表 4-08-08-27-3。

表 4-08-08-27-3 钟表设计师相关政策文件

发布或通过时间	发布或通过机构	文件名称
2013 年 10 月	全国人大常委会	《中华人民共和国消费者权益保护法（2013 修正）》

供稿人：中国钟表协会 任建平

建筑节能减排咨询师

职业编码：4-09-07-06

随着全球气候变暖，人们越来越清楚地认识到，建筑使用的能源所产生的二氧化碳是造成气候变暖的主要原因之一。在我国建筑领域节能减排已成为实现“双碳”目标的最大难点和关键所在。建筑节能减排咨询师作为建筑减排、城市减负的“指挥家”，其工作内容主要分为两个方面：一是在建筑物的规划、设计、新建（改建、扩建）、改造和使用过程中，指导建筑企业执行节能标准，采用节能型的技术、工艺、设备、材料和产品，提高保温隔热性能和采暖供热、空调制冷制热系统效率；二是加强建筑物用能系统的运行管理，利用可再生能源，在保证室内热环境质量的前提下，增大室内外能量交换热阻，以减少供热系统、空调制冷制热、照明、热水供应等因大量热消耗而产生的能耗。

一、建筑节能减排咨询师的一天

记录时间：2023 年 8 月 28 日　　　　记录人：黄某

上午工作情况

8 点：

1. 与项目测评委托方对接，领取建筑能效和碳排放测评任务书，识别测评需求，制定能效和碳排放测评工作方案。（测评方案制定）

2. 回到单位后，核查建筑能效和碳排放数据，计算节能减排潜力，评估建筑节能减排措施的经济合理性。（节能减排潜力评估）

3. 使用仿真软件收集建筑围护结构、设备和系统的能效设计理论值与实

测值，并对相关数据进行核算、核查。（测评数据收集）

4. 编制建筑能效和碳排放设计理论值测评报告、运行实测值测评报告及主要测评结论。（测评报告编制）

11 点：

1. 来到运维项目公司，与业主沟通运维节能减排目标，并根据运维节能减排目标制定运维节能减排方案。（运维方案制定）

2. 来到项目现场，利用建筑运行信息化管理平台检查日常运维计划执行情况，收集、整理建筑运维数据。（运维数据收集）

3. 回到单位后，分析判断建筑运维效果是否达到节能减排目标，识别偏差及原因，编制运维效果评价报告。（运维效果评价）

下午工作情况

14 点：

1. 来到故障设备间，识别建筑设备故障的原因，编制调试方案。（编制调试方案）

2. 组织工人完成建筑设备和系统修复，收集建筑设备和系统调试数据，并进行汇总、统计。（完成调试）

3. 组织开展建筑设备和系统调试项目验收工作，对调试项目进行经济效益评价，编制调试咨询报告。（调试验收）

16 点：

1. 来到待改造项目现场，使用现场查勘仪器设备进行数据收集。（改造项目查勘）

2. 回到单位后，根据建筑节能减

建筑节能减排咨询师工作场景一

排改造需求，编制建筑节能减排改造方案。（编制改造方案）

3.来到改造项目现场，组织工人进行建筑节能减排改造施工，统计、分析改造前后的建筑能效数据与碳排放数据。（改造实施）

4.组织建筑节能减排改造验收，评价节能减排改造经济效益，编制改造报告。（改造项目验收）

二、什么是建筑节能减排咨询师

职业定义。建筑节能减排咨询师是指应用节能减排技术，从事建筑及其环境、附属设备测评、调试、改造、运维等工作的咨询服务人员。

定义解读。建筑节能减排是一项全局性、综合性、战略性的工作，涉及规划设计、建设施工等多个环节，甚至延伸到整个建筑的全周期。

该职业非常重要，需要在建筑设计阶段，通过合理的建筑布局，选择节能性能优良的建筑材料，对建筑外墙和屋顶进行保温隔热处理，以降低建筑物的能耗，采用先进的节能设备和技术，如光伏发电系统、地源热泵系统等，提高建筑能源利用效率；在施工过程中制定方案，减少对环境的影响，保护生态环境，并通过物联网、大数据等技术手段，实现建筑物的智能监控和优化管理，提高能源利用效率。

关联职业。密切关联的职业有建筑工程技术人员。建筑工程技术人员是指从事城乡规划设计，建筑物、构筑物、公园、道路、桥梁、港口与航道、铁路、机场等建筑项目设计、建造及管理的工程技术人员。建筑节能减排咨询师为建筑工程技术人员提供整体的节能减排方案，建筑工程技术人员勾勒出美丽家园的蓝图。在建筑工程技术人员将蓝图变为现实的过程中，建筑节能减排咨询师再次利用专业优势，指导节能减排方案的实施和落地。

相应岗位。在企事业单位和相关部门从事建筑电气工程及建筑智能化系统的工程设计、施工、安装调试、产品研发、运行管理等工作，从事楼宇节能化工程设计、开发和实施的工作，到高校或者科研单位从事产品研发等工作。

三、建筑节能减排咨询师的主要工作职责

1. 受建筑业主、投资主体委托或指派，收集项目建筑使用功能、能源资源需求、环境质量需求等工程资料。

2. 运用建筑能源与环境仿真模拟软件和检测设备，测评传统建筑、新能源和可再生能源建筑设计方案实施的能效和排放（含碳排放）情况，编写测评报告。

3. 编制建筑节能减排优化运行方案，验证方案效果，并提出调整改进意见。

4. 检查、测试、验证建筑竣工验收和运行阶段的设备系统运行效果，测评建筑能效，出具测评报告，提出建筑与系统调试改进方案。

5. 为建筑设计、施工、运营、质检、设备生产与制造等单位提供建筑节能减排等咨询服务。

6. 采集、整理、分析项目资料和效果，调整相关软件和模型，优化建筑及其系统和设备运行管理方式。

建筑节能减排咨询师工作场景二

四、建筑节能减排咨询师的薪酬福利待遇

平均薪酬水平。从区域看，经济发展较快的区域，如长三角、粤港澳大湾区、京津冀等地区建筑节能减排咨询师薪酬为 12000~16000 元 / 月（部分有年终奖或项目提成），明显高于其他地区（如西安为 5000~9000 元 / 月、贵阳为

5000~7000 元 / 月)。

与类似职业对比。2023 年 9 月某招聘平台公示数据显示，该职业的薪酬一般低于注册建造师的薪酬，与建筑师的薪酬基本持平，高于测绘工程师的薪酬。类似职业薪酬水平见表 4-09-07-06-1。

表 4-09-07-06-1　类似职业薪酬水平

职业名称	薪酬水平（元 / 月）
建筑节能减排咨询师	5000~16000
注册建造师	9000~20000
建筑师	6000~16000
测绘工程师	5000~10000

五、从事建筑节能减排咨询师工作需要哪些本领

该职业从业人员需具备建筑力学、工程热力学、传热学、流体力学、建筑环境学、建筑环境与能源学、热质交换理论与设备、流体输配管网、建筑环境测试技术、热泵技术、建筑设备等方面的知识和技能。

建筑节能减排咨询师需具备的知识和技能见表 4-09-07-06-2。

表 4-09-07-06-2　建筑节能减排咨询师需具备的知识和技能

职业功能	工作内容	知识和技能要求
建筑能效和排放测评	测评方案制定	能与委托方对接，识别测评需求，能对照相应标准和规范确定测评范围和重点，能制定建筑设备和系统的能效和碳排放测评工作方案
	节能减排潜力评估	能核查建筑能效和碳排放数据，评估建筑设备和系统的用能方案和技术方案，能选择测评建筑的节能减排措施，计算节能减排潜力，能评估建筑节能减排措施的经济合理性

续表

职业功能	工作内容	知识和技能要求
建筑能效和排放测评	测评报告编制	能制定建筑能效和碳排放设计理论值测评报告，制定建筑能效和碳排放运行实测值测评报告，制定建筑能效和碳排放主要测评结论
	质量管理和归档	能制订咨询项目质量控制计划，制定咨询项目归档流程和管理制度
建筑运行和维护	运维目标管理	能分解建筑运维节能减排目标，根据目标制定建筑设备和系统运维管理方案
	运维节能减排方案制定	能识别建筑运维节能减排策略存在的问题，能制定重点用能设备的节能减排运行策略，编制建筑运维节能减排方案
	运维效果评价	能分析判断建筑运维效果是否达到行业标准要求及节能减排目标，进行运维效果多指标综合评价，能识别建筑运维节能减排偏差及原因，编制建筑运维节能减排效果评价报告
建筑设备和系统调试	调试方案编制	能识别建筑设备和系统调试主要任务与难点，能编制建筑施工、验收、运维阶段调试方案，应用仿真软件开展建筑设备和系统运行模拟与性能分析
	调试效果评价	能组织开展建筑设备和系统调试项目验收工作，对建筑设备和系统节能减排调试项目进行经济效益评价，能指导调试后建筑设备和系统的试运行，编制建筑设备和系统运行手册，能编制建筑设备和系统调试咨询报告
建筑节能减排改造	改造方案编制	能制订建筑节能减排改造前期调研计划，进行建筑设备和系统节能减排诊断，能识别建筑节能减排改造需求，编制建筑节能减排改造方案
	改造方案实施	能解决建筑节能减排改造项目的技术问题，对建筑节能减排改造项目进行全过程管理和指导
	改造效果评价	能组织建筑节能减排改造验收，评价节能减排改造经济效益，编制建筑节能减排改造报告

六、建筑节能减排咨询师的专业教育现状

（一）相关专业

目前仅有部分院校开设了与建筑节能减排咨询师相关的专业，数量不多，涉及普通本科院校、职业院校等。相关专业有建筑学、土木工程、建筑环境与能源工程、建筑智能化工程技术、材料科学与工程等。

（二）开设相关专业的院校（排名不分先后）

★ 相关院校：同济大学、哈尔滨工业大学、清华大学、东南大学、大连理工大学、天津大学、重庆大学、北京工业大学、湖南大学、西南交通大学等。

◆ 相关院校：安徽职业技术学院、山东城市建设职业学院、江西电力职业技术学院、广东环境保护工程职业学院、巴音郭楞职业技术学院、湖南理工职业技术学院、江苏城乡建设职业学院等。

七、建筑节能减排咨询师的就业创业信息

目前我国建筑节能减排行业企业主要集中于经济较发达的地区，包括长三角地区、珠三角地区、京津冀地区以及成渝地区等，未来我国新城建设以及旧城更新仍将主要围绕这几个重点区域，未来我国建筑节能减排咨询师供给也将围绕以上几个重点区域发展。

吸纳建筑节能减排咨询师就业较多的用人单位如下。

1. 工程类公司：万科企业股份有限公司、深圳市科工建设有限公司、长沙远大住宅工业集团股份有限公司、长江精工钢结构（集团）股份有限公司等。

2. 各地政府、事业单位：上海市能效中心（上海市产业绿色发展促进中心）、汕头市节能中心（汕头市救灾物资储备中心）等。

3. 科研机构：同济大学建筑设计研究院（集团）有限公司、中国建筑科学研究院有限公司、中国建筑设计研究院有限公司、中国建筑科学研究院有限公司、浙江大学建筑设计研究院有限公司等。

4. 环保材料类公司：嘉寓控股股份公司、启迪设计集团股份有限公司等。

注：以上机构信息仅供参考，不代表编写出版方对其推荐或认可。

八、建筑节能减排咨询师的职业贯通发展

该职业的发展路径主要有四条。管理路线，即从员工晋升到组（所）长/单位中层，再晋升到经理/单位领导层，甚至向更高的领导职务发展。专家路线，即不断提高技能水平，成为建筑节能减排领域专家。复合人才路线，即以建筑节能减排工程所积累的技术能力为依托，向城乡规划行业相关岗位进行转换，如通过学习转型为建筑工程技术人员、环境保护工程技术人员、光源与照明工程技术人员、设备工程技术人员等。创业路线，即基于个人综合能力进行创新创业，成立建筑节能减排（咨询）公司、系统设计公司等。建筑节能减排咨询师职业贯通发展如图 4-09-07-06-1 所示。

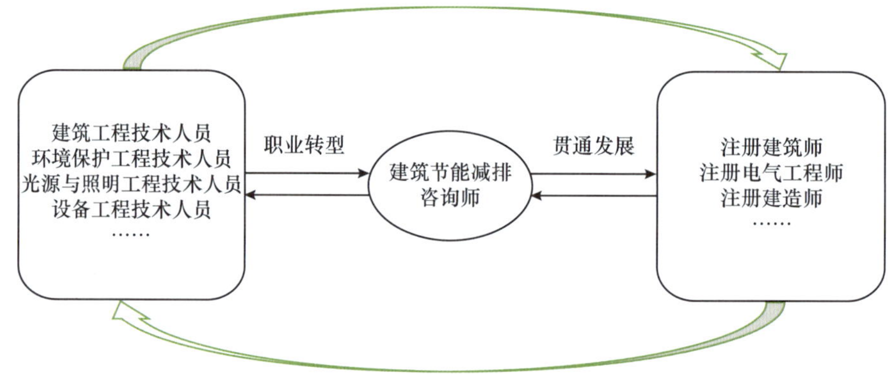

图 4-09-07-06-1　建筑节能减排咨询师职业贯通发展

九、建筑节能减排咨询师的发展前景

从市场供需看。2022 年 10 月，国家市场监督管理总局等联合发布《建立健全碳达峰碳中和标准计量体系实施方案》，提出到 2025 年，碳达峰碳中和标准计量体系基本建立；到 2030 年，碳达峰碳中和标准计量体系更加健全；到 2060 年，引领国际的碳中和标准计量体系全面建成，服务经济社会发展全面绿色转型。在国家各类政策的推动下，未来十年将是建筑节能减排工作的机遇期，建筑节能减排咨询师成为绿色低碳经济发展大背景下不可或缺的重要人才。

从产业发展看。根据中国节能协会节能服务产业委员会的预测，在“双碳”

战略的引领下，节能服务产业在“十四五”时期有望以年均 10%~15% 的速度中高速增长。到 2025 年年底，节能服务产业总产值预计达到 1 万亿元。受我国政策推动，建筑企业节能减排意识不断提升，未来我国建筑节能市场规模将不断扩大，若以 10% 的增速预测，到 2028 年，我国建筑节能市场规模有望超过 6000 亿元，建筑节能减排咨询师未来发展机会及空间巨大。

从政策红利看。住房城乡建设部发布的《“十四五”建筑节能与绿色建筑发展规划》明确提出到 2025 年，城镇新建建筑全面执行绿色建筑标准。目前，全国各地都在部署绿色建筑的发展规划，尤其在新建建筑和政府投资的建设项目中更加强调绿色建筑的占比。为了提高建设绿色建筑的积极性，各地出台了一系列绿色建筑激励政策，包括财政补贴、优先评奖、信贷金融支持、减免城市配套费用等。

十、相关内容链接

国家职业标准：扫码即可查看☞。

相关政策文件：见表 4-09-07-06-3。

表 4-09-07-06-3　建筑节能减排咨询师相关政策文件

发布或通过时间	发布或通过机构	文件名称
2022 年 3 月	住房城乡建设部	《“十四五”建筑节能与绿色建筑发展规划》

供稿：咸宁职业技术学院　庞俊勇

汽车代驾员

职业编码：4-10-08-02

有这样一个群体，他们不惧严寒酷暑，日夜奔波于大街小巷，在宾馆、酒店的汽车停车场所时常有他们的身影，他们是专门从事临时驾驶汽车、提供车辆及人员送达等服务的人员。当客户酒酣在车，是他们陪伴客户平安走过一段回家路程，守护着客户的生命财产安全；当客户无暇而又需要有人代自己驾驶车辆、处理车辆事务时，是他们凭借娴熟的驾驶和服务技能助客户安全、快捷实现愿望；当汽车流通企业需要车辆的调配转场时，是他们用专业服务承担着客户车辆的接送工作。就是这样一个普通的群体，为减少酒驾等交通违法行为、满足人们生活需求、衔接汽车流通环节而默默付出。

一、汽车代驾员的一天

记录时间：2023 年 5 月 18 日 **记录人：李某斌**

上午工作情况

9 点 40 分：

检查代步用车，穿着工装、携带相关证件前往服务区域。（代驾准备）

10 点 10 分：

1. 接 4S 店代驾服务单，接某客户汽车到 4S 店保养。（任务接单）

2. 联系某客户确认接车地点并前往。（确认地点并前往）

10 点 35 分：

1. 到达接车地点，向某客户出示身份证件，核对客户服务信息。（核对

信息）

2. 检查、记录、确认车辆外观及车辆整体运转状况，并与客户签订服务协议。（车辆外观检查）

3. 收纳随身装备，对座椅、方向盘等进行卫生保护处理，并与客户道别。（装备收纳）

10点40分：

1. 启动客户车辆，检查仪表显示，起步检测行车制动，驾车前往4S店。（汽车驾驶）

2. 途中突降暴雨，又遇某段道路施工，导致道路车辆驾驶困难，汽车代驾员采取相应操作进行减速平稳驾驶，继续前往交车地点。（紧急情况处置）

11点05分：

1. 到达4S店，选择车位将车辆安全停放。（汽车送达）

2. 与4S店对接人员检查确认车辆外观。（客户服务）

3. 核查无误后办理车辆交接手续，进行车辆交接。（车辆交接）

4. 办理服务费用结算手续。（结算）

11点10分：

1. 接4S店服务单，为客户驾送以保险结算的维修完成车辆。（任务接单）

2. 检查、记录车辆外观，核对4S店提供的客户车辆维修费用结算单及发票。（车辆外观检查）

3. 根据4S店提供的客户信息，联系客户确定送车地点等事项。（联系客户）

4. 对客户车辆进行卫生保护，与4S店办理车辆交接手续。（交接车辆）

11点50分：

1. 启动客户车辆，检查仪表显示，起步检测行车制动，驾车前往交车地点。（汽车驾驶）

2. 到达地点后，选择车位将车辆安全停放。（汽车送达）

3. 根据车辆检查记录与客户共同检查车辆外观。(客户服务)

4. 与客户进行车辆交接，提示客户服务评价，并礼貌道别。(道别)

下午工作情况

14点15分：

1. 接某二手车市场车辆转库送车任务。(任务接单)

2. 到达二手车市场后，检查、记录所驾送车辆的外观。(车辆外观检查)

3. 核对、收妥二手车市场提供的车辆转移出库票单，并确认进库地点及接车人。(核对单据，确认信息)

4. 对车辆进行卫生保护，驾驶客户车辆前往交接车地点。(代驾准备)

14点25分：

1. 启动客户车辆，检查仪表显示，起步检测行车制动，驾车前往交车地点。(汽车驾驶)

2. 途中遇重大交通事故致使道路拥堵，汽车代驾员采取改变原行车路线绕路行驶措施，继续前往交车地点。(紧急情况处置)

14点50分：

1. 到达地点后，选择车位将车辆安全停放。(汽车送达)

2. 与接车人共同检查车辆外观。(客户服务)

3. 核对、转交二手车市场提供的车辆转移出库票单，并签字确认。(核对单据)

4. 与接车人进行车辆交接，提示客户服务评价，并礼貌道别。(道别)

夜晚工作情况

21点35分：

在某汽车代驾服务平台接单，前往某酒店为饮酒客户提供酒后代驾服务。(任务接单)

21点50分：

1. 到达某酒店，与客户礼貌沟通，核对服务信息。（核对信息）

2. 交接车钥匙，检查、记录客户车辆外观。（车辆外观检查）

3. 收纳随身装备，对座椅、方向盘等进行卫生保护处理。（装备收纳）

4. 引导饮酒客户上车，提醒客户系好安全带。（客户服务）

5. 询问客户是否指定行车路线或按导航路线驾驶。（路线确认）

21点55分：

1. 启动客户车辆，检查仪表显示，起步检测行车制动，驾车前往目的地。（汽车驾驶）

2. 行车过程中客户突感不适，代驾员采取离开主路，将车辆停放安全地带，帮扶客户进行处理等措施。（紧急情况处置）

3. 继续前往目的地，代驾员为饮酒客户提供呕吐袋。（紧急情况处置）

22点35分：

1. 到达目的地后，与客户确认车辆停放位置，并安全驻停。（汽车送达）

2. 车辆停放后，关闭车窗和车辆功能按键、启动驻车制动、熄灭发动机。（安全驻车）

3. 引导客户下车，并对车辆外观进行检查确认，与客户进行车辆交接。（客户服务）

4. 告知客户服务费用金额和发票信息，提示客户服务评价，并礼貌道别。（道别）

二、什么是汽车代驾员

职业定义。汽车代驾员是指为客户临时驾驶非营运机动车，运送乘客及代办其他车务服务的人员。

定义解读。汽车代驾员所从事的是为客户输出劳务性服务的工作，从业人员自身不需配备相应车辆，只是以驾驶和服务技能完成汽车驾驶服务活动。从定义上讲汽车代驾员应客户要求临时驾驶客户汽车，所驾驶的车辆是属于服务对象的，主要任务不仅是接送客户还包括接送客户的车辆，有时可能是单为接送客户车辆及代办客户委托的车务事项。

关联职业。密切关联的职业有客运车辆驾驶员。汽车代驾员与客运车辆驾驶员都有驾驶车辆接送客户的任务。汽车代驾员与客运车辆驾驶员的区别在于：①驾驶的车辆用途、车型不同；②服务对象不同；③服务项目不同；④工作和服务的内容不同；⑤驾驶能力和要求不同；⑥担负的责任和所需的知识不同。

相应岗位。代驾公司专职司机等。

三、汽车代驾员的主要工作职责

1. 做好装备与物资的代驾前准备工作。
2. 任务接单及前往代驾接车地点。
3. 到达代驾现场后核对客户信息。
4. 检查和确认客户的车辆外观。
5. 做好客户上车服务工作和代驾员装备收纳工作。
6. 做好客户车辆启动前的检查工作。
7. 安全驾驶客户车辆。
8. 做好特殊客户的关爱服务工作。
9. 做好客户身体突发情况的应急处置工作。
10. 做好特殊路况和道路交通突发事件的应急处置工作。
11. 到达目的地时安全进库驻车。
12. 将车辆各可调部位复位。
13. 做好车辆外观交车检查确认及客户服务工作。
14. 与客户办理费用结算，告知客户注意事项并与之道别。

汽车代驾员工作职责如图 4-10-08-02-1 所示。

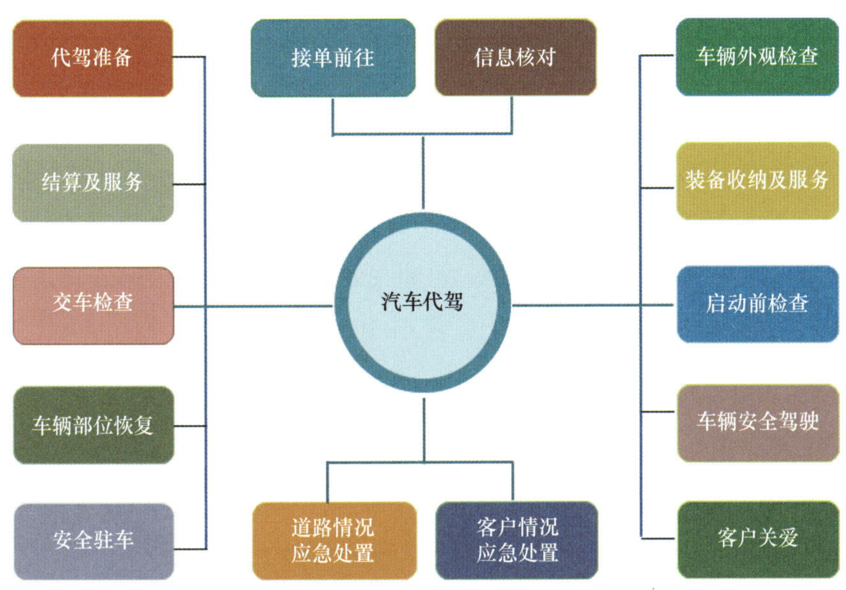

图 4-10-08-02-1　汽车代驾员工作职责

四、汽车代驾员的薪酬福利待遇

平均薪酬水平。汽车代驾员的薪酬水平与地域汽车保有量大小和地区消费水平高低正相关，另外汽车代驾员薪酬大多以计件工资为主，从业人员有专职和兼职两种情况，薪酬所得额跨度较大。中国汽车流通协会不完全统计数据显示，2021 年专职汽车代驾员全国平均月薪约为 8000 元，最高可达到 23000 元，年平均薪酬在 96000 元左右。从区域看，经济发展较快的城市，如北京、深圳、东莞、成都、上海、苏州、重庆、郑州、西安、武汉等，专职汽车代驾员平均月薪为 8500~9800 元。

与类似职业对比。类似职业薪酬水平见表 4-10-08-02-1。

表 4-10-08-02-1　类似职业薪酬水平

职业名称	薪酬水平（元 / 年）
汽车代驾员	96000
汽车制造人员	87000

五、从事汽车代驾员工作需要哪些本领

该职业从业人员需具备的知识和技能主要包括职业概述基础知识、汽车基础知识、代驾服务流程和礼仪知识、汽车代驾标准规范知识、人员救助基本知识、情绪管理知识、相关法律法规知识，还需要具备安全驾驶技能、文明驾驶和环保驾驶技能、特殊道路驾驶技能、道路紧急情况处置技能、客户沟通技能等。

汽车代驾员需具备的知识和技能见表 4-10-08-02-2。

表 4-10-08-02-2　汽车代驾员需具备的知识和技能

职业功能	工作内容	知识和技能要求
代驾准备	辅助工作	能按规定和要求正确穿戴、使用代驾装备，保持装备功能完整和整洁，能估算到达时间，并按时到达指定代驾地点；能将代驾装备放置到位，与客户沟通代驾服务相关信息
	检查外观	能够检查汽车外观及附件、记录确认外观损伤情况，能检查牌照、轮胎等是否符合上路行驶条件
	行驶准备	能够遵照客户指定路线行驶，能进行基础安全提醒；能与客户签订服务协议，能按要求做好个人防护
汽车驾驶操作及送达	汽车操作系统识别	能识别、操作不同汽车的启动按键启动汽车，运用不同挡位驾驶汽车；能识别、操作不同汽车的驻停装置，安全驻车；能识别、操作不同汽车的灯光、空调等开关按键
	汽车运转状态检查	能按正确方法启动汽车；能通过耳闻、目测判别汽车运行状态，通过显示屏信息判别汽车各系统运转状态
	驾驶操作	能根据场景和环境条件正确起步，并能安全检测汽车制动性能；能够辨识危险源；能够掌握行车、会车、超车及使用灯光系统的要点并正确、安全驾驶汽车，文明礼让行车；能够正确停放汽车
紧急情况处置	道路交通事件处理	能正确处置汽车、道路突发情况，协助处理一般道路交通事故
	车载人员事件处置	能按规定要求处置突发病情人员，能正确处置客户争议；能正确防范违法犯罪活动，保护自身及乘客安全

续表

职业功能	工作内容	知识和技能要求
客户关系维护	代办服务	能按客户指定地点独立完成接、送车服务，能提供商务、旅游等出行活动的专业性代驾
	服务结算与信息处理	能办理客户服务费用结算，反馈代驾服务过程问题和相关信息；能解答客户提出的服务问题，提醒客户给出服务评价

六、汽车代驾员的专业教育现状

（一）相关专业

目前已有较多的院校开设了与该职业相关的专业，涉及普通本科院校、职业院校等。普通本科院校专业有汽车服务工程、汽车维修工程教育、新能源汽车工程等。职业院校专业有汽车工程技术、智能网联汽车工程技术、汽车造型与改装技术、汽车检测与维修技术、汽车制造与试验技术、汽车智能技术、新能源汽车检测与维修技术、汽车运用与维修等。

（二）开设相关专业的院校（排名不分先后）

★ 相关院校：北京交通大学、西安交通大学、上海交通大学、内蒙古大学、大连海事大学、西南交通大学、长安大学、兰州交通大学、重庆交通大学、西北工业大学等。

◆ 相关院校：上海交通职业技术学院、长春汽车职业技术大学、重庆工业职业技术学院、湖南汽车工程职业大学、北京工业职业技术学院、无锡职业技术学院、山东科技职业学院、浙江工业职业技术学院、大连职业技术学院、陕西交通职业技术学院等。

七、汽车代驾员的就业创业信息

该职业从业人员遍布全国各地。据公安部统计，截至 2023 年 9 月底，全国机动车保有量达 4.3 亿辆，其中汽车 3.3 亿辆，新能源汽车 1821 万辆；机动车驾驶人 5.2 亿人，其中汽车驾驶人 4.8 亿人。全国有 90 个城市的汽车保有量超过 100 万辆。其中，43 个城市汽车保有量超过 200 万辆，25 个城市超过 300 万辆。成都、北京、重庆汽车保有量超过 600 万辆，上海、苏州汽车保有量超过 500 万辆，郑州、西安、武汉、天津、东莞、深圳、杭州汽车保有量超过 400 万辆。

吸纳汽车代驾员就业较多的用人单位如下。

1. 汽车代驾服务平台：北京亿心宜行汽车技术开发服务有限公司、滴滴出行科技有限公司、深圳市腾讯从新出行有限合伙企业、北京利通出行科技有限公司、四川小咖科技有限公司等。

2. 汽车代驾服务公司：北京无限印象网络科技有限公司、河北马上代驾服务有限公司、华夏老兵出行吉林集团有限公司济宁公司、兰州老兵汽车代驾服务有限公司、苏州小蜜蜂汽车服务有限公司、武汉斑马出行科技有限公司、长沙市辉跃汽车代驾服务有限公司、长春市盛弘安汽车服务有限公司、老兵汽车代驾服务（辽宁）集团有限公司大连分公司、齐齐哈尔小勺代驾服务有限公司、漳州台商投资区董师傅代驾服务有限公司等。

注：以上机构信息仅供参考，不代表编写出版方对其推荐或认可。

八、汽车代驾员的职业贯通发展

该职业发展路径主要有四条。管理路线，即从员工晋升到主管 / 单位中层，再晋升到经理 / 单位领导层，甚至往更高的领导职务发展。专家路线，即不断深化技能水平，成为汽车代驾管理领域专家。复合人才路线，即向其他行业跨越或职业转换，如通过学习相关知识和技能转型为汽车救援员、汽车运用工程技术人员、汽车维修工、汽车改装工程技术人员、二手车鉴定评估师等。创业路线，即基于个人兴趣爱好进行创新创业。汽车代驾员职业贯通发展如图 4-10-08-02-2 所示。

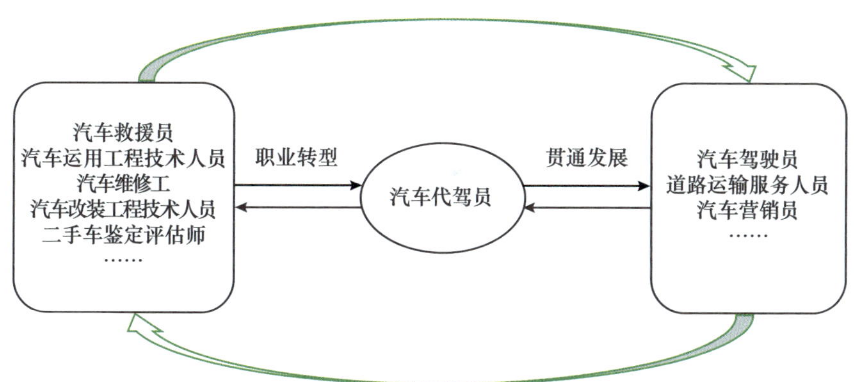

图 4-10-08-02-2 汽车代驾员职业贯通发展

九、汽车代驾员的发展前景

从市场供需看。代驾属于我国新兴行业，并且随着时代发展和进步，代驾行业也在不断改变和完善。2022 年我国汽车代驾司机数量为 77 万人，订单数量为 2.5 亿笔。长期来看，随着社会经济的发展，私家车规模的迅速扩大催生了人们对代驾服务的需求。加之近年来我国针对酒后驾驶出台了相关法律规定，促进了以酒后代驾为主的代驾行业的发展。预计未来代驾市场将进一步扩容，汽车代驾员数量将持续增加。

从产业发展看。有汽车使用的城镇地区就存在着汽车代驾服务这一需求，汽车代驾服务的实现离不开汽车代驾员这一职业的支撑。随着我国汽车工业的发展和汽车生活的普及，汽车代驾量会随汽车保有量增加而不断增长。我国汽车代驾市场与韩国、日本及欧美国家比较，市场存在较大的开发空间。汽车代驾服务业态不再仅局限于酒后代驾、企业经营需求等，我国的汽车代驾服务使用场景随着人们对代驾服务的认同越来越广泛。

从政策红利看。随着人力资源社会保障部发布汽车代驾员新职业，各省市根据职业培训补贴政策相应给出一系列政策红利。

十、相关内容链接

国家职业标准：暂缺。

相关政策文件： 见表 4-10-08-02-3。

表 4-10-08-02-3　汽车代驾员相关政策文件

发布或通过时间	发布或通过机构	文件名称
2022 年 2 月	国家发展改革委等 14 部门	《关于促进服务业领域困难行业恢复发展的若干政策》

供稿：中国汽车流通协会汽车俱乐部分会　于亚辉

电力交易员

职业编码：4-11-01-02

自 19 世纪 70 年代，人类开始应用电能以来，就再也离不开它了，电在给人们带来光明的同时，也为工业发展提供了强劲的动力。电力的发展和应用，开启了人类社会第二次工业革命，极大地推动了生产力的发展，改变了人类社会的生产和生活方式。自此，人类社会逐步进入电气化时代，开始走上了科技发展的快车道。

随着电力市场化改革的深入推进，我国的电力市场从无到有，与我们生产、生活息息相关的电力也可以作为一种商品，在电力交易平台进行交易了。电力市场化交易有效推动了电力产业的改革和发展，打破了电力生产和销售环节的垄断，引入了市场竞争，有助于提高电力资源的优化配置；同时，也为广大电力消费者提供了更多的选择机会和优质的服务。在此背景下，一个新的职业也应运而生，出现在大家面前，它就是电力交易员。通俗地说，电力交易员就是在电力市场中进行电力交易的专业人员，他们负责在电力市场中买卖电力商品，被形象地称为电力市场交易中的“电小二”。伴随着电力市场交易的不断扩大，电力交易员的需求也越来越大。

一、电力交易员的一天

记录时间：2023 年 8 月 22 日 **记录人：电小二**

上午工作情况

9 点：

1. 根据前一日制定的中长期交易方案，参加中长期交易。（参加交易）

2. 更新机组统计表。(更新统计表)

3. 收集机组临修、降出力、煤耗、煤价、调频K值、缺陷信息、检修计划等报价相关信息。(收集报价信息)

4. 收集整理前一日、实时出清数据和日结算单，分析负荷率、利润、各项损失等。(整理交易信息)

10点：

1. 根据电力交易中心发布的市场负荷预测相关信息，预测市场价格、开停机需求等。(预测市场情况)

2. 召集公司调度中心、营销部、燃料部、财务部、安全生产部等相关人员对前一日现货交易情况进行复盘。根据运行日负荷预测、价格预测结合机组的发电成本等，会商运行日机组启停方式、调频申报以及报价方案，同时做好会议记录。(交易复盘)

11点：

1. 根据会商方案，拟定运行日报价方案，报部门领导和公司领导审核。(拟定报价方案)

2. 根据审批的报价方案进行日前现货申报。(交易申报)

3. 交易过程中执行操作监护制度。一人操作完毕后，另外一人专门检查核对。(执行报价程序)

12点：

1. 整理中长期交易台账。(整理台账)

2. 制定中长期连续撮合交易方案。(拟定交易方案)

3. 连续撮合交易方案进行上报审批。(方案报批)

下午工作情况

14点：

1. 组织交易员按照分工进行D+2和D+3的连续撮合交易。(参加交易)

2. 形成负荷率统计表、交易结果分析表、毛利表等日报辅助表格。（整理数据）

3. 汇总各现货表格数据，形成现货日报。（生成日报）

16 点：

1. 现货日报复核，检查无误后发送至公司相关领导。（日报复核上报）

2. 根据需求，制定第二日上午中长期交易方案。（拟定交易方案）

18 点：

1. 现货交易日前出清后，及时跟踪发布的市场出清价格等数据。（交易跟踪）

2. 初步统计、整理、分析日前出清曲线、电量、负荷率、调频中标结果等数据。（数据统计分析）

3. 根据数据汇总结果，分析次日现货出清情况，进行复盘分析。（交易复盘）

4. 将复盘分析情况向相关负责人进行汇报，并提出工作建议。（交易结果上报）

5. 根据分析结果对未来的现货、中长期交易方案进行调整。（调整交易方案）

电力交易员工作场景一

二、什么是电力交易员

职业定义。电力交易员是指从事电力市场交易、运营、分析和平台运维等服务的人员。

定义解读。电力交易员是指在电力市场成员单位中从事电力市场（现货市场、中长期市场、辅助服务市场等）相关业务，包括市场注册、交易报价、市场结算、风险管理、信用管理等工作的专业技术人员。

关联职业。密切关联的职业有供电服务员、综合能源服务员、电气值班员等。供电服务员是指从事客户业务受理、用电监督指导，电力高度运行监控、用电量计量、农网运维等工作的人员。综合能源服务员是指从事客户用能情况诊断、综合能源方案策划，并组织实施和运维管理的人员。电气值班员是指操作发电厂的发电机组、厂用电系统、升压站的设备，巡视、监控其运行工况的人员。

相应岗位。发电侧交易员、用电侧交易员。

电力交易员工作场景二

三、电力交易员的主要工作职责

1. 负责现货市场、中长期市场、辅助服务市场的政策、规则的跟踪研究。

2. 负责搜集市场信息并进行供需及价格预测。

3. 负责发电企业（售电公司）成本分析。

4. 负责现货市场、中长期市场、辅助服务市场交易策略方案的制定、报批和执行。

5. 负责年、月、旬和日中长期市场的市场分析。

6. 负责中长期电量月内的平衡、调整等。

7. 负责市场实际供需及价格跟踪监控及分析。

8. 负责发电企业（售电公司）各项交易结果的统计整理，各次交易的复盘分析。

9. 负责日清算单、月结算单的核对等工作。

10. 负责现货市场、中长期市场、辅助服务市场交易策略方案的风险控制和评估。

电力交易员工作场景三

四、电力交易员的薪酬福利待遇

平均薪酬水平。在发电集团的区域分、子公司，电力交易员的薪酬水平略高于一般行政管理岗位人员的薪酬水平，低于企业生产运行岗位人员的薪酬水平。

但在电力市场交易较为活跃的地区，尤其是在广东、上海、江苏等经济发达地区的民营售电公司，电力交易员的薪酬水平要明显高于公司平均薪酬水平。

与类似职业对比。类似职业薪酬水平见表 4-11-01-02-1。

表 4-11-01-02-1　类似职业薪酬水平

职业名称	薪酬水平（元 / 月）
电力交易员	8500~20000
综合能源服务员	13000~16000

五、从事电力交易员工作需要哪些本领

该职业从业人员需具备的知识和技能主要包括职业标准要求的专业知识、电力市场政策规则知识，学习能力，适应能力，信息获取、分析处理和判断能力，语言表达和人际交往能力，应用办公类软件和写作能力，心理调适能力等。

电力交易员需具备的知识和技能见表 4-11-01-02-2。

表 4-11-01-02-2　电力交易员需具备的知识和技能

职业功能	工作内容	知识和技能要求
交易资质及信息管理	市场注册管理	能区分经营主体类型，辨别、审核用户注册资料，正确填写、上传注册、变更或注销资料，进行经营主体资质持续性管理
	信息披露管理	能区分电力市场信息分级，正确查询、下载市场相关信息，按要求在信息披露平台上传或填写有关披露信息并发布
	人员及账号管理	能正确变更账号、密码，纠正自身交易账号权限配置错误操作
中长期交易管理	市场政策、规则分析	能收集、分析、解读电力中长期市场政策、交易规则

续表

职业功能	工作内容	知识和技能要求
中长期交易管理	交易策略和计划制订	能分析中长期交易各环节交易动态，制定或调整交易策略及交易计划
	中长期交易申报	能正确计算中长期交易申报电量、电价，正确进行中长期交易电量、电价申报操作
	交易结果查询分析复盘	能正确查询、复核、分析、复盘中长期交易结果；能根据中长期交易复盘结果，提出交易策略优化方案建议
现货交易管理	市场政策、规则分析	能收集、分析、解读电力现货市场政策、交易规则
	现货交易信息收集与处理	能收集现货市场运行信息，进行电力供需比计算；能在多类型市场环境下，编制现货交易整体预案
	现货交易申报	能正确开展现货交易事前测算，正确进行现货交易申报操作
	现货出清信息查询分析及复盘	能开展省间、省级现货出清信息查询汇总；能根据每日出清结果复盘分析，提出交易策略优化方案建议
辅助服务管理	市场政策及信息收集	能收集、分析、解读辅助服务市场政策、规则；能收集市场供需、市场动态及电网运行相关信息，以及企业内部发电机组运行相关信息
	辅助服务市场申报	能根据机组性能参数，完成基础技术参数申报；能测算发电机组提供辅助服务能力、变动成本及机会成本，制定报价方案；能根据报价方案，完成市场申报
	收益统计及复盘分析	能查询、汇总企业考核及补偿结果或辅助服务市场出清结果，能进行交易复盘并提出交易策略优化方案建议
售电管理	市场开拓	能识读售电市场政策、规则，向客户讲解服务品种和标准；能根据政策与代理客户需求开发产品，制定客户服务方案；能与客户有效沟通，开展业务洽谈，指导客户办理入市手续

续表

职业功能	工作内容	知识和技能要求
售电管理	售电合同管理	能与客户签订购售电合同，办理各类合同备案，跟踪管理购售电合同执行进度；能分类汇总各类购售电合同，定期完成合同归档
	电量偏差管理	能收集客户电量情况，预测客户电量完成情况，核对和确认客户用电数据，分析用户电量偏差原因，制定偏差管理方案
电价分析与结算管理	电价分析预测	能收集、分析、解读电价政策；分析市场价格异常原因，预测市场价格走势；能根据现有电价政策对企业经营损益进行分析
	市场结算查询	能查询、汇总企业电能量电费、辅助服务费用、市场运营费用、代理服务费用、市场分摊费用、偏差考核费用
	市场费用计算与成本核算	能根据市场信息计算电能量、辅助服务以及其他费用，核算电力市场电费结算单，核算企业全成本
市场风险及信用管理	开发风险管理	能识别市场开发风险，建立开发风险管理台账，制定市场开发风险防范和应对措施
	运营风险管理	能识别市场运营风险，建立运营风险管理台账，制定市场运营风险防范和应对措施
	交易风险管理	能识别市场交易风险，建立交易风险管理台账，制定市场交易风险防范和应对措施
	电价风险管理	能识别电价风险，建立电价风险管理台账，制定电价风险防范和应对措施
	信用风险管理	能识别信用风险，建立信用风险管理台账，制定信用风险防范和应对措施；能根据信用评价结果计算信用额度，按照要求办理履约保函、履约保险等信用担保

电力交易员工作场景四

六、电力交易员的专业教育现状

（一）相关专业

目前已有较多的院校开设了与该职业相关的专业，包括市场营销、工商管理、能源经济、金融学、数学与应用数学、会计学等专业。

（二）开设相关专业的院校（排名不分先后）

★ 相关院校：清华大学、上海交通大学、武汉大学、西安交通大学、天津大学、湖南大学、东南大学、华南理工大学、华北电力大学、河海大学、东北电力大学、上海电力大学、长沙理工大学等。

◆ 相关院校：四川电力职业技术学院、长沙电力职业技术学院、武汉电力职业技术学院、重庆电力高等专科学校、郑州电力高等专科学校、山东电力高等专科学校、哈尔滨电力职业技术学院等。

七、电力交易员的就业创业信息

吸纳电力交易员就业较多的用人单位如下。

1. 电力公司：中国华能集团有限公司、中国大唐集团有限公司、中国华电集团有限公司、国家能源投资集团有限责任公司、国家电力投资集团有限公司、中国长江三峡集团有限公司等。

2. 其他能源公司：中国中煤能源集团有限公司、陕西煤业化工集团有限责任公司、中国石油天然气集团有限公司等。

3. 金融机构：中国工商银行股份有限公司、中国建设银行股份有限公司、交通银行股份有限公司、长江证券股份有限公司、中信证券股份有限公司等。

注：以上机构信息仅供参考，不代表编写出版方对其推荐或认可。

八、电力交易员的职业贯通发展

该职业的发展路径主要有四条。管理路线，即从普通员工晋升到主管，再晋升到经理，甚至向更高的领导职务发展。专家路线，即通过持续提高专业知识和技能水平，成为电力市场领域的技术专家。复合人才路线，即通过学习相关知识和专业技能，拓展职业领域，转型为电力市场的客户服务、市场分析、市场培训等相关领域的专业人员。创业路线，即根据个人业务能力、专业基础和兴趣爱好，选择合适机会在发售电、综合能源服务、市场培训、金融期货等领域进行自主创业，实现自我价值。电力交易员职业贯通发展如图 4-11-01-02-1 所示。

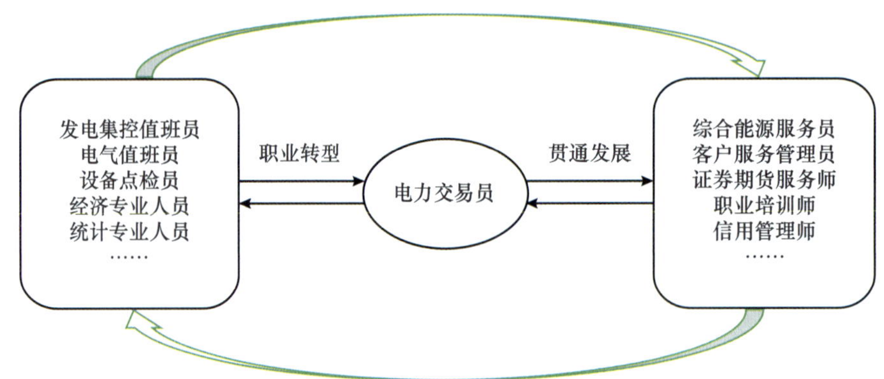

图 4-11-01-02-1　电力交易员职业贯通发展

九、电力交易员的发展前景

从市场供需看。自 2015 年《中共中央　国务院关于进一步深化电力体制改革的若干意见》（以下简称《若干意见》）印发之后，电力体制改革持续深化，极大地促进了我国电力工业的规模化发展和装备制造业技术的进步，进一步促进了电力市场建设的深入推进。2023 年 1—12 月，全国电力市场交易电量 5.7 万亿千瓦时，同比增长 7.9%，占全社会用电量比例 61.4%，比 2022 年提高 0.6 个百分点。在交易机构注册的主体数量达到 70.8 万家，市场活力有效激发。电力市场化改革不断深入，市场化交易电量占比从 2016 年不到 17% 上升到 2023 年超过 61%。

从产业发展看。自 20 世纪 80 年代以来，我国不断推进电力体制改革。特别是《若干意见》下发后，电力市场建设取得了显著成效。2021 年 10 月，国家发展改革委印发了《关于进一步深化燃煤发电上网电价市场化改革的通知》，全面取消了燃煤发电机组的计划电量，要求燃煤发电电量全部进入电力市场，煤电参与市场的比例由 70% 提升为 100%。截至 2022 年年底，全国发电装机容量为 25.6 亿千瓦，全国发电量 8.69 万亿千瓦时；全年全国市场交易电量达到 5.25 万亿千瓦时，同比增长了 39%，占全社会用电量的比重已超过了 60%。可以预见，随着国家相关配套政策的逐步落地实施，发电、用电两侧的电量、电价开放程度将大幅提升，市场化交易电量还将持续增长。

从政策红利看。目前，电力交易员职业活动的内容已基本稳定，与职业相关的技术得到规范和统一。相关技术要求主要通过《电力中长期交易基本规则》等国家政策、交易规则和每年公布的交易组织方案进行规范。

同时，国家发展改革委、国家能源局印发的《售电公司管理办法》第二章第五条售电公司注册条件对从业人员有如下要求：售电公司应拥有 10 名及以上具有劳动关系的全职专业人员。专业人员应掌握电力系统基本技术、经济专业知识，具备风险管理、电能管理、节能管理、需求侧管理等能力，有电力、能源、经济、金融等行业 3 年及以上工作经验。其中，至少拥有 1 名高级职称和 3 名中级职称的专业管理人员，技术职称包括电力、经济、会计等相关专业。

这些技术要求和从业人员专业要求，构成了电力交易员职业的核心管理体系，并通过法律法规、政策、规则、标准体系的逐步建立，将形成有别于其他职业的独特内容。

十、相关内容链接

国家职业标准：扫码即可查看 ☞ 。

相关政策文件：见表 4-11-01-02-3。

表 4-11-01-02-3　电力交易员相关政策文件

发布或通过时间	发布或通过机构	文件名称
2020 年 2 月	国家发展改革委、国家能源局	《关于推进电力交易机构独立规范运行的实施意见》
2021 年 10 月	国家发展改革委	《关于进一步深化燃煤发电上网电价市场化改革的通知》
2021 年 11 月	国家发展改革委、国家能源局	《售电公司管理办法》
2022 年 1 月	国家发展改革委、国家能源局	《关于加快建设全国统一电力市场体系的指导意见》

供稿：中国电力企业联合会电力市场分会　周正道

在线学习服务师

职业编码：4-13-04-01

“老师，感谢您的指导和帮助……”网校班主任小艾老师在为在线学员提供学习规划、指导、支持服务和评价反馈的同时，也感受到从事在线学习服务师的幸福。2020 年以来，国内产业结构升级、人才需求调整，在线教育获得飞速发展。2020 年 7 月，人力资源社会保障部联合国家市场监督管理总局、国家统计局向社会发布了包括“在线学习服务师”等在内的 9 个新职业。2021 年，“双减”政策落地后在线教育行业面临较大结构调整。近些年，职业教育需求不断增长，同时随着以人工智能、大数据为主的智能教育的逐步完善，教师教学正逐渐从经验教学向基于数据分析的精准教学跨越，在线学习服务师行业得到发展。

一、在线学习服务师的一天

记录时间：2023 年 6 月 16 日　　**记录人：黄某青**

上午工作情况

8 点：

1. 登录在线平台，查看当天工作任务，安排当天计划。（梳理工作）

2. 采集学习者信息，整理学习者档案。（学习管理）

3. 查看前一天学习者在线学习情况，解答学习者学习过程中的问题。（学习指导）

4. 分析线上平台学习情况，为开发新课程提供数据。（学习产品评估）

5. 诊断教学资源使用情况，发现学习难点和学习需求，为优化教学资源

提供建议。（学习产品评估）

11点：

1. 为在线咨询者提供咨询答疑服务。（学习规划）

2. 利用各类通信手段联系学习者或其家长，了解学习者的学习进度、学习目标以及个人作息，对学习者进行学情分析，提出针对性的学习规划和学习建议。（学情分析、动机激励）

3. 根据现有的课程为学习者提供全方位、全周期的个性化指导支持和课程管理服务。（学习指导）

4. 解决学习者学习过程中的技术、内容、方法等问题。（支持服务）

下午工作情况

14点：

1. 熟悉在线课程资源，提前准备相关课程知识点，为学习者提供指导。（学习指导）

2. 处理线上学习投诉及各种突发问题。（支持服务）

15点：

1. 建立和维护在线交互社群，及时发布上课信息、学习资料，关注学习者学习动态。（支持服务、学习管理）

2. 运用平台分析和评价工具对学习者的学习活动和学习成果进行综合评价并及时反馈，出具个性化学习分析诊断报告。（学习评价）

3. 针对学习者个体学习情况进行大数据诊断分析并反馈；根据学习者学习体验，对学习平台、学习工具、学习资源等提出优化建议。（学习评价）

4. 对一天的工作进行梳理，制订第二天或未来几天的工作计划。（制订计划）

在线学习服务师工作场景

二、什么是在线学习服务师

职业定义。在线学习服务师是指运用数字化学习平台（工具），为学习者提供个性、精准、及时、有效的学习规划、学习指导、支持服务和评价反馈的人员。

定义解读。在线学习服务师负责为在线学习者提供协助和支持，帮助学习者更好地做好学习规划，激励其更好地使用资源高效学习。在线学习服务师还负责维护和管理在线学习平台，进行学习评价设计与完成学习评价，并协助教学机构管理和监督在线学习课程，能对学习产品进行评估。

关联职业。密切关联的职业有互联网营销师、家庭教育指导师等。互联网营销师是指在数字化信息平台上，运用网络的交互性与传播公信力，对企业产品进行营销推广的人员。家庭教育指导师是指从事家庭教育知识传授、家庭教育指导咨询、家庭教育活动组织等的人员。互联网营销师和在线学习服务师都依托高度发达的互联网技术提供服务；与互联网营销师聚焦企业产品进行营销推广相比，在线学习服务师更侧重于运用互联网手段进行教育产品的营销和推广。家庭教育指导师和在线学习服务师都提供更加专业化、个性化的教育服务，不同的是家庭教育指导师主要聚焦家庭教育指导，主要为未成年人的父母或者其他监护人实施家庭教育提供专业服务，重在宣传正确的家庭教育知识、帮助家长掌握科学家庭教育理念和方法；而在线学习服务师主要服务于包括未成年和成年人在内的所有学习者，涉及终身学习的各个阶段。

相应岗位。在线教育机构的辅导老师、课程销售、学科运营、在线班主任、在线客服专员、在线教育课程顾问、在线教育产品经理、服务体验设计师等。

三、在线学习服务师的主要工作职责

1. 对学习者进行学情分析，提出针对性的学习规划和学习建议。
2. 提供全方位、全周期的个性化指导支持和课程管理服务，解决学习者学习过程中的技术、内容、方法等问题。
3. 管理在线学习班级，为学习者建立和维护在线交互社群，激发学习者的学习动机，提高学习兴趣。
4. 跟踪学习者学习效果，运用分析和评价工具对学习者的学习活动和学习成果进行综合评价并及时反馈。
5. 跟踪在线学习产品各项指标，根据学习者体验，对学习平台、学习工具、学习资源等提出优化建议。

在线学习服务师主要工作内容如图 4–13–04–01–1 所示。

四、在线学习服务师的薪酬福利待遇

平均薪酬水平。根据人力资源社会保障部发布的 2021 年企业薪酬调查信息数据，从工资价位 90% 分位值档位来看，在企业中从事各级各类教育工作的专业人员年平均工资为 11.47 万元；从工资价位 50% 分位值档位来看，在企业中从事各级各类教育工作的专业人员年平均工资为 4.92 万元。在线学习服务师的薪酬因地区、岗位、工作经验等因素而有所不同，也随着市场需求的不同而有所波动。

与类似职业对比。类似职业薪酬水平见表 4–13–04–01–1。

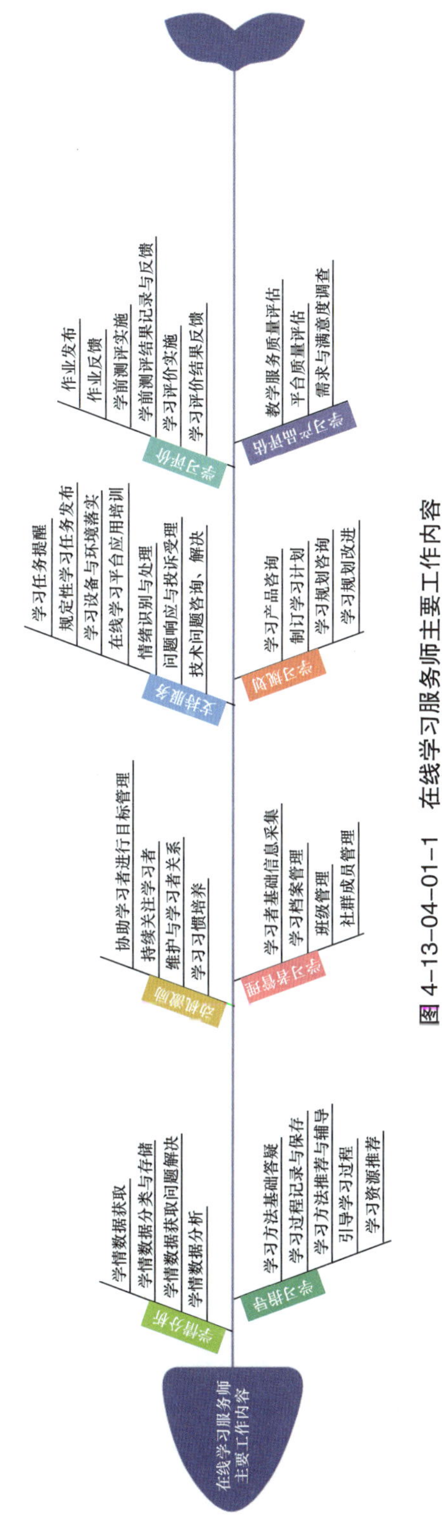

图 4-13-04-01-1 在线学习服务师主要工作内容

表 4-13-04-01-1 类似职业薪酬水平

职业名称	薪酬水平（元/月）
在线学习服务师	4000~10000
互联网营销师	3000~15000
家庭教育指导师	6000~10000

五、从事在线学习服务师工作需要哪些本领

该职业从业人员需具备的知识和技能主要包括教育教学专业能力，互联网产品运营、数据解读等方面的能力。

在线学习服务师需具备的知识和技能见表 4-13-04-01-2。

表 4-13-04-01-2 在线学习服务师需具备的知识和技能

职业功能	工作内容	知识和技能要求
学情分析	学情数据获取	能利用在线学习平台获取学习者学前、学中、学后的学习数据，能利用平台、在线问卷调查工具等获取学情数据的问题
	学情数据分类与存储	能根据要求对学情数据进行分类，完成学情数据清洗工作；能进行学情数据格式转换，能对学情数据进行分类存储
	学情数据获取问题解决	能解决在获取学情数据过程中的问题，能参与学情数据指标确定与决策优化
	学情数据分析	能使用分析工具对学情数据进行检索、排序筛选、分类汇总等基本分析，能根据需求对学情数据进行基本统计分析
学习指导	学习方法基础答疑	能解答学习者学习方法的问题，能运用技术系统或工具进行答疑
	学习过程记录与保存	能记录学习者学习参与和表现情况，能对学习过程记录进行保存与管理

续表

职业功能	工作内容	知识和技能要求
学习指导	学习方法推荐与辅导	能向学习者推荐常用学习方法；能对学习者的学习方法问题进行诊断，指导学习者改进其学习方法
	引导学习过程	能引导学习者理解学习的意义与目的，引导学习者与同伴进行讨论和协作，能引导学习者对学习进行反思和调节
	学习资源推荐	能根据学习需求搜集整理相关学习资源，并向学习者推荐
动机激励	协助学习者进行目标管理	能帮助学习者分解学习目标，分析学习目标完成情况；能督促学习者按照预期计划参与和完成学习任务
	持续关注学习者、维护与学习者关系	能通过通信工具与学习者建立良好的在线联络关系，定期沟通学习进度、学习困难与需求；能建立和维护与学习者之间的人际关系，并能主动与学习者互动，营造轻松、活跃的学习氛围
	学习习惯培养	能帮助学习者养成学习计划制订与执行，及时复习、做笔记的习惯
学习者管理	学习者基础信息采集	能根据学习者档案建设要求收集学习者的相关信息，能根据要求对纸质材料进行归档保存，并录入系统
	学习档案管理	能根据学习档案管理要求对学习者学习情况和异动进行记录
	班级管理	能制定班级管理办法，对学习者学习情况和异动进行记录；能进行日常管理，进行班级学情统计分析
	社群成员管理	能根据学习者特点进行分类，建立社群，发展核心学习者；能通过吸引学习者加入社群，提高和稳定社群人数
学习规划	学习产品咨询	能解答学习者关于学习产品选择及其学习方式的咨询问题，能向学习者推荐学习产品及学习方案
	制订学习计划	能结合学习者需求与学习产品的学习要求帮助学习者确定学习目标，能结合学习者实际情况，帮助学习者制订学习计划

续表

职业功能	工作内容	知识和技能要求
学习规划	学习规划咨询	能分析学习者学习规划方面的咨询需求，能针对学习规划咨询问题向学习者提供有关建议
	学习规划改进	能引导学习者对其学习规划进行反思，能发现和诊断学习者已有学习规划的问题，能指导学习者改进学习规划
支持服务	学习任务提醒	能根据学习进度，选择合适渠道对学习者进行督促与提醒；能督促授课教师提前备好授课课件，确认授课教师做好准备工作
	规定性学习任务发布	能发布签到、答题、连麦监控等互动活动，并记录活动情况
	学习设备与环境落实、在线学习平台应用培训	能在课前落实学习者在线学习设备情况，确保网络连接稳定、课程 / 音频播放顺畅、课程任务不卡顿；能为学习者和授课教师演示、讲解在线学习平台使用方法
	情绪识别与处理	能通过在线互动识别学习者情绪，能对学习者情绪进行管理
	问题响应与投诉受理	能根据应急预案响应在线学习突发事件，详细记录突发问题及过程；能接受学习者投诉并记录其处理过程；能通过学习者回访了解学习者需求，并记录回访，反馈给相关人员
	技术问题咨询、解决	能处理学习者在平台使用期间遇到的技术问题
学习评价	作业发布、反馈	能发布作业并向学习者说明和解释作业要求、反馈作业成绩
	学前测评实施	能通过问卷或谈话了解学习者相关学习情况与条件，能对学习者学前能力水平进行测评
	学前测评结果记录与反馈	能准确记录学前测评结果，按要求向学习者反馈学前测评结果，并根据学前测评结果给学习者提供学习建议

续表

职业功能	工作内容	知识和技能要求
学习评价	学习评价实施	能基于在线学习平台组织在线学习评价，能根据评价标准对学习者进行过程性评价，能根据评价标准对学习者进行总结性评价
	学习评价结果反馈	能将过程性评价结果反馈给学习者，能将总结性评价结果反馈给学习者，能解答学习者关于学习评价结果的问题并复核反馈
学习产品评估	教学服务质量评估	能搜集和整理学习者对学习产品教学服务质量的评价意见，能根据教学服务质量标准参与教学服务质量的监控，能参与撰写教学服务质量评估报告
	平台质量评估	能搜集和整理学习者对在线学习平台的反馈意见，能参与在线学习平台质量的监控，能参与撰写在线学习平台质量评估报告
	需求与满意度调查	能调查和分析学习者关于学习产品的学习需求，能调查和分析学习者对学习产品的满意度，能撰写学习者需求与满意度调查报告

六、在线学习服务师的专业教育现状

（一）相关专业

由于在线学习需求的广泛性，目前在线学习服务师从业人员专业背景也十分广泛。普通本科院校相关专业有教育学、科学教育、教育技术学、小学教育、新媒体技术等。职业院校相关专业主要有学前教育、小学教育、现代教育技术、网络营销与直播电商、商务数据分析与应用等。

（二）开设相关专业的院校（排名不分先后）

★ 相关院校：北京师范大学、华东师范大学、浙江大学、华中师范大学、东北师范大学、陕西师范大学、南京师范大学、首都师范大学、华南师范大学、天津大学等。

◆ 相关院校：金华职业技术大学、九江职业大学、深圳职业技术大学、湖南民族职业学院、南通师范高等专科学校、河北对外经贸职业学院、武汉城市职业学院、咸阳职业技术学院、淄博师范高等专科学校、徐州幼儿师范高等专科学校等。

七、在线学习服务师的就业创业信息

在线学习服务师在全国范围内都有分布。吸纳在线学习服务师就业较多的用人单位如下。

1. 教育培训机构：北京猿力科技有限公司、北京世纪好未来教育科技有限公司、小船出海教育科技（北京）有限公司、上海掌小门教育科技有限公司、学成世纪（北京）信息技术有限公司、乐学在线教育科技（北京）有限公司、宝宝巴士股份有限公司、北京慕华信息科技有限公司、北京世纪超星信息技术发展有限责任公司、上海卓越睿新数码科技股份有限公司、北京中公教育科技有限公司、北京东大正保科技有限公司、北京奥鹏远程教育中心有限公司、上海高顿教育科技有限公司等。

2. 在线教育技术服务商：北京翼鸥教育科技有限公司、杭州精英在线教育科技股份有限公司、北京昱新科技有限公司、江西长天云端科技有限公司等。

注：以上机构信息仅供参考，不代表编写出版方对其推荐或认可。

八、在线学习服务师的职业贯通发展

该职业的发展路径主要有四条。管理路线，即从普通员工晋升为主管 / 单位中层，再晋升到经理 / 单位领导层，甚至往更高的领导职务发展。专家路线，即不断提高技能水平，成为在线学习服务领域专家。复合人才路线，即向其他行业跨越或职业转型，如通过学习相关知识和技能转型为大中小学教师、家庭教育指导师、数字化解决方案设计师、数字化管理师等，与电子商务师、互联网营销师、商务数据分析师专业技术岗位横向贯通。创业路线，即基于个人兴趣爱好和专业特长进行创新创业。在线学习服务师职业贯通发展如图 4-13-04-01-2 所示。

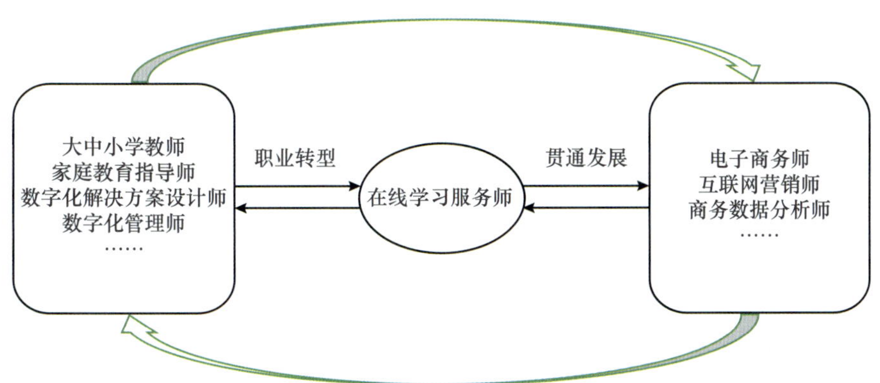

图 4-13-04-01-2 在线学习服务师职业贯通发展

九、在线学习服务师的发展前景

从市场供需看。随着经济社会发展，在线学习服务的需求会被更多地释放和激发出来，个性化的线上培训需求不断调整变化，而在线学习服务师就是面向这种多元化、个性化学习需求而形成的职业。人们对于学习服务质量的要求越来越高，会更倾向于选择有技能认证的在线学习服务师。截至 2023 年 8 月，以“在线教育”为关键词，在企查查查询到相关企业 25787 家，其中注册企业最多的地区是广东（4969 家），其次是北京（3946 家）；近五年内注册的企业数量超过 10000 家，近年来对在线学习服务师需求增长较快。

从产业发展看。第 50 次《中国互联网络发展状况统计报告》显示，从 2015 年 12 月到 2022 年 6 月，我国在线教育用户规模从 1.10 亿增长到 3.77 亿。随着国家政策调整，在线教育行业不断调整和完善，在线教育行业的未来趋势主要体现在个性化、智能化、多元化和国际化等方面。

从政策红利看。2019 年 9 月，教育部、中央网信办、国家发展改革委等发布《关于促进在线教育健康发展的指导意见》，2021 年 1 月，中共中央办公厅、国务院办公厅印发《建设高标准市场体系行动方案》，把引导在线教育等新型服务平台企业健康发展作为“强化市场基础设施建设”的一项重要举措。2021 年 8 月，国务院印发《“十四五”就业促进规划》，在“完善终身学习体系”中明确“积极发展在线教育”。党的二十大报告提出“实施科教兴国战略，强化现代化建设人才支撑”“推进教育数字化，建设全民终身学习的学习型社会、学习型大国”。随着我国推进教育强国建设，在线教育服务行业将迎来更高质量的发展，在线学习服务师这一职业也会迎来新的发展。

十、相关内容链接

国家职业标准： 扫码即可查看☞。

相关政策文件： 见表 4-13-04-01-3。

表 4-13-04-01-3　在线学习服务师相关政策文件

发布或通过时间	发布或通过机构	文件名称
2021 年 4 月	国务院	《中华人民共和国民办教育促进法实施条例 (2021 修订)》
2021 年 7 月	中共中央办公厅、国务院办公厅	《关于进一步减轻义务教育阶段学生作业负担和校外培训负担的意见》
2022 年 10 月	教育部办公厅	《关于做好职业教育“双师型”教师认定工作的通知》
2022 年 11 月	教育部	《教师数字素养》
2022 年 12 月	中共中央办公厅、国务院办公厅	《关于深化现代职业教育体系建设改革的意见》

供稿：浙江工业职业技术学院　甘泉

国防教育辅导员

职业编码：4-13-04-02

有个新的职业，从业者温文尔雅，具有学者风范，不是专职教师却经常走上讲台，给学生讲授国防基本常识、国防基本理论、国防科技、国防法规，对学生进行爱国主义教育；他们身材挺拔、动作敏捷，军姿规范，能做标准的军人队列动作、轻武器射击、战场医疗救护、核生化防护动作示范，对党政机关单位工作人员进行军事技能训练，提升其国防意识和国防技能；他们熟谙军事化管理，能够指导和组织企事业单位实施军事化管理，增强企事业单位各级领导执行力、培养员工优良作风；在社区里也能看到他们的身影，他们向社会人员宣传国防常识、国防法规，增强全体公民的国防意识。他们是爱国主义教育的实践者、国家安全教育的实施者、国防法规的宣传员、军事化管理的服务员……他们就是国防教育辅导员。

一、国防教育辅导员的一天

记录时间：2023 年 5 月 20 日　　**记录人：杨某义**

上午工作情况

9 点：

1. 登录本单位国防教育服务网站，浏览并回答客户提出的问题，答疑解惑。（军事化管理咨询服务）

2. 接待客户来访，提供给客户军事化管理相关文字或视频资料。（军事化管理服务推介）

3. 接听客户电话，解答客户单位军事化管理项目实施过程中的相关问题。（军事化管理项目实施）

4. 整理客户军事化管理咨询情况，包括客户类型、咨询问题、相关需求以及咨询结果。（军事化管理咨询服务）

10 点：

1. 到达教学点，安装、调试国防理论教学课件。（教学准备）

2. 讲授国防基本常识和相关法规，解答学生提出的国防理论相关问题。（教学实施）

3. 了解学生对下一节课“国防教育基本理论”的已有基础和学习期望，准备下一节课教学。（教学准备）

下午工作情况

14 点：

1. 到某国防教育基地，检查训练场地、准备训练器材，给参训人员发放训练服。（技能训练准备）

2. 组织参训人员进行训练前热身活动，进行单个军人队列动作训练，然后转移训练场地，进行轻武器瞄准射击训练。（技能训练组织实施）

3. 对训练进行总结讲评，组织带回参训人员。（技能训练评价）

17 点：

1. 了解社区人员对国防法规的熟悉情况，与社区工作人员一起召集本社区人员自愿参加活动。（教育专题活动准备）

2. 布置国防教育宣传场地，分发宣传材料，说明宣传主题、内容和意义。（教育专题活动准备）

3. 进行国防知识和国防法规宣讲，现场答疑，维持会场秩序。（教育专题活动实施）

4. 收拾相关国防教育宣传设备与剩余宣传材料，带回办公地点，并检查登记入库。（活动收尾）

二、什么是国防教育辅导员

职业定义。国防教育辅导员是指在学校和国防教育培训基地，提供爱国主义教育、国防教育、国家安全教育和军事拓展服务的人员。

定义解读。国防教育培训基地是指有明确的国防教育主题内容、健全的管理机构、高素质教育培训力量、相应的国防教育设施和显著的教育培训效果，具有教育功能、体验功能、素质拓展功能、学习功能、娱乐功能的活动平台。爱国主义教育是指树立热爱祖国并为之献身的思想政治教育，是坚持爱国和爱党、爱社会主义的高度统一。国防教育包括国防理论、国防知识、国防历史、国防法规、国防科技、国防形势与任务、国防技能等教育。国家安全教育是指对公民进行国家安全意识、国家安全观念、国家安全知识和自觉维护国家安全的教育。军事拓展服务是指在户外拓展基础上融合军事项目，将军事理念、军事思想、军事技能与学校或党政企单位管理和作风养成等相结合的一种独特的体验式培训模式。

关联职业。密切关联的职业有中国共产党机关负责人、国家机关负责人、社会团体负责人等。国防教育辅导员在组织实施国防教育工作中，需要上述人员的配合与协助。国防教育辅导员主要负责国防教育活动的咨询与具体组织实施，而上述人员主要负责领导所属单位人员的国防教育工作，加强对本单位人员国防教育的计划、组织、指导、监督、考核和保障工作。

相应岗位。国防理论辅导员、国防技能训练员、军事化管理咨询服务员。

三、国防教育辅导员的主要工作职责

1. 负责国防理论教学。为国家机关、社会团体、企业事业组织等人员进行国防理论教学，内容包括国防基本常识、国防基本理论、国防历史、国防科技、国防形势与任务、国防相关法规以及世界主要国家国防相关知识，主要环节包括教学准备、教学实施和教学管理等。

2. 负责国防技能训练。对国家机关、社会团体、企业事业组织等人员进行国防技能训练，内容包括军事基础体能训练、基本军事技能训练、基本战地防护救护技能训练和国防竞技项目训练等，主要环节包括训练准备、讲解示范、组织实施、训练评价以及训练安全防护与应急处理等。

3. 负责专题活动组织实施。在国家机关、社会团体、企业事业组织等以及社会不特定场所组织国防理论宣传专题活动，具体形式包括宣讲、多媒体展示、发放宣传材料等，具体环节包括确定主题与内容、场地选择、器材与物料准备、宣讲实施、问题解答等。

4. 负责军事化管理咨询服务。为国家机关、社会团体、企业事业组织等介绍军事化管理的意义、项目、要求并解答相关问题，指导相关单位实施军事化管理。

四、国防教育辅导员的薪酬福利待遇

平均薪酬水平。目前，从事地方学校等单位国防理论教学与军事技能训练的人员主要是现役军人等。2023 年年初，教育部、中央军委政治工作部认定的 2687 所中小学国防教育示范学校，其校外国防教育辅导员由部队现役领导、英模人物担任。除此之外，部分社会机构聘请了专门的军事教官，从事国防技能训练服务工作。看准网 2023 年 6 月 6 日数据显示，通过对 29124 份样本统计，军事教官在全国的平均月薪为 6881 元，中位数为 6269 元，其中 2000~7000 元岗位占比最多，约 67%。较低级别国防教育辅导员与此工作性质相似，可作为参照。根据国家统计局于 2023 年 5 月 9 日发布的 2022 年规模以上企业就业人员年平均工资情况数据，全国规模以上企业就业人员年平均工资为 92492 元，比 2021 年名义增长 5.0%。其中，教育类专业技术人员年平均工资为 105383 元。较高级别国防教育辅导员与教育类专业技术人员工作性质相似，也可作为参照。

与类似职业对比。根据退役军人就业创业网和智联招聘网 2023 年 6 月数据，上海相当于该职业的住校教官薪酬为 6000~10000 元 / 月，高于体能教练员、社会工作者薪酬，低于教学人员（高中）薪酬。类似职业薪酬水平见表 4-13-04-02-1。

表 4-13-04-02-1　类似职业薪酬水平

职业名称	薪酬水平（元 / 月）
国防教育辅导员	6000~10000
体能教练员	5500~7500

续表

职业名称	薪酬水平（元/月）
社会工作者	4000~8000
教学人员（高中）	10000~20000

五、从事国防教育辅导员工作需要哪些本领

该职业从业人员需具备的知识和技能主要包括较好的人际交往能力，良好的表达和示范能力，动作协调、肢体灵活、心理素质稳定，国防理论教学、国防技能训练、国防教育专题活动组织和军事化管理咨询服务等专业业务能力。

国防教育辅导员需具备的知识和技能见表 4-13-04-02-2。

表 4-13-04-02-2　国防教育辅导员需具备的知识和技能

职业功能	工作内容	知识和技能要求
国防理论教学	教学准备	能收集、整理和分析教学对象基本情况和需求，能进行教学设计、编写教案、制作教学课件，能准备教学场地、教学辅助器材、教具等，掌握教学准备的基本方法
	教学实施	能讲授国防常识、国防理论和国防科技等，能进行导课和课堂小结，能掌握陈述法、举例法、列举法、比较法等讲授方法，掌握运用教具、课件辅助教学的方法
	教学管理	能维护课堂秩序、掌控教学进程，能收集整理教学文档，能掌握维护课堂秩序、整理教学档案的方法
国防技能训练	训练准备	能根据训练对象特点需求拟订训练计划，选择和准备训练场地器材，能根据训练对象特点和训练内容对教学对象进行合理分组，能掌握训练准备的基本方法
	讲解示范	能对国防技能进行分解动作、连贯动作示范，能讲解动作要领，掌握军事技能讲解示范方法
	组织实施	能合理掌控训练负荷和训练进程，能及时纠正错误动作，能掌握重复训练法、间歇训练法、持续训练法、循环训练法等基本训练方法

续表

职业功能	工作内容	知识和技能要求
国防技能训练	训练评价	能设计国防技能训练评价指标、拟定评价实施方案，能采集、测量、统计和分析军事技能训练过程与结果数据，结合实际给出训练效果评价结论，能掌握训练评价的基本程序和方法
	安全防护与应急处理	能根据训练内容对训练对象提出安全风险防护要求，能对训练过程中紧急情况做出预判并进行有效防护，能设计简易、实用的训练保护与帮助方式，掌握常见运动损伤的防护与处理方法
国防教育专题活动组织	活动准备	能确定活动主题、活动内容，拟定活动实施方案；能选择活动场地，准备活动材料和器材；能对活动组织人员进行分工
	活动组织实施	能说明专题活动目的和要求，讲解活动内容并解答问题；能维持活动秩序、掌控活动进程，能掌握国防教育相关知识理论、政策法规的基本内容以及专题活动组织的基本程序方法
军事化管理咨询服务	服务推介	能向咨询者介绍军事化管理的意义、内容和要求，能解答军事化管理实施中的常见问题，能制作军事化管理项目的宣传资料，掌握军事化管理的基本程序和方法
	项目实施	能与需求单位对接项目实施方案，能对需求单位骨干成员讲解军事化管理的意义、实施方案和基本要求，指导需求单位实施军事化管理；能及时发现需求单位实施军事化管理过程中出现的问题并予以指导纠正和解决，能掌握军事化管理实施的程序和方法

六、国防教育辅导员的专业教育现状

（一）相关专业

由于国防教育辅导员工作内容具有军事性、宽泛性和基础性特点，普通本科院校、职业院校都没有与此完全对应的专业，只有与国防教育辅导员部分工作内容和工作技能相关的专业。普通本科院校相关专业有教育学、体育教育、社会体育指导与管理、体能训练、法学和传播学等。职业院校相关专业有社会工作、体

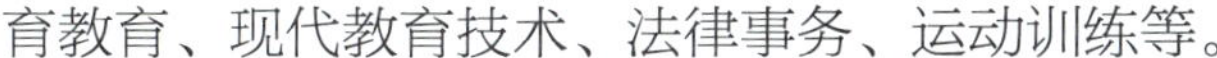

育教育、现代教育技术、法律事务、运动训练等。

（二）开设相关专业的院校（排名不分先后）

★ 相关院校：北京师范大学、华南师范大学、山东师范大学、浙江大学、北京体育大学、上海体育大学、首都体育学院、南京体育学院、西安体育学院、中国政法大学、中国人民大学、复旦大学、中国传媒大学等。

◆ 相关院校：北京青年政治学院、民政职业大学、内蒙古体育职业学院、锦州师范高等专科学校、北京政法职业学院、海南政法职业学院、河北政法职业学院、湖南司法警官职业学院、黑龙江省民政职业技术学校、北京商贸学校、秦皇岛市燕海科技职业学校、天津市体育运动学校、沧州体育运动学校等。

七、国防教育辅导员的就业创业信息

国防教育涉及领域相当广，一切国家机关和武装力量、各政党和各社会团体、各企业事业组织以及基层群众性自治组织，都应当根据各自的实际情况组织本地区、本部门、本单位开展国防教育。国防教育辅导员既可就业于各类学校等单位，也可就业于具有国防教育服务业务的企业。

吸纳国防教育辅导员就业较多的用人单位如下。

1. 学校：高等学校、小学、初级中学、高级中学和相当于高级中学的学校等。

2. 全民国防教育基地：各级全民国防教育基地。

3. 相关企业：北京晟讯科技有限公司、北京砺刃教育科技有限公司、晋中市橄榄梦教育文化传播有限公司、陕西溪谷森林教育科技有限公司、云南消盟教育信息咨询有限公司等。

注：以上机构信息仅供参考，不代表编写出版方对其推荐或认可。

八、国防教育辅导员的职业贯通发展

该职业的发展路径主要有四条。管理路线，即从员工晋升到主管 / 单位中层，再晋升到经理 / 单位领导层，甚至往更高的领导职务发展。专家路线，即不断提升技能水平，成为国防教育领域的专家。复合人才路线，即向其他行业跨越或职业转型，如通过学习相关知识和技能转型为教学人员、军事学研究人员、教育学研究人员、法律顾问、教练员以及运动防护师等。创业路线，即基于个人能力、志向与相关条件进行创新创业。国防教育辅导员职业贯通发展如图 4–13–04–02–1 所示。

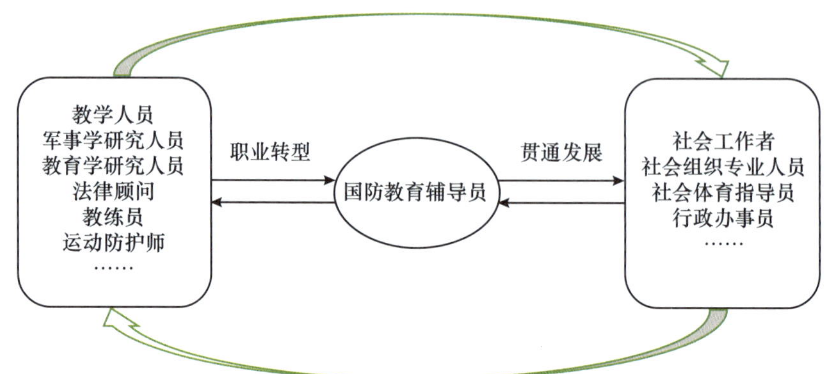

图 4–13–04–02–1　国防教育辅导员职业贯通发展

九、国防教育辅导员的发展前景

从市场供需看。2023 年，教育部、中央军委政治工作部认定 2687 所中小学为中小学国防教育示范学校，这些学校都聘有校外国防教育辅导员，由部队现役领导、英模人物担任。根据教育部公布的数据，2023 年，我国各级各类学校中，学历教育招生约 6227 万人（不含成人本专科、网络本专科、学前教育、特殊教育以及人社部门管理的技工学校数据）。按照师生比 1∶200 计算，全国仅学校就需要 30 多万个相应岗位。另外，许多机构还招聘了一些以退役军人为主的军事教官 / 军训教官 / 拓展训练教官，为党政机关、企业和学校进行国防教育服务。虽然目前尚无权威机构对这部分人员的数量进行统计，但从实际情况看，其数量远远不能满足需要。

从产业发展看。《中华人民共和国国防教育法》规定，一切国家机关和武装力量、各政党和各社会团体、各企业事业组织以及基层群众性自治组织，都应当根据各自的实际情况组织本地区、本部门、本单位开展国防教育。国防教育辅导员的市场需求巨大，为该职业发展提供了广阔的发展空间。

从政策红利看。近年来，国家出台了一系列政策文件，要求普及国防教育。

2022 年 9 月，中共中央、国务院、中央军委印发的《关于加强和改进新时代全民国防教育工作的意见》强调，要落实习近平总书记关于加强全民国防教育的重要指示精神，将习近平强军思想融入全民国防教育各领域、全过程。加强国防理论、国防知识、国防历史、国防法规、国防科技、国防形势与任务、国防技能学习教育，培育国防文化，提高广大干部群众的国防意识和国防素养。持续强化领导干部国防教育，分级组织对省部级、厅局级、县处级领导干部进行国防教育专题培训，有序开展企事业单位、大中小学校、各类媒体等负责人的国防教育专题培训。着力加强青少年国防教育，将国防教育要求有机融入课程教材，将国防教育融入普通高等学校和中等学校考试内容，纳入学校绩效考评体系。另外，2019 年 10 月，《退役军人事务部办公厅　人力资源社会保障部办公厅关于做好退役军人职业技能培训工作的通知》规定，退役军人参加职业技能提升行动接受培训，可按有关规定享受当地免费培训政策，符合条件的困难退役军人可享受生活补贴。

十、相关内容链接

国家职业标准：扫码即可查看☞。

相关政策文件：见表 4-13-04-02-3。

表 4-13-04-02-3　国防教育辅导员相关政策文件

发布或通过时间	发布或通过机构	文件名称
2019 年 11 月	中共中央、国务院	《新时代爱国主义教育实施纲要》
2021 年 12 月	教育部、中央军委政治工作部	《关于进一步做好中小学国防教育示范学校创建活动的通知》
2022 年 9 月	中共中央、国务院、中央军委	《关于加强和改进新时代全民国防教育工作的意见》

供稿：北京晟讯科技有限公司　李贞文

家庭教育指导师

职业编码：4-13-04-03

家庭教育一直都是一个世界性的课题。李嘉诚曾说，父母事业再大的成功都无法弥补教育子女失败的缺憾。家庭教育指导师利用教育学、应用心理学、家庭社会学等系统理论和知识，为普通家庭教育提供一系列科学、系统、有效的指导。例如，他们可以通过改善夫妻、亲子、婆媳等关系建立起良好的家庭氛围，进而为孩子改善生活和学习习惯、养成良好品德和责任心等提供有效帮助。

一、家庭教育指导师的一天

记录时间：2023 年 7 月 5 日　　**记录人：刘某欣**

上午工作情况

8 点：

到社区家庭教育服务中心，与负责人对接，沟通讲座内容，做讲座前的准备工作。（需求调研）

9 点：

1. 开场介绍，让现场人员对本次讲座内容和流程有明确的认识和了解。（讲解培训大纲）

2. 开始培训，讲解实际案例，讲解家庭教育的内容和实施方法。（实施培训）

3. 配合现场提问，答疑解惑，个性化解答和指导。（现场答疑）

4. 分发问卷卡片，收集相关问题。（收集问题）

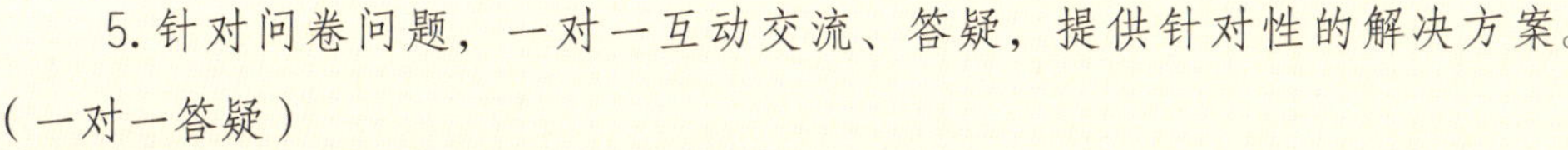

5. 针对问卷问题，一对一互动交流、答疑，提供针对性的解决方案。（一对一答疑）

11 点：

1. 整理相关问题，并做好标注。（复盘整理）

2. 收拾整理相关资料。（资料整理）

3. 总结上午培训重点内容，现场分享 PPT 演示稿，上午培训结束。（分享讲义稿）

下午工作情况

14 点：

1. 开始培训，继续讲解家庭教育相关知识点。（实施培训）

2. 分发下午场问卷卡片，收集问卷卡片，收集现场问题。（收集问题）

3. 针对现场个例反馈进行现场答疑、个性化分析并提供科学的解决方案。（个案解决方案）

4. 总结问题，并剖析问题的根源和解决方法。（剖析指导）

5. 建立微信沟通群，课后反馈问题。（课后交流）

17 点：

1. 下午培训结束，梳理存在的不足和问题。（梳理不足）

2. 根据当天培训问题，完善指导内容和相关案例资料。（课后复盘）

二、什么是家庭教育指导师

职业定义。家庭教育指导师是指从事家庭教育知识传授、家庭教育指导咨询、家庭教育活动组织等的人员。

定义解读。家庭教育指导师是指通过教育学、应用心理学、家庭社会学相结合的理论知识和方法，从事家庭教育知识传授、问题咨询、信息服务、活动组织，帮助家庭在亲子关系、婚姻关系及其他家庭成员关系上建立良好的家庭环境的人员。个性化指导解决中小学生的生活习惯、学习习惯、个人交往、个性发展等方面的问题，给予孩子正确的学习方法和学习策略指导，建立孩子的德行和责任心意识，修复出现裂痕的家庭关系，修复父母与子女之间的关系以及家庭其他成员之间的关系，帮助家庭获取幸福。

关联职业。密切关联的职业有教师、心理咨询师等。家庭教育指导师、教师、心理咨询师的共同点是利用各自所学的专业知识，为服务对象提供专业的教育培训指导和个性化服务指导。他们的不同点是家庭教育指导师主要利用专业知识，帮助家庭在亲子关系、婚姻关系及其他家庭成员关系上建立良好的家庭环境，主要工作场所是家庭教育机构；教师主要侧重于提高学生的文化知识水平，主要工作场所是学校；心理咨询师主要依靠心理学专业知识针对有心理问题需要解决的人群，进行问题诊断和解决服务对象心理问题，主要工作场所是心理咨询服务中心。

相应岗位。家庭亲子关系指导师、家庭子女性格干预师、家庭子女心理健康咨询师等。

三、家庭教育指导师的主要工作职责

1. 根据家庭实际需求，传播科学的家庭教育理念，改善亲子关系，促进家庭和谐。

2. 利用专业的教育学、应用心理学、家庭社会学相结合的理论知识和方法，为家长提供家庭教育咨询和指导。

3. 有针对性地帮助家庭建立完善的教育体系，对孩子进行性格培养，规范孩子的行为习惯。

4. 帮助家庭成员建立并维护好人际关系。

5. 根据实际工作经验和专业知识，规划、评估和修改课程，提升课程内容的丰富度与教学方法的实用性。

6. 开展家庭教育法律法规及政策宣传，传授家庭教育科学理念、知识和方法。

7. 指导家长履行家庭教育主体责任，进行家庭教育规划并开展家庭教育。

8. 指导家长树立和传承优良家风，指导其他家庭成员协助和配合家长优化家庭教育环境。

9. 提供家庭教育问题解决方案和咨询建议。

10. 根据实际需求策划、组织开展家校社协同育人的实践活动。

家庭教育指导师的主要工作职责如图 4-13-04-03-1 所示。

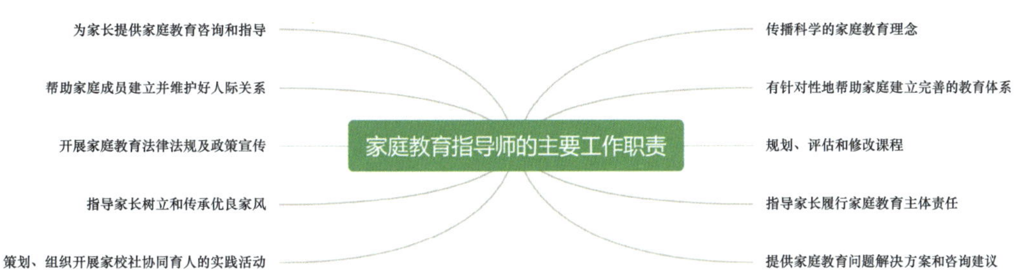

图 4-13-04-03-1　家庭教育指导师的主要工作职责

四、家庭教育指导师的薪酬福利待遇

平均薪酬水平。从某招聘网站反馈的信息可知，家庭教育指导师平均兼职工资可达 300~800 元 / 小时，全职年收入更可达十几万元。

与类似职业对比。从某招聘网站反馈的信息可知，家庭教育指导师月薪最低 6000 元，最高 10000 元；幼师月薪最低 3000 元，最高 8000 元；大学教授月薪最低 6500 元，最高 15000 元；中学教师月薪最低 3000 元，最高 8000 元。类似职业薪酬水平见表 4-13-04-03-1。

表 4-13-04-03-1　类似职业薪酬水平

职业名称	薪酬水平（元 / 月）
家庭教育指导师	6000~10000
幼师	3000~8000
大学教授	6500~15000
中学教师	3000~8000

五、从事家庭教育指导师工作需要哪些本领

该职业从业人员需具备家庭教育诊断、家庭教育咨询和指导、教育测验等方面的知识和技能。

家庭教育指导师需具备的知识和技能见表 4-13-04-03-2。

表 4-13-04-03-2　家庭教育指导师需具备的知识和技能

职业功能	工作内容	知识和技能要求
家庭教育诊断	接待与资料的搜集、整理	能按家庭教育指导程序完成求助接待；能收集问题的相关信息，正确使用教育测验、评估、沟通性谈话的技巧；熟悉主要的教育测验的性质和使用范围，搜集求助者状态、个人成长史、家庭发展史、家庭教育环境评价的资料
	初步诊断	能依据接待搜集的资料信息，做出一般或严重家庭教育问题的诊断，能提出家庭的教育评估报告；熟悉儿童各年级学业评价依据；能分析解释教育测验结果，对家庭教育问题严重程度进行区分
家庭教育咨询和指导	建立咨询与指导关系	能呈现尊重、共情、关注、专业的职业态度，与求助者建立良好指导关系
	制定家庭教育指导方案	能确定指导目标、制定指导方案、评估指导效果
	实施家庭教育指导方案	能运用参与技术、影响技术进行指导，能初步识别和处理阻抗，进行初步的家庭治疗及行为改变；能进行咨询、指导的阶段性和全程总结并写出案例报告，能协调指导关系和及时转介
教育测验	实施智力测试、人格测试、学业能力测试、学习动机测试	能进行韦氏智力测试和中国比内测验，能使用明尼苏达多相人格调查表、卡特尔 16 项人格因素问卷、艾森克人格问卷、应对方式问卷
	家庭教育环境评价	能进行家庭物质环境评价、家庭精神环境评价、家庭养育评价
	行为与心理问题评估	能使用症状自评量表、焦虑自评量表、抑郁自评量表
	家庭应激及相关问题评估	能使用生活事件量表、社会支持量表、应对方式问卷

六、家庭教育指导师的专业教育现状

（一）相关专业

由于家庭教育指导师是一个岗位职业名称，普通本科院校、职业教育院校还没有与此对应的专业，只有与家庭教育指导师工作内容和工作技能相关的专业。普通本科院校相关专业有卫生教育、人文教育、认知科学与技术、教育康复学、学前教育、艺术教育等。职业院校相关专业有现代家政服务与管理、学前教育、智慧健康养老服务与管理、会计事务、现代物业管理、旅游管理。

（二）开设相关专业的院校（排名不分先后）

★ 相关院校：中华女子学院、北京师范大学、华中师范大学、西南大学、东北师范大学、华东师范大学、华南师范大学、浙江大学、南京师范大学、首都师范大学等。

◆ 相关院校：深圳职业技术大学、南京工业职业技术大学、金华职业技术大学、无锡职业技术学院、北京电子科技职业学院、山东商业职业技术学院、淄博职业学院、广东轻工职业技术大学、重庆工业职业技术学院、浙江金融职业学院等。

七、家庭教育指导师的就业创业信息

该职业从业人员遍布全国各地事业单位及培训机构，主要分布在一线及新一线家庭教育市场快速发展的城市，如北京、上海、广州、深圳、杭州、成都等，同时二、三线城市的市场需求量也在逐年递增。

吸纳家庭教育指导师就业较多的用人单位如下。

1. 民营企业：新东方教育科技集团有限公司、中公教育科技股份有限公司、华图教育科技有限公司、北京学大信息技术集团有限公司、中国新华教育集团有限公司等。

2. 学校：中小学等。

3. 事业单位：上海市妇女儿童服务指导中心、北京市妇女儿童服务中心、杭州市妇女儿童健康服务中心等。

注：以上机构信息仅供参考，不代表编写出版方对其推荐或认可。

八、家庭教育指导师的职业贯通发展

该职业的发展路径主要有四条。管理路线，即从普通员工晋升到主管 / 单位中层，再晋升到经理 / 单位领导层，甚至往更高的领导职务发展。专家路线，即不断提高技能水平，成为行业专家。复合人才路线，即向其他行业跨越或职业转型，如通过学习相关知识和技能转型为企业培训师、实训课程培训师、实训指导师等。创业路线，即基于个人兴趣爱好进行创新创业。家庭教育指导师职业贯通发展如图 4-13-04-03-2 所示。

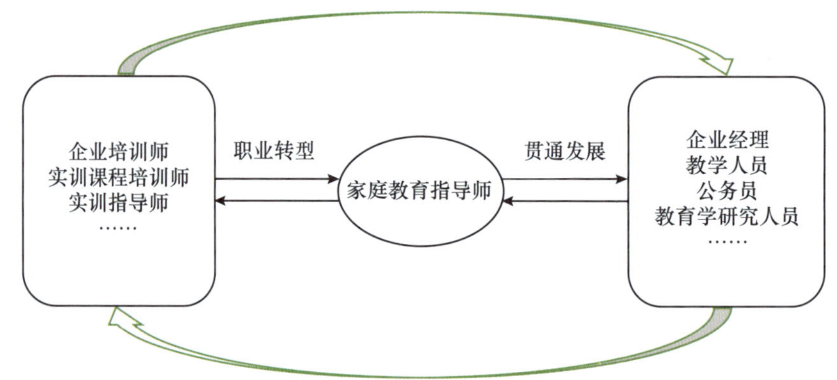

图 4-13-04-03-2　家庭教育指导师职业贯通发展

九、家庭教育指导师的发展前景

从市场供需看。现在教育环境越来越趋于理性，家庭教育指导师弥补了家庭教育中的不足，家庭教育指导师成为学校和家庭教育又一有力的补充，共同成为社会培养新时代人才的有力支撑。目前全国各地区的家庭教育指导师人才缺口巨大。我国第七次全国人口普查公报显示，全国共有家庭户 4.94 亿户。若按照 100 : 1 的配比估计，家庭教育指导师的人才缺口达 490 万之多，家庭教育指导师的需求量也在逐年上升。

从产业发展看。企业积极布局相关产业板块，以家庭教育指导为纲领，积极开发家庭教育指导产业对应的课程产品，产业发展速度迅猛，与家庭教育指导产业相关的业务板块，在未来有望为企业贡献主要的营收。在一些教育产业相对发达的地区，如北京、上海、广州、深圳等一线城市，家庭教育指导师更容易获得资源和市场，家庭教育指导产业将会取得更加高速和高质量的发展。

从政策红利看。2016 年 12 月，中共中央宣传部、国家发展改革委等部门共同印发《关于加强心理健康服务的指导意见》，首次对心理健康服务提出宏观指导性意见，推动心理健康领域社会工作专业人才队伍建设，推动心理健康领域社会工作务实发展，提升全社会对心理健康问题的重视程度。

2021 年 7 月，中共中央办公厅、国务院办公厅印发《关于进一步减轻义务教育阶段学生作业负担和校外培训负担的意见》，提出坚持学生为本、回应关切，遵循教育规律，着眼学生身心健康成长，保障学生休息权利，整体提升学校教育教学质量；健全保障政策，明确家校社协同责任；完善家校社协同机制，进一步明晰家校育人责任，密切家校沟通，创新协同方式，推进协同育人共同体建设。

2021 年 10 月，《中华人民共和国家庭教育促进法》由中华人民共和国第十三届全国人民代表大会常务委员会第三十一次会议通过，自 2022 年 1 月 1 日起施行。其中明确了家庭教育的内涵，未成年人的父母或者其他监护人应负责实施家庭教育，国家和社会为家庭教育提供指导、支持和服务。

十、相关内容链接

国家职业标准：暂缺。

相关政策文件：见表 4-13-04 03 3。

表 4-13-04-03-3　家庭教育指导师相关政策文件

发布或通过时间	发布或通过机构	文件名称
2021 年 7 月	中共中央办公厅、国务院办公厅	《关于进一步减轻义务教育阶段学生作业负担和校外培训负担的意见》
2021 年 10 月	全国人大常委会	《中华人民共和国家庭教育促进法》

供稿：未来科普（北京）科技有限公司　闪玉新

研学旅行指导师

职业编码：4-13-04-04

“您好！我家10岁的孩子想从北京‘单飞’到厦门参加一周的研学活动，能推荐有优秀研学旅行指导师的旅行社吗?”随着人们对研学旅行认知的不断深化，研学旅行受众已经从中小学生扩展到学龄前儿童、大学生以及成年人等群体，呈现出更广阔的发展空间。稳定而庞大的市场，对懂教育和旅游、擅长课程设计、善沟通善管理的研学旅行指导师的需求愈加迫切。

一、研学旅行指导师的一天

记录时间：2023年5月30日 **记录人：李某森**

上午工作情况

9点：

1. 接到新的研学旅行需求，迅速与需求方取得直接联系，了解并明确分析需求重点。（需求调研）

2. 对标需求重点，分析自身在课程、接待资源、接待执行力、组织实施、安全保障等方面的优势。（资源分析）

3. 匹配需求重点与资源优势，设计研学旅行课程方案，包含线路清单、教学团队组成、特别需求及报价等信息。（课程设计与开发）

4. 将课程方案反馈给需求方，并简要介绍方案亮点。根据需求方反馈进行方案评估和调整。（方案编制与评估）

研学旅行指导师工作场景一

下午工作情况

14 点：

1. 抵达某即将开展六年级毕业研学的小学，做好带队教师培训、行前行为习惯和安全教育（“行前一课”）的准备工作。（活动实施）

2. 召开带队教师培训会。解读行程安排和注意事项，结合研学手册解读研学课程，指导孩子们做好知识储备，确保研学效果。（活动实施）

3. 召开研学旅行行前一课，明确物品准备、行中安全等要求，结合研学手册解读课程内容。（活动实施）

4. 与校方就筹备过程中出现的问题或课程实施过程中可能出现的情况做好沟通协调。（活动实施）

研学旅行指导师工作场景二

16 点 30 分：

1. 查看需求方对上午所提方案的反馈意见，并对个别问题进行细致沟通，优化活动方案中的课程设置、工作流程、人员组织与资源配置等。（优化方案）

2. 根据下午在校培训与沟通情况，结合前期勘察情况等，调整优化研学方案（包括校方使用方案、接待方使用方案），并告知相关方面。（优化方案）

3. 确认第二天工作安排。（确认工作安排）

二、什么是研学旅行指导师

职业定义。研学旅行指导师是指策划、制定、实施研学旅行方案，组织、指导开展研学体验活动的人员。

定义解读。研学旅行是依托各类文化和旅游资源及设施，围绕提升研学受众综合素养而开展的研究性、体验式旅行活动。研学旅行指导师是策划、制定、实施研学旅行方案的专业人员，是研学旅行教育和服务工作中的核心人物。

关联职业。密切关联的职业有导游、旅行社计调等。研学旅行指导师涉及导游的向导、讲解及服务工作，也涉及旅行社计调的旅游服务采购、计价、产品设计与实施的工作。但是，研学旅行指导师的核心任务是运用多学科知识与技能开发和实施研学活动项目，并全方位、多角度地对研学受众进行综合评价；导游侧重于旅游行程计划的执行、游览讲解和旅途服务；旅行社计调侧重于旅游线路的设计、服务预订、成本核算与结算以及线路执行过程中突发状况的协调。

相应岗位。研学助理、研学旅行安全员、研学旅行计调、研学旅行领队、研学旅行市场营销员、研学旅行产品经理、研学课程顾问、研学全媒体运营师等。

三、研学旅行指导师的主要工作职责

1. 收集研学受众需求和研学资源等信息，明确研学目标，评估资源价值与可行性。

2. 开发研学活动项目，包括设计研学课程主题、目标与内容，课程单元系列活动，学习方法与学习策略及课程评价方案。

3. 编制研学活动方案和实施计划，包含线路清单及核心景点信息、课程设计与实施的规范性和特色性、教学团队组成、特别需求及报价等信息。

4. 编制研学学习手册和工作手册。

5. 解读研学活动方案，检查参与者（研学受众及其相关方、各类产品及服务提供方）准备情况。

6. 组织、协调、指导研学活动项目的开展，应从活动内容、活动流程、人员分工、条件保障、风险应对等角度出发整体谋划和实施研学活动项目。

7. 提供研学活动过程中的各项旅行服务。

8. 保障研学旅行安全教育、预防与处理。

9. 收集、记录、分析、反馈相关信息。

10. 开展自我知识与技能革新。

研学旅行指导师的主要工作职责如图 4-13-04-04-1 所示。

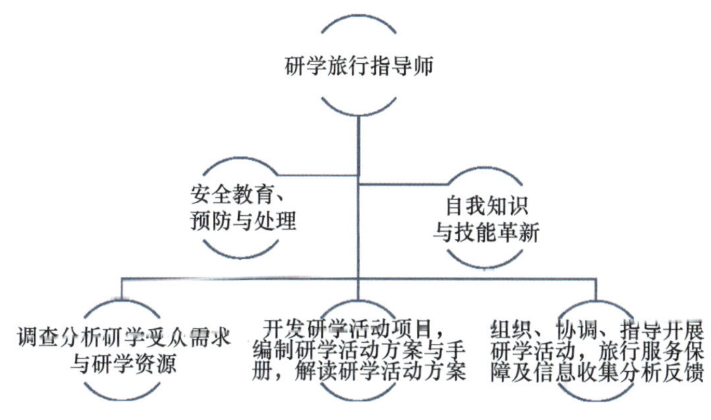

图 4-13-04-04-1　研学旅行指导师的主要工作职责

四、研学旅行指导师的薪酬福利待遇

平均薪酬水平。国家统计局公布的 2020—2022 年城镇非私营单位就业人员年平均工资数据显示，教育行业年平均工资保持增长。职友集网 2023 年 6 月数据显示，2023 年研学旅行指导师每月平均工资为 7700 元。

与类似职业对比。职友集网 2023 年 6 月数据显示，该职业的薪酬一般高于导游、讲解员、旅行社计调、旅行社领队的薪酬。类似职业薪酬水平见表 4-13-04-04-1。

表 4-13-04-04-1　类似职业薪酬水平

职业名称	薪酬水平（元 / 月）
研学旅行指导师	7700
导游	6500
讲解员	5800
旅行社计调	6200
旅行社领队	6600

五、从事研学旅行指导师工作需要哪些本领

该职业从业人员需具备信息收集与分析、课程设计与开发、方案编制与评估、活动准备与检查、活动实施与保障、研学评价与反馈等方面的知识和技能。

研学旅行指导师需具备的知识和技能见表 4-13-04-04-2。

表 4-13-04-04-2　研学旅行指导师需具备的知识和技能

职业功能	工作内容	知识和技能要求
信息收集与分析	研学受众需求调查与分析	能设计研学需求调研工作方案，明确调研内容、对象与方法，选用适合的方法与工具分析数据、解释结果
	研学资源信息收集与处理	能收集分析研学资源信息并匹配受众需求与研学活动目标，评估各类资源的价值与可行性
课程设计与开发	主题课程设计	能根据研学目的、研学受众特点与资源特点设计研学课程目标与内容、课程单元系列活动、学习方法与学习策略及课程评价方案
	课程开发	能编制课程大纲、评估课程实施的约束性条件并给出应对措施，制定服务保障条件及经费预算，编制具有科学性、可行性的课程体系，开发或选择配套教具、学具

续表

职业功能	工作内容	知识和技能要求
方案编制与评估	课程方案编写	能使用科学、准确的语言编写符合需求的研学课程方案，安排合理的行程路线及服务保障条件并核算成本，并根据多方意见调整研学课程方案
	实施计划编写	能根据研学课程方案，设计研学实施计划方案，包括人员组织、工作流程、资源配置、安全保障措施等安排
	学习手册编写	能设计符合受众需求的知识内容、研学主题 / 课题，设计与优化学习手册体例结构
活动准备与检查	活动行前管理	能组织召开行前工作部署会，分配工作任务，明确工作职责，建立沟通协作机制，组织参与人员进行演练
	活动安全防控	能根据安全隐患排查的结果，对课程方案及实施计划进行调整，并根据安全应急预案明确相关人员安全职责
活动实施与保障	研学活动课程统筹实施	能根据研学课程方案，设计实施行前课，组织召开当日工作总结会，对各项工作进行总结，在研学活动结束后进行工作总结并撰写总结报告
	学习指导	能对研学受众撰写研究性课题的开题报告进行指导，能对研究性学习方法、某个专题领域的课程内容、研究性课题结题进行指导
	服务保障	能制定服务保障实施工作规范，督促各方落实相关服务工作并确保服务质量
	安全保障	能在研学过程中实时调整风险防控措施，及时调整并开展安全教育，对研学旅行过程中的突发事件进行现场管理及舆情监控和处理，对安全保障及事故处理结果进行总结分析，形成案例
研学评价与反馈	学习效果评价与反馈	能根据课程方案设计学习效果评价指标，选择恰当的学习效果评价方法，撰写学习效果评价报告
	研学活动评价与反馈	能汇总多方对研学活动的评价结果，并进行分析总结，提出改进建议，形成研学活动评价报告

六、研学旅行指导师的专业教育现状

（一）相关专业

目前，越来越多的院校开设了与该职业相关的专业，涉及普通本科院校、职业院校等。普通本科院校专业有旅游管理、旅游管理与服务教育等。职业院校专业有旅游管理、旅游规划与设计、休闲体育、研学旅行管理与服务等。

（二）开设相关专业的院校（排名不分先后）

★ 相关院校：中山大学、北京第二外国语学院、浙江大学、云南大学、东北财经大学、华东师范大学、陕西师范大学、四川大学、桂林理工大学、南开大学等。

◆ 相关院校：湄洲湾职业技术学院、青岛酒店管理职业技术学院、浙江旅游职业学院、江西外语外贸职业学院、三亚中瑞酒店管理职业学院、河北旅游职业学院、北京经济管理职业学院、西宁城市职业技术学院、江西旅游商贸职业学院、三峡旅游职业技术学院等。

七、研学旅行指导师的就业创业信息

该职业的从业人员遍布全国各地。研学旅行指导师可以在文化和旅游机构、教育培训机构、社区教育或服务机构、相关行政部门等的用户运营、活动运营、研学运营等部门从事专兼职的研学旅行相关岗位工作，还可以提供研学课程研发、研学基地（营地）规划与设计、研学器材研发与设计、研学旅行指导师培训等相关专业咨询与培训服务。

吸纳研学旅行指导师就业的用人单位如下。

1. 文化和旅游机构：上海景域奇创旅游集团有限公司、林州市红旗渠风景区旅游服务有限责任公司等。

2. 教育培训机构：新东方教育科技集团有限公司、郑州西亚斯学院等。

注：以上机构信息仅供参考，不代表编写出版方对其推荐或认可。

八、研学旅行指导师的职业贯通发展

该职业的发展路径主要有四条。管理路线，即从普通员工晋升到主管 / 单位中层，再晋升到经理 / 单位领导层，甚至往更高的领导职务发展。专家路线，即不断提高技能水平，成为研学旅行方面的专家，甚至在特定研学主题领域成为专家型人才。复合人才路线，即将研学经验和知识运用到各个行业中，实现职业转型或跨越，为自己的职业发展开辟更广阔的道路。例如，将研学经验和文化知识运用到文化服务行业中，担任群众文化指导员、全媒体运营师等职位，通过文化主题研学旅行为读者、观众提供更加深入、有趣的文化体验；将研学经验和社会知识运用到社会工作中，通过社会服务主题的研学旅行策划、营销或执行岗位，为社会提供更加具有实践性、更有意义的服务。创业路线，即发挥研学旅行指导师的自我知识革新和知识传播技能优势，把握全媒体和数字化时代趋势，进行创新创业。研学旅行指导师职业贯通发展如图 4-13-04-04-2 所示。

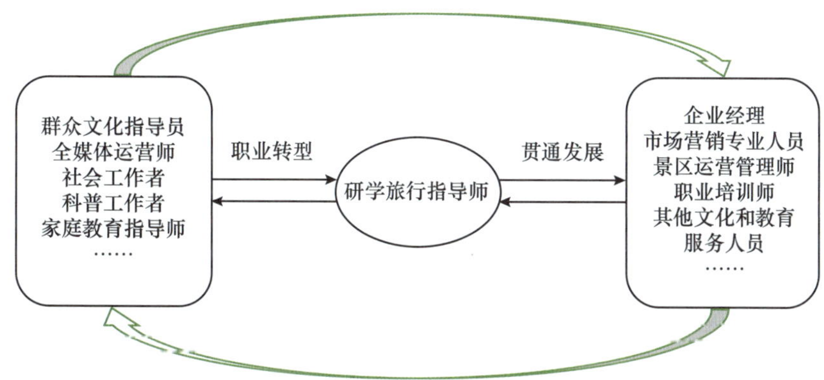

图 4-13-04-04-2　研学旅行指导师职业贯通发展

九、研学旅行指导师的发展前景

从市场供需看。2023 年 6 月天眼查数据显示，存续、在业的研学相关单位共计 31164 家，其中参保人数达到 50 人及以上的共 4049 家，仅这部分企业的研学旅行指导师就业人数就超过 20 万人。中国旅行社协会 2023 年 5—6 月针对研学旅行用人单位的调查数据显示，74% 的受访者认为研学旅行指导师所在产业的发展前景很好，超过 72% 的受访者认为目前研学旅行指导师市场需求大于供给。

从产业发展看。数据显示，2019 年全国参加研学旅行人数为 480 万人次，2021 年达到 494 万人次，2022 年突破 600 万人次。2022 年，全国共有学前教育在园幼儿 4627.55 万人，全国小学、初中、普通高中在校生分别为 1.07 亿人、5120.60 万人、2713.87 万人，总数 2.3 亿多人，按照研学旅行的师生比 1∶15，全国研学旅行学校参与率平均为 38%，测算得出青少年儿童研学市场的研学旅行指导师的需求数量超过 580 万人次。此外，考虑到研学受众已经从狭义的中小学生不断扩展到全体人群，研学旅行日益呈现出更加广阔的发展空间。

从政策红利看。2016 年 11 月，《教育部等 11 部门关于推进中小学生研学旅行的意见》发布。2021 年 12 月，国务院印发《"十四五"旅游业发展规划》，指出推动研学实践活动发展。2023 年 3 月，文化和旅游部、国家发展改革委印发《东北地区旅游业发展规划》，明确将积极发展研学旅游产品。可见，从国家层面看，更多部门关注并支持研学旅行相关工作，更高层次的政策不断出台，在研学旅行的时间、空间和资源等方面都有更多支持。

十、相关内容链接

国家职业标准：暂缺。

相关政策文件：见表 4-13-04-04-3。

表 4-13-04-04-3　研学旅行指导师相关政策文件

发布或通过时间	发布或通过机构	文件名称
2021 年 12 月	国务院	《"十四五"旅游业发展规划》
2023 年 3 月	文化和旅游部、国家发展改革委	《东北地区旅游业发展规划》

供稿：中国旅行社协会　高敬敬

健康照护师

职业编码：4-14-01-03

人口老龄化已成为我国中长期发展的基本国情，由于生育率的下降和平均预期寿命的延长，我国将进入中度老龄化社会，并呈现出“速度快、规模大、持续时间长、边富边老”等特征。城市化、工业化的快速推进，引发大规模人口流动，家庭趋于小型化，使得家庭照护功能逐渐弱化。很多家庭特别是上班族家庭对老年人、孕产妇、婴幼儿、残疾人、住院病人的照护既力不从心，也不专业，压力普遍增大，严重影响生活质量。因此，需要为他们解决慢性病诊疗、康养调理、生活照料和慰藉陪护以及孕产妇婴幼儿专业照护等问题的人员。仅有生活照料单一技能的保姆和护工已难以满足当今社会对健康照护的需求，健康照护师这一新职业应运而生。健康照护师新职业的发展，将充分满足老、弱、病、残、孕、幼各类对象不同层次多元化照护服务需求。

一、健康照护师的一天

记录时间：2023 年 0 月 8 日 **记录人：李某**

上午工作情况

8 点：

1. 准备工作装备和工具，如血压计、血糖仪、药物管理工具等。（准备工作）

2. 检查日程安排，了解今天需要照护的患者情况。（日程安排）

3. 照护患者起床、清洁。（照护清洁）

8点20分：

1. 与患者进行简短交流，了解患者的健康状况和需求。（了解情况）

2. 对患者进行健康评估，包括测量血压、测量血糖、观察体温等。记录数据，并与患者进行沟通，了解患者的身体状况。（健康评估）

3. 照护患者合理饮食和适宜活动。（饮食照顾）

4. 根据医生的指示和患者的需求，执行相应的照护计划。给患者服药、更换伤口敷料、进行康复训练等。（照护计划执行）

11点：

1. 记录患者的体征数据、照护措施和照护对象的反应。（记录和报告）

2. 与医生讨论患者的状况，接受医嘱并执行医疗计划。（与医生沟通）

12点：

照护患者合理饮食和午睡。（午间看护）

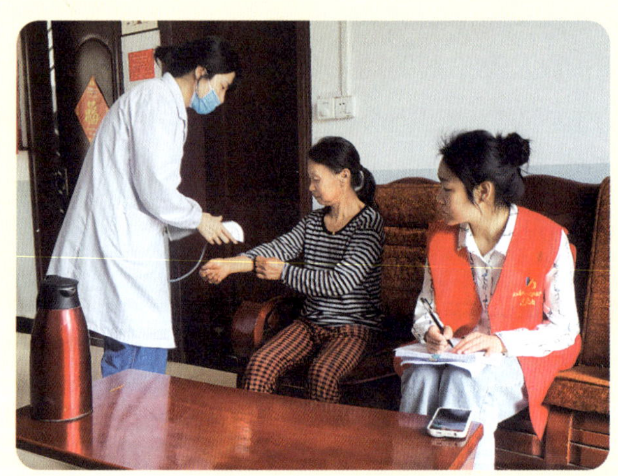

健康照护师工作场景

下午工作情况

14点：

1. 与患者进行更深入的沟通，了解他们健康状况和需求。（了解情况）

2. 照护患者适宜活动，进行康复训练和护理。（康复照护）

3. 向患者提供健康教育，帮助他们了解疾病的管理和预防措施；解答患者的疑问，提供相关的健康资讯和建议。（健康教育）

18点：

1. 继续记录患者的健康状况和提供的照护服务，更新患者的体征数据、照护措施和患者的反应。（记录和报告）

2. 分析当天患者的体征数据，调整照护计划。（总结与分析）

3. 照护患者合理饮食。（晚餐安排）

20点：

照护患者睡觉前的清洁。（就寝照护）

二、什么是健康照护师

职业定义。健康照护师是指运用基本医学护理知识与技能，从事家庭、医院、社区及长期护理服务机构等场所照护对象的健康照护及生活照料服务的人员。

定义解读。健康照护师是指掌握基本医学护理和生活照料的复合技能，可以在家庭、医院、社区等场所，承担老年人、孕产妇、婴幼儿、病患的健康照护与生活照料的人员。健康照护师不同于健康管理师，健康照护师对护理的基础知识要求很高，还要求从业者将护理技术和健康管理结合起来，采取适当方式帮助患者提高健康意识。

关联职业。密切关联的职业有医疗护理员、呼吸治疗师、医疗临床辅助服务员等。医疗护理员是指对病人和其他需要照护的人群提供生活照护，并在医务人员的指导下进行部分辅助工作的人员。呼吸治疗师是指使用呼吸机、肺功能仪、多导睡眠图仪、雾化装置等呼吸治疗设备，从事心肺和相关脏器功能的评估、诊治与康复，以及健康教育、咨询指导等工作的人员。医疗临床辅助服务员是指在医疗机构中，从事病案管理、护理、妇幼保健、药房辅助服务、配膳、卫生检验、医疗救护、医院污水处理等工作的人员。

相应岗位。长期照护师、护工等。

三、健康照护师的主要工作职责

1. 观察发现照护对象的常见健康问题及疾病（危急）症状，提出相应预防、康复及照护措施，或提出送医建议。

2. 观察发现照护对象的常见心理问题，提供简单心理疏导及支持性照护措施。

3. 照护老年人生活起居、清洁卫生、日常活动，提供合理饮食及适宜活动指导，提供预防意外伤害安全照护，为临终老人提供安宁疗护措施。

4. 照护孕产妇生活起居，提供个性化营养、运动健康生活照护，辅助母乳喂养及产后康复。

5. 照护婴幼儿生活起居与活动，提供喂养、排泄、洗浴、抚触、睡眠、生长发育促进及心理健康照护措施。

6. 照护病患或生活不能自理人员生活起居、清洁卫生、日常活动，提供饮食及适宜活动指导，按医嘱督促、协助照护对象按时服药、治疗。

7. 提供照护对象家庭生活环境、营养膳食及健康指导。

四、健康照护师的薪酬福利待遇

平均薪酬水平。根据招聘平台 2023 年 8 月的公示数据，一线城市和经济发展较快的城市，如北京、上海、深圳等，健康照护师的薪资为 6000~12000 元 / 月，高于其他城市（如青岛为 5000~10000 元 / 月，西安为 5000~10000 元 / 月）。

与类似职业对比。根据招聘平台 2023 年 8 月的公示数据，在上海，该职业的薪酬一般高于养老护理员、健康管理师的薪酬，低于月嫂的薪酬。类似职业薪酬水平见表 4-14-01-03-1。

表 4-14-01-03-1　类似职业薪酬水平

职业名称	薪酬水平（元 / 月）
健康照护师	6000~12000
养老护理员	5000~9000
健康管理师	4000~8000
月嫂	9000~15000

五、从事健康照护师工作需要哪些本领

该职业从业人员需具备生活照护、基础照护、健康问题照护、活动与康复、心理照护等方面的知识和技能。

健康照护师需具备的知识和技能见表 4-14-01-03-2。

表 4-14-01-03-2 健康照护师需具备的知识和技能

职业功能	工作内容	知识和技能要求
生活照护	清洁照护	了解常用漱口液种类及其作用，熟悉留置胃管者口腔、留置尿管者会阴的清洁方法及注意事项
	饮食照护	能根据治疗饮食要求制作膳食，能为鼻饲者制作管饲饮食并喂养，能为胃造瘘者制作管饲饮食并喂养
	排泄照护	熟悉功能性尿潴留照护措施，尿失禁者功能锻炼方法、注意事项及预防失禁性皮炎照护措施
	睡眠照护	了解作息时间规律与身心健康的关系、作息时间表的制定原则；熟悉失眠表现及促进睡眠措施，能制定作息时间表，为失眠者提供促进睡眠照护
基础照护	基本技术应用	熟悉吸入给药操作方法及注意事项、胰岛素笔注射方法及注意事项、输液观察要点和常见问题及不良反应表现，熟悉留置尿管、鼻饲管、经外周静脉穿刺中心静脉置管、气管切开套管观察要点，熟悉乳汁淤积预防方法及注意事项，熟悉乳头凹陷、乳头皲裂产妇母乳喂养方法及注意事项，熟悉新生儿脐部照护方法、脐部感染表现
	感染防护	熟悉流行性感冒、肺结核、麻疹、水痘等呼吸道传染病流行特点、症状、消毒隔离原则与措施，熟悉病毒性肝炎、细菌性痢疾、手足口病等消化道传染病流行特点、症状、消毒隔离原则与措施，熟悉病毒疣、手足癣、疥疮等皮肤接触性传染病流行特点、症状、消毒隔离原则与措施，熟悉穿脱防护衣、隔离衣的方法及注意事项
	安全照护	熟悉误吸预防及处理措施，熟悉中暑防范、处理方法及注意事项，熟悉预防失智老人走失方法、用具使用方法

续表

职业功能	工作内容	知识和技能要求
健康问题照护	症状观察	熟悉头痛、头晕症状特点、常见原因及照护措施，熟悉水肿出现部位、特点及原因，熟悉黄疸出现部位、特点及原因，熟悉新生儿生理性黄疸发展规律，熟悉家用胎心仪使用方法、胎心正常值范围
	急症处置	熟悉意识障碍观察方法、意识障碍程度与表现，熟悉抽搐表现、诱发因素及初步处理措施，熟悉胸痛和腹痛常见原因、处理措施及注意事项，熟悉咯血常见原因及紧急处理措施，熟悉低血糖症状、诱发因素及紧急处理措施，熟悉孕期出血和胎膜早破表现、紧急处理措施，熟悉产后出血症状及出血量估算方法，熟悉骨折紧急处理方法及注意事项
活动与康复	辅助活动	熟悉老年人适宜活动项目及注意事项，熟悉孕产妇活动方式选择原则、保健操方法及注意事项，熟悉不同月龄段的婴幼儿智护训练方法、作用及注意事项
	康复锻炼	熟悉常用健身器材使用方法及注意事项；熟悉图片、书写板、表情、手势等沟通方法应用及注意事项；熟悉精细运动锻炼方法及注意事项；熟悉关节屈、伸，旋转等功能训练方法及注意事项；熟悉腰椎间盘突出危险因素、正确防范姿势、康复操方法及注意事项；熟悉深呼吸、缩唇呼吸、腹式呼吸训练方法及注意事项；熟悉叩击排痰法适应证、禁忌证，叩击原则、操作方法及注意事项
心理照护	心理观察	熟悉痛苦、愤怒、恐惧、自卑、焦虑、抑郁等常见不良情绪表现，熟悉生活起居、穿戴、语言、交往行为异常表现
	心理支持	熟悉创造欢乐法、放松疗法、音乐疗法、转移法、生活调节法等情绪调节方法及注意事项，熟悉异常行为者意外伤害防范措施

六、健康照护师的专业教育现状

（一）相关专业

目前，普通本科院校、职业院校都开设了健康照护相关专业。普通本科院校专业有妇幼保健医学、全球健康学、中医康复学、护理学等。职业院校专业有婴幼儿托育服务与管理、健康管理、老年保健与管理、医学营养、护理等。

（二）开设相关专业的院校（排名不分先后）

★ 相关院校：中国医科大学、首都医科大学、大连大学、福建中医药大学、湖北医药学院、广东医科大学、天津医科大学、山西医科大学、广西医科大学、中国医科大学等。

◆ 相关院校：天津城市职业学院、黑龙江护理高等专科学校、山东中医药高等专科学校、湖北中医药高等专科学校、海南健康管理职业技术学院、安徽医学高等专科学校、江苏城市职业学院、咸宁职业技术学院、长春健康职业学院、宁波卫生职业技术学院等。

七、健康照护师的就业创业信息

健康照护师主要服务于家庭、医院、社区及长期护理服务机构等场所，从事老年人、孕产妇、婴幼儿、病患的健康照护与生活照料。

吸纳健康照护师就业较多的用人单位如下。

1. 病患服务企业：佛山市中医院老年病医院有限公司、佛山市中医院康复护理医院有限公司等。

2. 养老服务企业：上海日月星养老院有限公司、广州市松鹤养老院有限公司、北京长友养老院有限公司、武汉润济养老院有限公司等。

3. 母婴护理服务企业：广州华儒母婴护理服务有限公司、北京妈咪爱母婴护理有限公司、上海喜喜母婴护理服务股份有限公司、山东福座母婴护理有限公司等。

4. 家庭服务企业：成都和美东方现代家庭健康管理有限公司、深圳市松鼠家庭健康科技有限公司等。

注：以上机构信息仅供参考，不代表编写出版方对其推荐或认可。

八、健康照护师的职业贯通发展

健康照护师的发展路径主要有四条。管理路线，即从员工逐步上升为养老院、月子中心等的管理者。专家路线，即不断提升技能水平，成为高级技师。复合人才路线，即向其他行业跨越或职业转型，如通过学习积累社区管理相关知识，发展成为社区健康管理员等。创业路线，即基于个人兴趣爱好进行创新创业。健康照护师职业贯通发展如图 4-14-01-03-1 所示。

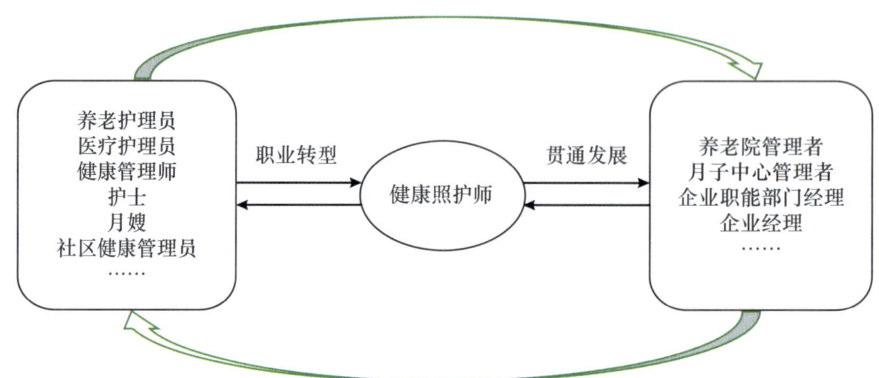

图 4-14-01-03-1　健康照护师职业贯通发展

九、健康照护师的发展前景

从市场供需看。《新职业——健康照护师就业景气现状分析报告》指出，据不完全统计，我国失能失智老人大约 4000 万，各类残疾人总数达 8500 万，2015 年实施全面放开二孩政策，我国每年出生 1400 万 ~1700 万人口，需要为他们解决慢性病诊疗、康养调理、生活照料和慰藉陪护以及孕产妇婴幼儿专业照护等问题。健康照护师市场需求巨大，发展前景广阔，据有关预测数据，未来 5 年我国健康照护人员市场需求量在 500 万以上。

从产业发展看。在 21 世纪这个人类关注健康、需要健康的大健康时代，大健康产业已经成为全球热点和新的经济增长点。大健康产业顺应了我国经济转型升级、绿色发展的趋势，受到我国政府高度重视和大力扶持。同时我国经济不断发展，居民收入水平和消费水平不断提高，亚健康和老龄化的威胁、健康需求增加等要素也为大健康产业的发展提供广阔的发展前景。

从政策红利看。2021 年 12 月，国务院发布《“十四五”国家老龄事业发展和养老服务体系规划》；2022 年 4 月，国务院办公厅印发《“十四五”国民健康规划》；2022 年 11 月，国家卫生健康委办公厅发布《3 岁以下婴幼儿健康养育照护指南（试行）》。《“十四五”国民健康规划》明确指出，慢性病发病率上升且呈年轻化趋势，患有常见精神障碍和心理行为问题人数逐年增多，食品安全、环境卫生、职业健康等问题仍较突出。人口老龄化进程加快，康复、护理等需求迅速增长。优生优育、婴幼儿照护服务供给亟待加强。需要加快完善国民健康政策，持续推进健康中国建设，不断满足人民群众日益增长的健康需求。政府对健康产业的支持力度不断增加，为健康照护师提供了更多就业和发展的机会。

十、相关内容链接

国家职业标准：扫码即可查看☞。

相关政策文件：见表 4-14-01-03-3。

表 4-14-01-03-3　健康照护师相关政策文件

发布或通过时间	发布或通过机构	文件名称
2021 年 12 月	国务院	《“十四五”国家老龄事业发展和养老服务体系规划》
2022 年 4 月	国务院办公厅	《“十四五”国民健康规划》
2022 年 11 月	国家卫生健康委办公厅	《3 岁以下婴幼儿健康养育照护指南（试行）》

供稿：咸宁职业技术学院　邓玉梅

公共场所卫生管理员

职业编码：4-14-04-03

公共场所是指在自然资源或人工环境的基础上，根据人们生活和社会活动的需要，由人工建成的具有一定服务功能和保护措施的公共建筑设施，是人们学习、工作、出行、旅游、娱乐、购物、美容等生产或生活活动的物质环境。随着人们生活水平的不断提高，尤其是健康意识的不断提高，人们对公共场所卫生的要求也越来越高。

公共场所是人类生活环境的组成部分，它所接纳和聚集的人员数量比较大，人员频繁往来，人群流动性大。公共场所环境和物品往往受到生物、物理、化学等多种因素影响，较易造成疾病的传播流行。因此，加强公共场所卫生监督管理是非常必要的。

“环境你不爱，美景不常在”，表达了人们对于干净整洁美好环境的向往与追求。因此，公共场所卫生管理员这个职业已变得越来越重要。

一、公共场所卫生管理员的一天

记录时间：2023 年 9 月 16 日 **记录人：梅某**

上午工作情况

8 点：

1. 对公共场所的清洁、清理情况进行督促检查。（卫生检查）

2. 对员工在办公区域抽烟等违反工作纪律的情况进行查处。（违规行为劝阻）

3. 在商超入口对人群进行体温测量等健康监测。（公共健康监测）

4. 对农贸市场、商超、餐馆等公共场所的空气、饮用水、食物等进行样品收集，带回实验室进一步检测。（环境样品收集）

5. 整理档案，对辖区各餐厅工作人员的健康证明等档案进行收集整理。（档案整理）

下午工作情况

14点：

1. 对农贸市场、商超、餐馆等地带回的样品，在实验室进行检测，发现问题及时上报。（样品检测）

2. 在广场、公园等公共场所进行卫生知识宣讲，普及正确的洗手方法等卫生知识。（卫生知识宣传）

3. 组织酒店、餐厅等工作人员进行职业健康检查。（工作人员健康检查）

4. 对辖区内各类慢性病的发生情况进行监测、登记、上报等。（慢性病汇总）

5. 做好传染病等防治辅助工作。（传染病防治）

6. 对辖区内公共游泳场所的水质进行抽样检查。（水质检查）

二、什么是公共场所卫生管理员

职业定义。公共场所卫生管理员是指从事公共场所卫生管理、人员健康监测、卫生风险分析与控制及卫生知识宣传等公共卫生防控辅助工作的人员。

定义解读。公共场所卫生管理员工作涉及范围较广。总体来说，主要工作内容包括清理公共场所卫生、制定清洁和卫生的标准和程序并监督这些程序的执行、进行必要的检查以确保标准得到遵守等。

关联职业。密切关联的职业有防疫员、消毒员和社群健康助理员等。防疫员是指从事疾病预防控制、突发公共卫生事件处置，进行公共卫生环境、场所、物品有害微生物清除及病媒生物防制防控辅助工作的人员。消毒员是指从事消毒知识宣传、消毒药剂配制，进行公共卫生环境、场所、物品消毒和消毒效果评价以及消毒设备保养、检修的防控辅助人员。社群健康助理员是指从事社群健康档案管理、宣教培训，就诊和保健咨询、代理、陪护及公共卫生事件事务处理的人员。

相应岗位。公共卫生管理师、疾病监测与控制专员、卫生督导员、疾病预防控制中心工作人员、健康教育专员、医疗卫生政策专员等。

三、公共场所卫生管理员的主要工作职责

1. 制定公共场所卫生管理制度及岗位责任制度，监督检查执行情况，核查卫生公示内容及标志。

2. 建立公共场所卫生管理档案，检查或抽查公共场所的卫生状况，包括室内空气、公共用具、场所通风换气和空调设施、生活饮用水及游泳池水、淋浴用水等。

3. 开展公共场所人员健康监测，核查从业人员的健康证明、个人卫生状况。

4. 开展公共场所室内空气、生活饮用水、游泳池水、沐浴用水、集中空调通风系统、应急通道、安全出口等的卫生管理工作。

5. 进行公共场所卫生风险分析与控制，应急处理健康危害事故，协助开展应急常规处置，汇集、储存、上报现场信息，应对相关舆情。

6. 开展公共场所卫生知识宣传工作，组织从业人员进行卫生法律和卫生知识培训。

7. 开展公共场所室内空气、生活饮用水等卫生评价。

四、公共场所卫生管理员的薪酬福利待遇

平均薪酬水平。网络招聘平台数据显示，2022 年公共场所卫生管理员月平均薪酬为 5400 元。公共场所卫生管理员的薪酬构成大致为工资性收入、奖励收入、补贴收入、其他收入。

与类似职业对比。网络招聘平台数据显示，该职业薪酬水平与消防中控员、消毒员薪酬水平持平，低于防疫员薪酬水平，略高于保洁员薪酬水平。类似职业薪酬水平见表 4-14-04-03-1。

表 4-14-04-03-1　类似职业薪酬水平

职业名称	薪酬水平（元 / 月）
公共场所卫生管理员	5000~6000
消防中控员	5000~6000
消毒员	5000~6000
防疫员	8000~9000
保洁员	4000~5000

五、从事公共场所卫生管理员工作需要哪些本领

该职业从业人员需具备卫生公示管理、场所卫生检查、人员卫生核查、公共卫生抽查、健康危害事故应急、卫生制度管理、培训与宣传等方面的知识和技能。

公共场所卫生管理员需具备的知识和技能见表 4-14-04-03-2。

表 4-14-04-03-2　公共场所卫生管理员需具备的知识和技能

职业功能	工作内容	知识和技能要求
卫生公示管理	公示内容核查	明确营业执照、卫生信誉等级、从业人员健康证明、量化分级公示及相关规章制度等，对其种类和数量了如指掌；根据公示内容，可以进行相关排查，并对出现的新工作、新要求制定相关制度规程；对不符合要求的现象提出整改措施，并对场所的公示进行设计指导
	标志核查	根据需要设置不同类别标志，并能识别禁止吸烟标志等不同类别标志的设置意义，可以识别安全标志；对不符合要求的现象提出整改建议
场所卫生检查	物品配置核查	核查相关物品的配置情况以及采购和出入库记录；根据经营业务变化配齐物品种类，同时根据配置工作变化设计相关记录表格；可以根据相关公共用品用具卫生检测报告，制订下一步工作计划；具有制订公共用品用具的索证管理计划能力

续表

职业功能	工作内容	知识和技能要求
场所卫生检查	物品储存核查	检查公共用品用具存放环境是否合格，尤其注意消毒剂、杀虫剂、灭鼠剂等有毒有害物品的存放和管理；能识别不同存放容器的功能和用途，根据卫生要求核算公共用品用具储备数量；具有处置有毒有害物品污染的能力，并制定危险物品管理措施
人员卫生核查	健康证明核查	识别从业人员健康证明，并判断其有效性；核实从业人员参加卫生知识与法律法规培训及考核情况
	从业人员个人卫生习惯核查	随机检查从业人员在工作过程中是否有勤洗手、勤换衣等卫生习惯；对从事直接为顾客服务工作的人员进行健康管理，组织从业人员进行定期健康检查；核查从业人员指甲、饰物佩戴是否符合卫生要求
	从业人员卫生状况核查	根据本单位形象及社会影响，制定更新从业人员个人卫生规范
公共卫生抽查	室内空气及物理因素状况抽查	掌握室内湿度、温度、风速、采光、照明、噪声等指标的卫生极限，发现问题及时进行分析并提出改进建议；排查可能影响场所空气质量的因素，识别场所常规指标的异常情况
	公共用品用具卫生状况抽查	具有识别公共用品用具换洗消毒效果是否合格的能力，排查可能影响公共用品用具换洗消毒效果的因素；对存在的公共用品用具换洗消毒效果不合格等潜在风险提出改进计划
	场所通风换气和空调设施卫生抽查	识别场所通风换气常规指标的异常情况，排查可能影响场所通风换气指标的因素；协助、监督通风换气和空调设施的清洗、消毒作业，评估场所通风换气和空调设施运行、维护、管理措施的有效性并提出改进计划
	生活饮用水卫生抽查	识别场所的生活饮用水水质异常情况，检查水质处理器的定期维护情况；排查可能影响生活饮用水水质的因素，并核查水质处理器滤芯的卫生状况；评估生活饮用水管理的有效性并提出改进计划

续表

职业功能	工作内容	知识和技能要求
公共卫生抽查	游泳池水、淋浴用水卫生抽查	识别游泳池水质气味、颜色、浊度等异常情况，检查场所浸脚消毒池水的定期消毒记录；识别游泳、沐浴场所池水水质的卫生学检测报告，排查卫生学检测报告的超标指标；评估池水处理设施运行、维护的有效性并提出改进计划
健康危害事故应急	应急准备	制定公共场所健康危害事故应急预案；开展健康危害事故应急演练，核查应急设施、器材、物资的配置情况，并提出改进意见；对应急机制、应急能力进行评价
	应急处置	具有发现并上报健康危害事故的能力，并协助开展应急常规处置；启动场所的应急预案，对现场信息进行汇集、储存、上报，组织开展健康危害事故的现场处置；指导开展应急处置，对场所突发健康危害事故的舆情进行控制，并对现场情况进行初步评估
卫生制度管理	制度制定执行	根据工作需要制定相应的卫生管理制度与操作规范，检查卫生制度、操作规范的执行落实情况；收集、整理和保管检测报告、清洗消毒记录、设备维护维修记录、卫生相关产品验收记录等卫生管理资料并形成档案
	卫生档案管理评估	具有运用计算机技术管理、使用档案的能力，可以评估卫生档案管理的效果
培训与宣传	理论培训	对从业人员进行卫生法律法规培训，进行卫生操作规程及基础理论知识培训与考核；对场所卫生理论培训需求进行分析，并根据需求制订从业人员卫生知识理论培训年度工作计划；编写理论培训讲义，可以对场所从业人员理论培训效果进行评价
	实践指导	对单位从业人员卫生操作进行技术指导，对场所卫生实践指导需求进行分析，并根据需求制订实践指导年度计划；编写实践指导手册，对场所从业人员的卫生实践操作水平进行评估

六、公共场所卫生管理员的专业教育现状

（一）相关专业

目前公共场所卫生管理员对应的专业主要包括预防医学、公共卫生管理、卫生信息管理、社区管理与服务、卫生检验与检疫技术等，涉及普通本科院校、职业院校等。

（二）开设相关专业的院校（排名不分先后）

★ 相关院校：中国医科大学、天津医科大学、郑州大学、四川大学、哈尔滨医科大学、河北医科大学、湖北科技学院、山东大学等。

◆ 相关院校：咸宁职业技术学院、重庆三峡医药高等专科学校、江苏卫生健康职业学院、江苏医药职业学院、安徽医学高等专科学校、黑龙江护理高等专科学校、苏州卫生职业技术学院、遵义医药高等专科学校、天津医学高等专科学校、贵州护理职业技术学院、洛阳职业技术学院、郑州卫生健康职业学院、广东省潮州卫生学校、昆明卫生职业学院等。

七、公共场所卫生管理员的就业创业信息

吸纳公共场所卫生管理员就业较多的用人单位如下。

1. 医药卫生行政部门：国家卫生健康委、国家药监局等。

2. 医院：各医院预防保健科、病案统计科、信息统计科、科研部门、教育部门等。

3. 酒店、餐饮等服务企业。

八、公共场所卫生管理员的职业贯通发展

该职业的发展路径主要有三条。专家路线，即不断提高技能水平，成为公共卫生领域专家，对从业人员进行培训指导。复合型人才路线，即向其他行业跨越或职业转型，如通过学习相关知识和技能转型为企业部门经理、消毒员、防疫员等。创业路线，即基于个人兴趣爱好进行创新创业。公共场所卫生管理员职业贯通发展如图 4-14-04-03-1 所示。

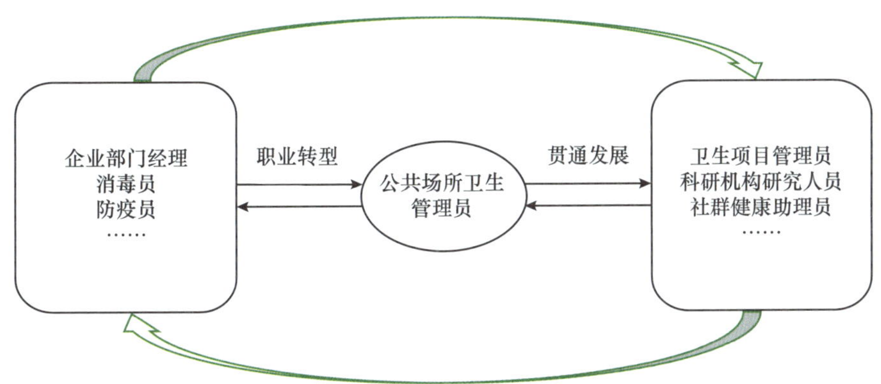

图 4-14-04-03-1　公共场所卫生管理员职业贯通发展

九、公共场所卫生管理员的发展前景

从市场供需看。公共场所卫生管理员在保护我们的健康、保证我们的生活质量方面发挥着关键作用。作为一个新兴职业，我国公共场所卫生管理员存在巨大缺口。国家统计部门公布的数据显示，目前存在基层公共卫生管理环境差、检测设备老化、从业人员数量少并对专业知识认知低的情况。

从产业发展看。近年来，国家发现公共卫生领域存在庞大的社会需求和潜在的经济增长点，为此，国家开始进行政策倾斜，大力促进其发展。同时，随着社会经济发展和文化进步，民众的人权意识、保健意识逐渐提高，对公共卫生服务整体质量的要求也越来越高。伴随着一系列卫生法律法规政策的相继出台，公共卫生管理工作待遇、职业发展平台和职业前景被十分看好。

从政策红利看。近年来，国家加大在公共卫生领域的政策投入，2020 年我国人均基本公共卫生服务经费补助标准为 74 元，2023 年我国基本公共卫生服务经费人均财政补助标准为 89 元。2020 年，吉林省在全国率先对防疫员、消毒员、公共场所卫生管理员等公共卫生辅助服务员职业范围内的三项工种分别制定评价规范，填补了国内公共卫生辅助服务员职业技能评价规范的空白。同时，各地纷纷出台相关政策，加大对公共场所卫生管理行业的支持力度。

十、相关内容链接

国家职业标准： 扫码即可查看☞。

相关政策文件： 见表 4-14-04-03-3。

表 4-14-04-03-3　公共场所卫生管理员相关政策文件

发布或通过时间	发布或通过机构	文件名称
2019 年 4 月	国务院	《公共场所卫生管理条例(2019 修订)》
2020 年 12 月	国家卫生健康委	《工作场所职业卫生管理规定》

供稿：咸宁职业技术学院　梅莹

民宿管家

职业编码：4-14-06-02

民宿管家根据订单需求进行求婚仪式策划，得到了客户的高度认可，这也是民宿管家坚持从事民宿工作的重要意义。民宿管家是一名“百事通”，也是一名“指挥家”。在客流量少的时候能够守得住店，在客满的时候能够忙中不乱，能和客户成为朋友。民宿管家能与人畅谈，把这份繁杂工作通过自己的设计变得有意义。好的民宿管家除给客户定制住宿、餐饮以及当地自然环境、文化与生活方式体验外，还能做好人际沟通，既写得了策划书，又能处理好民宿大大小小的事务。

一、民宿管家的一天

记录时间：2023 年 5 月 6 日 **记录人：张某**

上午工作情况

6 点：

1. 为客户提供餐饮服务。（餐厅服务）

2. 检查民宿接待、厨房安全等设施和设备运作情况。（公共场所卫生管理）

3. 查询天气、交通等信息，做好接待准备。（前厅服务）

10 点：

1. 协助同事办理退房，运送行李。（前厅服务）

2. 处理 OTA（线上旅游公司）平台订单，维护 OTA 平台房态及房价，回复 OTA 平台评价。（管理与沟通）

3. 收集并整理住店客户信息，对前一天退房的客户进行回访，对上月入住过的客户推送民宿促销信息。（客户管理）

12 点：

1. 巡视客房清洁情况，确保按照标准完成客房清洁与整理。协调客房清洁安排，确保在客户到达之前打扫完全部客房。（客房服务）

2. 进行客房卫生、客用品补充、客房布置规范等检查。（客房管理）

民宿管家工作场景

下午工作情况

14 点：

1. 客户即将到达时协调接送，提前在门口迎候客户，帮忙拿行李。为客人办理入住，送其到房间休息，准备下午茶并送到客户面前。（前厅服务）

2. 和客户沟通，简单介绍民宿，介绍民宿周边、当地景点，带客户出游。（管理与沟通）

16 点：

1. 与明天入住的客户联系，确认行程、是否用餐等。（前厅服务）

2. 罗列来日客户菜单和下午茶品种，安排同事采购相应食材。（餐饮管理）

3. 与即将入住客户对接游玩方案，提供相应建议方案，根据客户需要合理安排员工，与周边旅游景点协调，采购相应旅游产品。（活动组织）

4. 安排客户晚餐，检查餐厅卫生、设施设备、摆台情况。（餐厅服务）

民宿内风景

19 点：

1. 检查盘点餐厅酒水、物料消耗情况，据实合理采购物料，盘点食品和酒水有无过期情况。（食品安全管理）

2. 盘点管控客房用品损耗情况，据实合理采购。（客房管理）

3. 为客户解决住宿困扰，包括网络、热水、电视、蚊虫问题等。（管理与沟通）

二、什么是民宿管家

职业定义。民宿管家是指提供客户住宿、餐饮以及当地自然环境、文化与生活方式体验等定制化服务的人员。

定义解读。民宿是主人参与接待，为游客提供体验当地自然、文化与生产生活方式的小型住宿设施。民宿管家就是为客户提供住宿、餐饮以及当地自然环境、文化与生活方式体验等定制化服务的人员。

关联职业。密切关联的职业有客房服务员、前厅服务员等。这几个职业的共同特点是为客户提供住宿服务，但是不同的是，前厅服务员和客房服务员主要为客户提供传统的入住服务，而民宿管家是民宿内部营运业务的管理人员，无论是业务范围还是管理层级都与客房服务员、前厅服务员等有所不同。民宿管家更应具有综合协调能力、与游客共情的能力、个性化定制能力、管理监督能力、政策规制运用能力以及传播当地文化的能力。

相应岗位。休闲露营地管家。

三、民宿管家的主要工作职责

1. 根据当地的文化和自然情况，策划当地自然人文环境、休闲、娱乐与生活方式体验活动，推广销售民宿服务项目；打造能够吸引客户群体的场景和体验活动。

2. 及时受理预订，与客户沟通，了解其个性化服务需求，策划制定服务项目与方案，满足客户的个性化需求，给客户惊喜。

3. 介绍民宿服务项目与设施，协调指导员工提供接待、住宿、餐饮、活动等服务项目；帮助客户迅速了解、熟悉民宿的内部设施和服务项目，以便客户尽快融入民宿的文化生活中。

4. 定期检查项目服务质量，协调处理客户诉求，保证服务质量；为客户提供温馨的管家服务。

5. 分析民宿运营中物料采购、损耗情况，整理、分析民宿运营数据，控制运维成本；通过降低内耗，提升民宿的运营质量。

6. 整理记录客户信息、消费项目与习惯，搜集分析客户体验反馈，维护客户关系；为后续客户的复购和推广奠定基础。

7. 制定民宿及服务项目应急预案，检查维护安全设施和设备，组织实施紧急救护；第一时间处理突发应急事件，降低损失，保障客户和民宿的安全。

四、民宿管家的薪酬福利待遇

平均薪酬水平。民宿管家的薪酬与所在地区的经济发展程度相关。智联招聘

2023 年 8 月数据显示，民宿管家薪酬在一、二线城市为 7000~15000 元 / 月，在三线及以下城市相对较低。截至 2023 年 6 月，职友集公布的数据显示，民宿管家全国平均工资为 5300 元 / 月。热门的民宿岗位招聘城市有湖州、大理、三亚、杭州、成都、丽江、北海、温州、重庆和惠州等，湖州的民宿管家的平均工资为 5800 元 / 月，大理的民宿管家的平均工资为 4800 元 / 月。

与类似职业对比。类似职业薪酬水平见表 4-14-06-02-1。

表 4-14-06-02-1　类似职业薪酬水平

职业名称	薪酬水平（元 / 月）
民宿管家	7000~15000
行政管家	10000~15000
餐饮服务员	4500~6000
营销员	6000~8000
茶艺师	7000~12000
咖啡师	6800~13000

五、从事民宿管家工作需要哪些本领

该职业从业人员需具备管家服务与管理、客房服务与管理、餐饮服务与管理、工程维护、财务管理、人力资源管理、市场营销管理、活动策划和培训与指导方面的知识和技能。

民宿管家需具备的知识和技能见表 4-14-06-02-2。

表 4-14-06-02-2　民宿管家需具备的知识和技能

职业功能	工作内容	知识和技能要求
管家服务与管理	掌握管家的行为准则	掌握工作中的礼仪礼节、语言规范、行为规范及注意事项

续表

职业功能	工作内容	知识和技能要求
管家服务与管理	制定运营部门工作流程、管理制度、工作职责规范	明确和制定管家部、客房部、餐饮部工作流程、规章制度等
	客户管理	能收集并整理住店客户信息，及时对入住过的客户进行回访，及时向入住过的客户推送民宿促销信息
客房服务与管理	客房的服务	能够清洁客房卫生、清洁公共区域卫生、管理客用品和开展其他客房服务
	掌握客房清洁方面的知识	掌握基础清洁工具的种类和保养方法、客房设施的清洁标准以及常用的清洁剂使用知识
	掌握客房清洁的标准流程	掌握客房清洁准备流程、撤垃圾流程、撤布草流程、清洁剂喷洒流程、铺床流程、抹尘流程、易耗品补充流程、棉织品补充流程、吸尘流程和杯具消毒流程
	分配日常工作	能根据客流情况分配客房服务工作并进行调整
	计划安排	能合理安排清洁计划和特殊设施设备保养计划
	管理客用品、客房清洁用品、仓库与布草房	能建立客用品、客房清洁用品、客房仓库和布草房管理制度，合理管控客用品和客房清洁用品，定期盘点仓库和布草房
餐饮服务与管理	熟悉餐厅标准操作流程	熟悉班前准备工作流程、餐前准备流程、接受预订流程、引客入座的操作流程，帮客户点菜、酒水服务流程，看台、帮客户结账、收档关门、处理客户投诉流程
	餐厅日常工作检查	能协调餐厅各区域服务人员、检查餐具卫生 / 完整度是否合格和餐厅设施设备是否正常运转
	与前台和厨房的沟通	能与前台沟通客户订餐信息、与厨房沟通每日订餐信息和特殊要求
	餐厅酒水管理	能建立酒水管理制度，合理采购酒水，统计酒水销量和统计酒水招待 / 免单 / 损耗
	餐厅物料管理	能建立餐厅物料管理制度和合理分配使用各类物料

续表

职业功能	工作内容	知识和技能要求
餐饮服务与管理	餐厅物资盘点	能定期盘点物料使用情况，盘点酒水消耗情况和食品、酒水有无过期情况
	餐厅设施设备的保养	能定期保养餐厅设施设备和更换餐具
	菜单管理	能制定不同类型的菜单、调整菜单内容和进行菜品评估
工程维护	民宿设备的日常维护	能维护机电设备和维修民宿设施
	处理紧急工程事件	能处理突发事件
财务管理	财务与管家工作的对接	能管理日常收入
人力资源管理	人力资源与管家工作的对接	了解办理入离职手续流程
	民宿证照办理	能办理各类证照
	招聘与面试	了解招聘的考核要点和面试的技巧
	制定奖励办法	能制定员工的工作奖励办法
市场营销管理	新媒体运营	掌握新媒体运营的方法和制定常见新媒体销售方案
	OTA 平台的推广	了解 OTA 平台的使用技巧和进行 OTA 平台的维护及 OTA 平台的活动推广
活动策划	活动方案调研	能进行调研计划、调查问卷设计，能收集、分类调研样本资料
	实施方案策划	能准备活动所需的材料，记录活动要点，能编写、存档会议纪要
	活动文案写作	能编写民宿活动文案
培训与指导	民宿管家日常管理技能培训	能够开展民宿管家技术培训工作，提升民宿管家的技能水平
	民宿管家工作流程培训	能够开展民宿管家流程培训工作，提高民宿管家的管理效率

六、民宿管家的专业教育现状

（一）相关专业

随着民宿行业的快速发展，越来越多的普通本科院校和职业院校开设了相关专业，如民宿管理与运营等，为从事民宿行业的人传授专业知识和技能。此外，一些企业也会自行开设培训班或内部培训，培训民宿管家和其他从业人员，以提高他们的专业素质和工作能力。

（二）开设相关专业的院校（排名不分先后）

★ 相关院校：西南财经大学天府学院、上海师范大学、南京晓庄学院等。

◆ 相关院校：河北旅游职业学院、唐山海运职业学院、临汾职业技术学院、太原旅游职业学院、上海南湖职业技术学院、南京城市职业学院、南京旅游职业学院、浙江旅游职业学院、安徽工业经济职业技术学院、安徽财贸职业学院、安徽绿海商务职业学院、吉安职业技术学院、青岛酒店管理职业技术学院、烟台文化旅游职业学院、黄河水利职业技术学院等。

七、民宿管家的就业创业信息

我国民宿集中分布于旅游业比较发达的区域，如北京、浙江、江苏、福建、广东、云南、四川等。西北地区以及东北地区民宿数量偏少，丽江、大理、嘉兴等古城、古镇区域民宿数量相对较多。吸纳民宿管家就业较多的用人单位有国内排名靠前的民宿品牌，如墟里、飞茑集、南岸、花筑、云上四季民宿、原舍、隐居乡宿、西坡、大乐之野等。民宿管家也可以选择自主创业，开设一家属于自己的民宿或者成立民宿管理服务公司等。

注：以上机构信息仅供参考，不代表编写出版方对其推荐或认可。

八、民宿管家的职业贯通发展

该职业发展路径主要有四条。管理路线，即从民宿管家基层管理晋升到中层管理，再晋升到连锁民宿企业高层业务领导，甚至往更高的领导职务发展。专家路线，即不断提高民宿管理和运营技能水平，成为民宿管理和运营领域专家。复合人才路线，即通过学习相关知识和技能，向其他行业跨越或转型，拓宽职业领域，可以转型为营养配餐员、食品安全管理师、导游等。创业路线，即基于个人兴趣爱好或者优势，选择合适机会进行创新创业，成为民宿店长，实现自我价值。民宿管家职业贯通发展如图 4-14-06-02-1 所示。

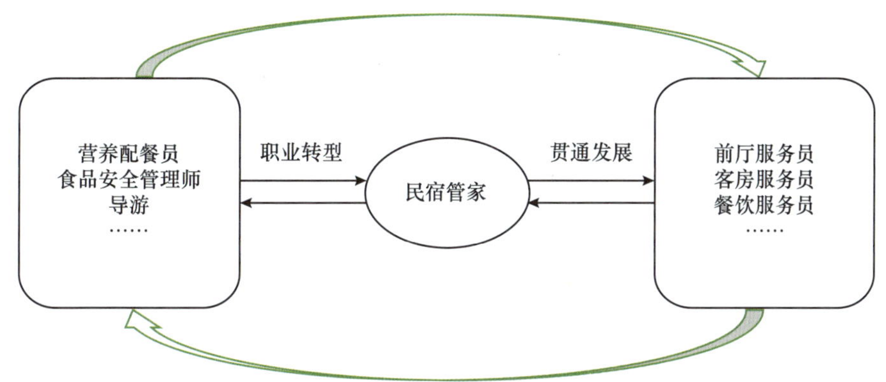

图 4-14-06-02-1 民宿管家职业贯通发展

九、民宿管家的发展前景

从市场供需看。我国的民宿管家、民宿运营等应用型人才存在巨大缺口。截至 2023 年 2 月，全国注册的民宿市场主体数量是 14 万家，民宿产品的数量至少是四五十万家。按一家 3 个用工估算，全国民宿直接从业人员应该在 200 万 ~300 万人。在职民宿管家水平参差不齐，来源多样，既有本地村民，也有外来招聘或临时用工。这种来源的多元化暴露出两个问题，一是数量严重不足，二是品质严重不够。从市场的供需来分析，民宿管家将会成为越来越抢手的职业。

从产业发展看。国家及地方为发展民宿出台的政策更加系统全面，更加规范有序。随着人们对美好生活的追求不断提升，民宿业成为旅游板块中最具希望的亮点。在旅游业不断发展的过程中，人们对旅游体验的多元化需求增加，民宿市场的增长潜力巨大，2022 年中国民宿市场规模达到 210 亿元，整个民宿行业发展向好，未来发展空间较大。

从政策红利看。浙江、陕西、山西、四川、重庆等省市有关部门与大型旅游企业合作，联合开展民宿从业人员技能提升培训，海南等省份对民宿管家提供培训，包括针对学员开展民宿管理、民宿经营、民宿服务等方面的课程授课。通过系统的学习和实践后，在职业技能等级认定考试取得合格成绩的学员，将获得由具备专业资质的职业技能等级认定机构颁发的民宿管家职业技能等级证书。

十、相关内容链接

国家职业标准： 扫码即可查看☞。

相关政策文件： 见表 4-14-06-02-3。

表 4-14-06-02-3　民宿管家相关政策文件

发布或通过时间	发布或通过机构	文件名称
2022 年 7 月	文化和旅游部等 10 部门	《关于促进乡村民宿高质量发展的指导意见》
2023 年 1 月	中共中央、国务院	《关于做好二〇二三年全面推进乡村振兴重点工作的意见》

供稿：嘉兴职业技术学院　乔海燕

激光设备安装调试员

职业编码：6-25-04-04

如果出门只能带一件东西，你会带什么？对大多数人来说，毫无疑问是智能手机。智能手机对我们生活的影响是如此之深，以至于我们往往都忽略了它的背后包括激光技术在内的多项划时代科技成果的基础支撑，包括激光设备安装调试员在内的多个新职业从业人员的共同努力。

智能手机

智能手机生产大约有70%的制造工艺与激光技术紧密相关，如激光打标、激光切割、激光焊接和激光直接成型等。在人工智能时代，激光技术被认为是人类社会生存和发展必不可少的工具之一。熟练地掌握这门技术，为工业激光设备和民用激光产品的生产制造、维修使用提供关键技术支持，是激光设备安装调试员的工作职责。

一、激光设备安装调试员的一天

记录时间：2023 年 2 月 26 日　　记录人：周某鹏

上午工作情况

8 点：

1. 售后服务工程师接到工作任务，去客户指定场地安装激光焊接机，完成验收工作。工程师先联系客户，准备好送货单、装机检查表、客户培训记录表等相关文件，带上专用工具箱前往客户现场。（设备现场安装准备工作）

2. 到达客户现场，检查安装场地是否符合设备环境要求，合格后连接激光烟尘净化机、氩气瓶、冷水机和供电电源等辅助器件，做好开机准备。（设备现场安装）

3. 执行焊接机开机程序，设置焊接工艺参数，加工焊接产品，目测产品焊接表面质量，发现工件有部分未焊透现象，调试参数，研究处理办法。（产品打样与工艺调试）

4. 检查激光光斑质量和激光功率大小，发现光斑有不对称、不均匀现象，激光功率小于额定值，初步判断设备外光路存在质量隐患。（设备维护与维修）

5. 断开电源及其他连接器件，打开外光路护罩，仔细清洗扩束镜、聚焦镜等镜片，保证激光从各光学器件的中心通过，保证加工焦点位置准确。（光路调试与检验）

下午工作情况

14 点：

1. 检查、连接、调试焊接机激光器和整机其他系统器件，确认各项参数符合设计要求后接通电源，再次检查激光光斑质量和激光功率大小，合格后调试整机其他工艺参数直至满足合同规定要求。（整机调试与检验）

2. 激光焊接产品打样，与客户共同确认设备主要加工工艺参数并记录。（产品打样与工艺调试）

3. 对客户相关人员进行激光安全和操作技能培训，与客户共同填写送货单、装机检查表、客户培训记录表等相关文件，完成全天工作。（客户服务）

激光设备安装调试员工作场景一

激光设备安装调试员工作场景二

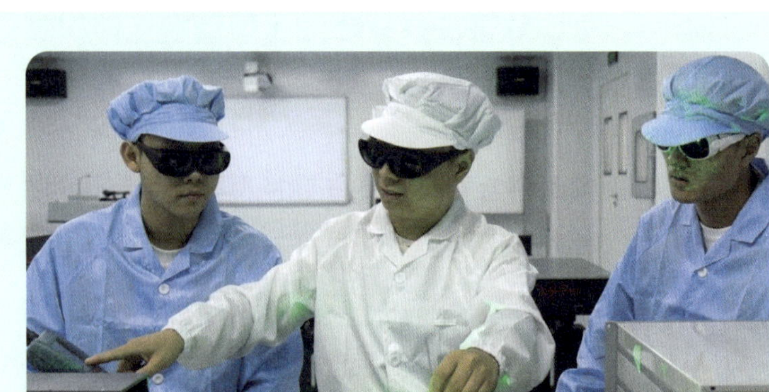

激光设备安装调试员工作场景三

二、什么是激光设备安装调试员

职业定义。激光设备安装调试员是指使用设备、工具和仪器，安装、调试、保养、维修工业激光设备和民用激光产品部件与整机的人员。本职业包括激光头制造工、激光机装调工、激光加工设备装调工等。

定义解读。在《奇异的激光》一文中，激光被描述成最亮的光、最快的刀、最准的尺。工业激光设备就是一把最快的刀，它以激光功率在 5W 以上的激光器为工具，改变被加工材料形状和性能，是先进制造、绿色制造的代表产品。工业或者民用激光产品就是一把最准的尺，它以激光功率在 5mW 以下的激光器为工具，在激光照排印刷、全息照相术、激光治疗近视、CD 光盘存储和播放等许多场景得到广泛应用。上述所有设备和产品的生产制造、维护维修和客户服务工作，都在激光设备安装调试员的工作范围，他们决定了光的明亮度、刀的锋利度、尺的准确度，他们是“追光的人”。

从专业的角度来说，激光产业是以激光技术（包括激光增材制造）为核心，生成各类零件、组件、设备等的产业，已形成了完整的上、中、下游产业链，需要大量激光设备工艺工程师、激光设备调试工程师、激光设备维修工程师和客户服务工程师，激光设备安装调试员正是对应上述工作岗位要求开发的新职业，具有

精准的针对性和广泛的适用性。

关联职业。密切关联的职业有工程技术人员和生产制造人员两个大类。在工程技术人员大类中，与机械制造工程技术人员、焊接工程技术人员、增材制造工程技术人员、特种设备管理和应用工程技术人员等职业关联度较高，其中与增材制造工程技术人员的关联度最高。在生产制造人员大类中，与机床装调维修工、焊接设备装配调试工、电子专用设备装调工、电工、电切削工、增材制造设备操作员、焊工、机械加工材料切割工和安全员等职业关联度较高，其中与机床装调维修工、电工、焊工的关联度最高。

相应岗位。操作员、安全员、品控员、采购员、营销员、资料员等专业岗位。

三、激光设备安装调试员的主要工作职责

1. 负责激光设备内、外光路调试、质量检验和现场基础技术管理工作。

2. 负责对所使用检测仪器设备状态、调试场地环境等进行确认、校准、维护、保养。

3. 负责调试激光设备整机的各个组成系统，进行系统主要性能检测并填写检测报告。

4. 负责调试常见激光设备整机性能，进行整机主要性能检测并填写检测报告。

5. 负责常见激光打标、切割和切割产品打样并为客户提供完整的激光加工工艺参数。

6. 负责其他特殊激光产品打样并为客户提供完整的激光加工工艺参数。

7. 负责对激光设备现场安装环境进行规划和实地检测并提出改进方案建议。

8. 负责对激光设备用户进行设备使用安全教育和设备使用流程培训。

9. 负责诊断激光设备主要故障类型、查找故障位置、更换故障器件、撰写故障报告，分析主要故障原因，提出改进措施。

四、激光设备安装调试员的薪酬福利待遇

平均薪酬水平。据 BOSS 直聘网 2024 年 8 月 11 日数据，深圳地区激光设备安装调试员学徒工（初级工）薪酬水平为 4000~6000 元 / 月，1~3 年熟练

工（中级工）薪酬水平为 7000~8000 元 / 月，3~5 年熟练工（高级工）薪酬水平为 10000~12000 元 / 月，5~8 年熟练工（技师及高级技师）薪酬水平为 15000~30000 元 / 月。

分析 BOSS 直聘网不同地区激光设备安装调试员的薪酬数据，经济发达地区员工薪酬相对优于经济欠发达地区员工薪酬。总体而言，东北、华中和华北地区激光设备安装调试员薪酬较低，华东地区激光设备安装调试员薪酬处于中等水平，华南地区激光设备安装调试员薪酬较高。

与类似职业对比。据 BOSS 直聘网 2024 年 8 月 11 日数据，类似职业薪酬水平见表 6-25-04-04-1。

表 6-25-04-04-1　类似职业薪酬水平

职业名称	薪酬水平（元 / 月）
激光设备安装调试员	4000~30000
模具工	5000~13000
焊工	6000~12000
机床装调维修工	5000~11000
机修钳工	5000~12000
电工	6000~11000

五、从事激光设备安装调试员工作需要哪些本领

该职业从业人员需具备的知识和技能主要包括光学与激光知识、机械与工程材料知识、激光器知识、光机电控制知识、激光设备知识、激光加工知识等。核心技能是激光设备整机安装调试与整机维护维修、产品打样与工艺调试。

激光设备安装调试员需具备的知识和技能见表 6-25-04-04-2。

表 6-25-04-04-2　激光设备安装调试员需具备的知识和技能

职业功能	工作内容	知识和技能要求
光路调试与检验	准备工作	能识别和使用光学元件清洗常用工具与材料，能识别和使用光路调试、光路检验常用工具与材料
	实施过程	能正确清洗光学元件，正确调试激光设备内、外光路
	结果检验	能判断检验光学元件质量和内、外光路调试结果
整机调试与检验	准备工作	能识别和使用整机调试、整机检验常用工具与材料
	实施过程	能正确调试激光设备各系统及整机主要参数
	结果检验	能检验激光设备各系统及整机主要参数，判断系统及整机调试质量
产品打样与工艺调试	准备工作	能识读机械零件图，会使用常用制图软件制图；能识读激光加工工艺文件，会使用激光加工典型软件
	实施过程	能根据样品要求完成激光打标、焊接、切割及其他激光加工产品的打样过程，调试并记录最佳工艺参数
	结果检验	能检验打标、焊接、切割及其他激光加工产品外观及内部质量缺陷，提出质量改进措施
设备现场安装与培训	准备工作	能查找激光设备相关标准，提出设备安装场地环境要求；能识别、使用安装场地环境测量常用仪表和工具
	实施过程	能识别和连接激光烟尘净化机、激光设备供气装置、制冷装置、供电电源，能对设备用户进行安全教育和设备使用培训
	结果检验	能判断设备安装场地、使用人员是否符合环境、安全要求
设备故障诊断与维修	准备工作	能分析激光设备主要故障现象，判断激光设备主要故障位置
	实施过程	能查找设备激光典型、激光光弱典型及设备其他典型故障位置，进行故障器件更换维修
	结果检验	能总结提出具体设备激光典型、激光光弱典型及设备其他典型故障处理措施

六、激光设备安装调试员的专业教育现状

（一）相关专业

目前已有较多的普通本科院校和职业院校开设了与该职业相关的专业。普通本科院校相关专业有光电信息科学与工程、增材制造工程、机械电子工程、机械工程、光电信息材料与器件、机械设计制造及其自动化、材料成型及控制工程等。职业院校相关专业有智能光电技术应用、光伏工程技术、光电显示技术、机械制造及自动化、电子信息工程技术、光电仪器制造与维修、电子材料与元器件制造、微电子技术与器件制造、机械制造技术、机械加工技术、机电技术应用、数控技术应用、模具制造技术、机电设备技术、焊接技术应用等。

（二）开设相关专业的院校（排名不分先后）

★ 相关院校：浙江大学、华中科技大学、电子科技大学、中国科学技术大学、北京邮电大学、北京理工大学、天津大学、哈尔滨工业大学、东南大学、浙江工业大学、天津职业技术师范大学等。

◆ 相关院校：浙江工贸职业技术学院、武汉软件工程职业学院、深圳信息职业技术学院、许昌职业技术学院、武汉职业技术学院、无锡职业技术学院、昌吉职业技术学院、南京科技职业学院、酒泉职业技术学院、江西制造职业技术学院、河南机电职业学院、上饶职业技术学院、武汉船舶职业技术学院、江苏省宿城中等专业学校、武汉市江夏职业技术学校、武汉市仪表电子学校、武汉市交通学校、安阳市中等职业技术学校等。

七、激光设备安装调试员的就业创业信息

国内激光产业已经形成华中、珠三角、长三角和环渤海四大产业带，西部地区也在快速形成产业规模。华中激光产业带以武汉光谷为激光产业集聚中心，不但拥有完整的激光装备产业链，还拥有激光产学研基地，在激光相关技术的研发和创新上占据国内领先地位，集聚了国内激光领域众多专家和技术人才。珠三角激光产业带在激光技术市场化应用上有着天然的产业优势，也是激光产业的集聚中心，主要分布在深圳、广州、东莞、佛山等城市。长三角激光产业带主要分布在上海、南京、

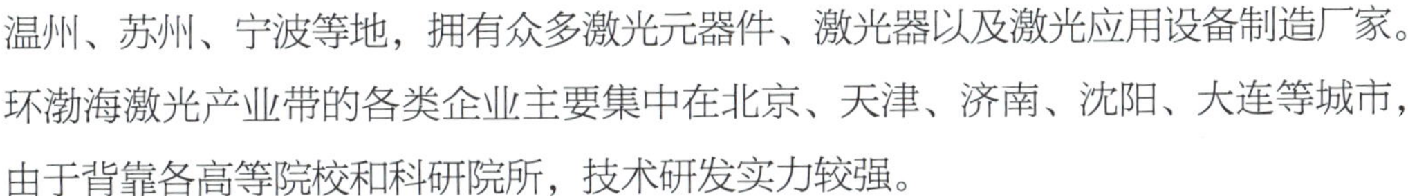

温州、苏州、宁波等地，拥有众多激光元器件、激光器以及激光应用设备制造厂家。环渤海激光产业带的各类企业主要集中在北京、天津、济南、沈阳、大连等城市，由于背靠各高等院校和科研院所，技术研发实力较强。

吸纳激光设备安装调试员就业较多的用人单位如下。

1. 激光装备制造企业：海目星激光科技集团股份有限公司、苏州德龙激光股份有限公司等。

2. 激光装备应用企业：宁德时代新能源科技股份有限公司、比亚迪汽车有限公司、富士康科技集团有限公司、中国中车集团有限公司、珠海格力电器股份有限公司、康佳集团股份有限公司等。

3. 外国激光公司在华机构：相干（北京）商业有限公司、通快（中国）有限公司等。

注：以上机构信息仅供参考，不代表编写出版方对其推荐或认可。

八、激光设备安装调试员的职业贯通发展

激光设备安装调试员的职业发展路径主要有四条。管理路线，即从一线员工晋升到班组长、主任、部长等单位中层，再晋升到总监、总工等单位领导层，甚至向更高的领导职务发展。专家路线，即通过不断提高技能水平，既可以通过激光设备安装调试员职业资格证系列（初级工、中级工、高级工、技师、高级技师）晋升，也可以贯通到工程师系列（助理、中级、高级）晋升，最终上升到技术总监、技术总工和技术专家层次。复合人才路线，即通过学习相关知识和专业技能，拓展职业领域，转型为设计工程技术人员、制造工程技术人员、设备工程技术人员、特种设备管理和应用工程技术人员等，实现横向贯通和复合发展。个人创业路线，即根据个人业务能力、专业基础和兴趣爱好，选择合适机会在激光与增材制造细分领域进行创新创业，实现自我价值。激光设备安装调试员职业贯通发展如图 6-25-04-04-1 所示。

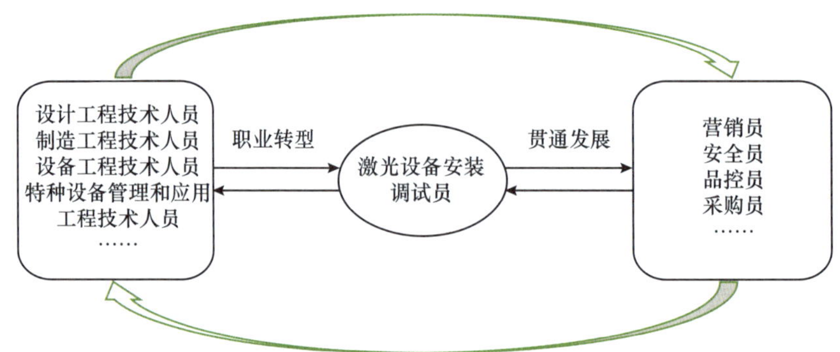

图 6-25-04-04-1　激光设备安装调试员职业贯通发展

九、激光设备安装调试员的发展前景

从市场供需看。从激光设备在工业领域的应用发展历程来看，2000 年左右激光打标工艺快速普及，2010 年左右激光切割工艺快速推广，2020 年左右激光焊接工艺快速发展，这些过程推动了激光设备安装调试员这一新职业的产生和持续稳定的需求。未来激光增材制造、激光清洗、激光医疗、激光显示、激光导航、军用激光等多个应用领域将得到快速增长，激光设备将成为各行各业的主要装备，这使得本职业具有更广阔的应用场景和发展空间。

从产业发展看。根据前瞻产业研究院发布的《中国激光行业发展前景与转型升级分析报告前瞻》，国内产业链中游的激光器及成套设备企业已有 2000 余家，2021 年产值接近 2055 亿元，同比增加 17.6%。服务产业链下游企业和服务市场价值直接产值超过 20000 亿元。激光产业链产值的增长速度远高于同期国民经济工业增长的平均速度。

从政策红利看。2020 年 9 月，国家发展改革委等 4 部门发布《关于扩大战略性新兴产业投资 培育壮大新增长点增长极的指导意见》，激光与增材制造产业位列 20 个重点方向之中。《广东省培育激光与增材制造战略性新兴产业集群行动计划（2021—2025 年）》提出，支持中高职院校设置增材制造技术应用专业，培养一批具有职业资格的技能型人才，强化国家、省、市科研项目对技术带头人、青年骨干的培养力度，造就一支中青年高级技术专家队伍。《深圳市培育发展激光与增材制造产业集群行动计划（2022—2025 年）》提出，支持高校、职业院校设立激光与增材制造领域专业，鼓励校企共建实训基地，联合培养工匠技能型人才，形成融合创新的良好发展态势。

十、相关内容链接

国家职业标准： 暂缺。

相关政策文件： 见表 6-25-04-04-3。

表 6-25-04-04-3　激光设备安装调试员相关政策文件

发布或通过时间	发布或通过机构	文件名称
2020 年 5 月	广东省人民政府	《关于培育发展战略性支柱产业集群和战略性新兴产业集群的意见》
2020 年 9 月	国家发展改革委等 4 部门	《关于扩大战略性新兴产业投资 培育壮大新增长点增长极的指导意见》

供稿：广东省职业技能服务指导中心　陈毕双

铁路综合维修工

职业编码：6-29-02-16

道虽迩，不行不至；事虽小，不为不成。“交通强国，铁路先行”的目标不是说出来的，而是干出来的。“中国铁路”不仅是一张亮丽的名片、一个耀眼的标志，更是一种伟大的创造。它创造了引领时代、推动发展的伟大成果，从绿皮火车到智能化高铁，从时速35公里到时速350公里，从高铁“零公里”到路网密布、高铁飞驰，每一个非凡成就都是铁路人不畏艰难、敢想敢干奋斗出来的。

当我们在惊叹中愉快地享受着高铁时代带来的种种便利时，有这样一群人，他们是昼伏夜出的“夜行者”，默默巡视在铁路线路和设备间，及时发现和处理安全隐患，负责铁路设备的安装、调试和维护，确保铁路线路和设备的正常运行。他们是铁路运输的护航者，保障了铁路运输的安全和顺畅。他们就是铁路综合维修工。

一、铁路综合维修工的一天

记录时间：2023年8月20日 **记录人：胡某**

午夜工作情况

23点：

1. 准备作业相关的工具和设备，确保设备能正常运行，检查作业所需的材料、安全防护用品等。（作业准备）

2. 召开班组会议，明确作业地点、作业时间、作业任务，责任明确到人。（工作部署）

0点：

巡视作业路段铁路线路和设备情况，检查铁轨、道岔、信号设备等，发现并记录任何异常情况或需要修复的问题。根据巡视和检查的结果，使用各种工具和设备，开展相应的维修和保养工作，如更换损坏的铁轨、修复道岔故障、调试信号设备等。（线路巡检维修）

铁路综合维修工工作场景一

3点：

1. 对线路运行中出现的故障做出迅速响应，根据故障现场情况进行分析诊断，制定故障维修方案。（故障维修方案制定）

2. 采取相应的故障修复措施，确保铁路运输能正常进行。（故障维修）

铁路综合维修工工作场景二

上午工作情况

6点：

1. 根据工艺参数、现场数据辨识工艺操作事故隐患，了解环境污染风险。（故障判断）

2. 赶赴事故现场，制定现场处置方案及应急救援措施，对相关工艺事故进行处理，对涉险人员进行救护。（故障处理）

3. 记录事故现场数据，召开事故处理会议。（数据记录）

9点：

1. 参加技术培训会议，给其他铁路工作人员提供技术支持和指导，解答其在工作中遇到的设备和线路问题，提供维修和保养建议。（技术培训）

2. 参加安全工作会议，交流铁路基础设施巡检、基础设施设备养护现场作业安全防护等工作经验。（安全防护）

11点：

1. 记录当天工作内容和维修情况，及时向上级报告。（记录工作内容）

2. 对维修过程中的数据进行分析和处理，撰写相应的报告和文件，为后续维修计划和决策制定提供依据。（数据分析和报告撰写）

3. 工作交接，交代作业情况和注意事项。（值班交接）

二、什么是铁路综合维修工

职业定义。铁路综合维修工是指从事铁路线路、路基、桥涵、隧道、信号、牵引供电接触网及附属设备检测、施工、养护、维修的人员。

定义解读。所谓综合维修，是指把路基、轨道、桥梁、隧道、电力、牵引供电、通信信号、房屋建筑和给排水设施的施工维修作业统一起来，实行一元化管理。随着铁路的迅猛发展，我国对铁路维修工的专业知识和技能要求也越来越高。在传统的铁路基础设施维修模式下，工务处、电务处、供电处分别负责所辖工务段、电务段、供电段的技术管理和业务指导，然后在各专业站段下设车间、工区，开展日常工作。而新型的综合维修管理模式整合了工务、电务、供电3个专业，将工务段、电务段、供电段合并为“高铁基础设施段”，下设“综合维修车间”，每个车间分设若干综合维修工区。因此，与传统铁路维修工相比，铁路综合维修工在工作方式、内容和环境上都有所变化。

关联职业。密切关联的职业有铁路机车制修工、动车组制修师、道岔钳工、铁路车辆电工。

相应岗位。铁路网线维修工、铁路信线维修工、铁路房建设备巡检维修工。

三、铁路综合维修工的主要工作职责

1. 进行铁路线路、路基、桥涵、隧道及附属设备的巡视检查、日常养护、值班值守、应急处置、施工配合等。

2. 进行铁路现场信号设备的巡视检查、日常养护、值班值守、应急处置、施工配合等。

3. 进行铁路牵引供电接触网设备的巡视检查、日常养护、值班值守、应急处置、施工配合等。

4. 采集、整理及分析铁路现场信号设备、牵引供电接触网设备的数据。

5. 进行铁路基础设施巡检、基础设施设备养护现场作业安全防护等。

6. 进行铁路房建设备巡检维修。

7. 开展技术交流与服务，给其他铁路工作人员提供技术支持和指导，解答其在工作中遇到的设备和线路问题，提供维修和保养建议。

8. 记录并保存作业数据，对维修过程中的数据进行分析和处理，撰写相应的报告和文件，为后续制订维修计划提供决策依据。

铁路综合维修工工作场景三

四、铁路综合维修工的薪酬福利待遇

平均薪酬水平。根据招聘平台 2023 年 8 月的公示数据，一线城市和经济发展较快的城市，如北京、上海、杭州等，铁路综合维修工的薪酬为 7000~9000 元 / 月，高于其他城市铁路综合维修工的薪酬（如武汉为 5000~6000 元 / 月，西安为 5000~7000 元 / 月）。

与类似职业对比。根据招聘平台 2023 年 8 月的公示数据，在北京地区，该职业的薪酬一般要高于铁路机车制修工、道岔钳工、铁路车辆电工的薪酬，略低于动车组制修师的薪酬。类似职业薪酬水平见表 6-29-02-16-1。

表 6-29-02-16-1　类似职业薪酬水平

职业名称	薪酬水平（元 / 月）
铁路综合维修工	7000~9000
铁路机车制修工	5000~8000
道岔钳工	6000~7000
铁路车辆电工	6000~8000
动车组制修师	7000~10000

五、从事铁路综合维修工工作需要哪些本领

该职业从业人员需具备的知识和技能主要包括电工基础知识、机械基础知识、绘图与识图基础知识、轨道交通基础知识、工程测量基础知识，维修施工和维护作业的安全生产、环境保护、消防安全法律法规知识，以及终身学习、分析问题、解决问题的能力，良好的团队合作精神和沟通协调能力等。

铁路综合维修工需具备的知识和技能见表 6-29-02-16-2。

表 6-29-02-16-2 铁路综合维修工需具备的知识和技能

职业功能	工作内容	知识和技能要求
作业准备	防护用品准备	了解职业病危害因素、职业健康相关知识，能正确佩戴和使用劳动防护用品，对劳动防护用品配置提出合理建议
	项目作业准备	熟悉项目作业任务所用工具和设备的工作原理、使用方法，能对工具和设备进行调试，具有创新意识和工程实践能力
线路巡检	线路巡视	熟悉钢轨、夹板、道岔、联结零件的状态，线路、道口等设施设备情况；掌握设施设备的特点和病害变化规律，能在巡查中及时发现问题、解决问题
	线路检查	掌握钢轨、夹板和辙叉的变化情况；能手工检测钢轨，监视伤损钢轨、夹板和辙叉的变化情况；能正确设置防护、显示和使用各种信号，具有创新意识和工程实践能力
设备维护与保养	设备维护	熟悉设备检查及验收相关知识，能制定设备检修方案，完成设备检修及安全设置的检查以及验收，具有创新意识和科学研究与工程实践创新能力
	设备保养	熟悉设备的日常保养工作流程，定期更换易损件；能根据现场状况判断设备可靠性，开展设备的日常保养和定期保养
故障判断与处理	故障判断	了解铁路电务、供电、工务、运输设备基本知识，掌握铁路信号、铁路工程测量、自动控制系统等基本理论和专业知识；能根据设备运行状况辨识事故隐患，了解污染风险，具有环境保护和安全生产能力
	故障处理	了解事故现场处置方案及应急救援知识，能实施现场处置方案，对相关故障事故进行处理，具有应急处理事故的能力
技术服务与培训	技术服务	熟悉铁路技术咨询、规划设计、安全检测、质量检测、固定资产管理等方面的基础知识，能开展铁路技术服务，具有学习新技术、新工艺、新方法的能力
	技术培训	能给其他铁路工作人员提供技术支持和指导，解答其在工作中遇到的设备和线路问题，提供维修和保养建议；具有良好的团队协作精神和沟通协调能力

续表

职业功能	工作内容	知识和技能要求
资料整理与技术管理	资料整理	熟悉设备及线路病变规律，能开展技术攻关活动，能制订维修计划；具备良好的语言文字和表达功底，具有节能环保意识和安全生产的能力
	技术管理	能分析和总结线路检修、诊断及故障维修相关数据，能制定相关技术文档，实施技术改进措施；具备较强的沟通协调能力与团队管理能力

六、铁路综合维修工的专业教育现状

（一）相关专业

目前，普通本科院校、职业院校都开设了铁路运输类相关专业。普通本科院校专业有铁道工程、车辆工程、交通运输等。职业院校专业有高速铁路综合维修技术、铁道工程技术、铁道机车运用与维护等。

（二）开设相关专业的院校（排名不分先后）

★ 相关院校：北京交通大学、兰州交通大学、西南交通大学、大连交通大学、石家庄铁道大学、中南大学、同济大学、上海交通大学、华东交通大学等。

◆ 相关院校：南京铁道职业技术学院、武汉铁路职业技术学院、重庆公共运输职业学院、湖南铁路科技职业技术学院、西安铁路职业技术学院、郑州铁路职业技术学院、天津铁道职业技术学院、湖南铁道职业技术学院等。

七、铁路综合维修工的就业创业信息

铁路综合维修工是铁路运输的护航者，其融合了工务、电务、供电等专业技术，是“一岗多能”的跨界人才。随着中国铁路的发展，特别是高铁的迅猛进步，铁路综合维修工在铁路设施运维领域，从事铁路线路、路基、桥涵、隧道、信号、接触网、电力等设备设施的检查、故障诊断以及应急处置、一般性养护维修、铁路综合维修等工作。吸纳铁路综合维修工就业较多的用人单位如下。

1. 铁路建设领域：中国国家铁路集团有限公司等。

2. 铁路技术服务领域：中国铁路信息科技集团有限公司、安徽华铁科技有限公司、沈阳合普铁道科技有限公司等。

3. 铁道车辆制造与维修领域：中车长江车辆有限公司、南京浦镇铁路车辆修造有限公司、广州铁道车辆有限公司等。

4. 铁路科研机构：中国铁道科学研究院集团有限公司等。

5. 物流领域：中铁快运股份有限公司、德邦物流股份有限公司、中国外运长航集团有限公司等。

6. 地铁城轨领域：广州地铁集团有限公司、中国铁建重工集团股份有限公司、上海建科集团股份有限公司等。

注：以上机构信息仅供参考，不代表编写出版方对其推荐或认可。

八、铁路综合维修工的职业贯通发展

该职业的发展路径主要有四条。管理路线，即从员工逐步上升为项目管理者。专家路线，即不断提高技能水平，成为高级技师。复合人才路线，即向其他行业跨越或职业转型，如学习和积累相关知识，转型为铁路机车制修工、道岔钳工、铁路车辆电工、动车组制修师等。创业路线，即基于个人兴趣爱好进行创新创业。铁路综合维修工职业贯通发展如图 6-29-02-16-1 所示。

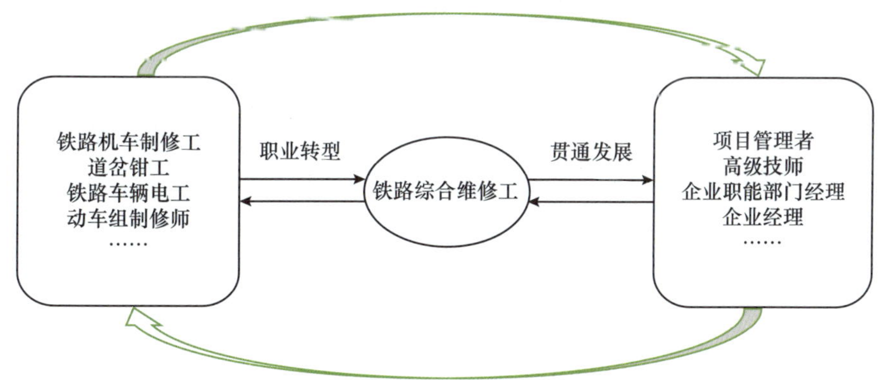

图 6-29-02-16-1 铁路综合维修工职业贯通发展

九、铁路综合维修工的发展前景

从市场供需看。随着城市化进程的加快和人口流动的增加，铁路作为一种高效、安全、环保的交通方式，受到越来越多人的青睐。然而，许多国家和地区的铁路设备由于使用时间较长，存在老化和磨损的问题。为了确保铁路的安全和运行效率，需要对设备进行维修和更新，这就需要大量的维修工来进行设备的检修、维护和修复。随着科技的不断发展和进步，越来越多的自动化设备和智能化技术应用于铁路维修工作中，大大提高了工作效率和质量，新一代的铁路设备和技术要求铁路综合维修工具有更高的技能和知识水平，因此，市场为铁路综合维修工提供了非常广阔的职业发展空间。

从产业发展看。许多国家和地区都在进行铁路交通的基础设施建设，包括新建铁路线路、扩建和改造现有线路等，这些项目需要大量的铁路综合维修工来进行设备的安装、调试和维护，为铁路综合维修工提供了就业机会。同时，随着经济发展，铁路运输的需求在持续增加。在技术升级和设备更新的大背景下，确保设备的正常运行和安全运输同样给铁路综合维修工提供了更多的就业机会和发展空间。随着产业发展的国际化，各国之间在铁路技术和设备方面的合作与交流也在不断加强，这为铁路综合维修工提供了更广阔的发展平台。总之，从产业发展的角度来看，铁路综合维修工的发展前景是相对稳定和可持续的。

从政策红利看。许多国家和地区都将铁路交通视为基础设施建设的重点领域，政府的投资将带动铁路设备的更新和维修需求，为铁路综合维修工提供了更多的就业机会。为促进铁路交通的发展，政府出台了一系列鼓励政策和优惠政策，包括减税、补贴和贷款支持等。这些政策将为铁路综合维修工提供更好的发展环境和条件。铁路交通被认为是一种环保和可持续的交通方式，与汽车和飞机相比，铁路交通的碳排放较低。为了推动可持续发展，政府对铁路交通的支持力度在不断增加，为铁路综合维修工提供了更多就业和发展的机会。因此，铁路综合维修工仍需不断提升自身知识和技能，以适应政策和行业变化。

十、相关内容链接

国家职业标准：暂缺。

相关政策文件：见表 6-29-02-16-3。

表 6-29-02-16-3　铁路综合维修工相关政策文件

发布或通过时间	发布或通过机构	文件名称
2023 年 12 月	国家铁路局	《铁路工程建设工法管理办法》

供稿：咸宁职业技术学院　金燕

城市轨道交通检修工

职业编码：6-29-02-17

扣件、钢轨、道岔、道床等，我们或许没有在意过这些或熟悉或陌生的名词，但就有这样一群人，他们每天都在和这些事物打交道，每天身处呼啸的地铁列车旁忘我工作，为城市轨道的运行提供安全保障。他们不分白天黑夜、无惧酷暑严寒，常年抵御着昏暗隧道内的幽闭与单调，化身守护城市轨道交通线网的“钢轨卫士”。当零点已过，车来车往的城市逐渐进入睡眠状态，他们穿戴好防护装备，分散到城市轨道交通线路的各个角落，线路巡视、道岔检修、轨道检查，是他们每日深夜奋战的工作任务；各种测量仪器、各种检修工具，是他们施展十八般武艺的随身工具；眼力、手力、脚力，是他们练就的过硬本领。他们就是城市轨道交通检修工。

一、城市轨道交通检修工的一天

记录时间：2023 年 8 月 30 日 **记录人：周某**

午夜工作情况

23 点：

1. 准备作业相关的工具和设备，确保设备能正常运行，检查作业所需的材料、安全防护用品等。（作业准备）

2. 召开班组会议，明确作业地点、作业时间、作业任务，责任明确到人。（工作部署）

0 点：

1. 借助四磅锤、扳手、螺栓、弹条扣件等工器具和巡道工具包，巡视作业路段线路状况，仔细检查隧道管片、疏散平台、联络通道、线缆管道、拱顶、轨底等，处理各类隐患。（线路巡检）

2. 借助精密检测仪器，检测线路、道岔设备的平顺度以及轨道框架的状态，及时发现、锁定问题，并能解决问题。（轨道例检）

3 点：

1. 与信号检修人员开展道岔联调，通过静态观察和反复来回查验，相互查证、协调，确定操岔过程平顺无卡。（道岔检修）

城市轨道交通检修工工作场景一

2. 记录线路巡检、轨道例检、道岔检修相关数据，为线路、轨道磨损及故障点预估提供参考。（数据记录）

上午工作情况

6 点：

1. 分析整理夜班数据，调整施工检修计划，制定排查表格，为夜班制订作战计划。（调整检修计划）

2. 作业器具归架归库，物资耗材出入库盘点，计量器具、检测设备维护

保养。(设备维护)

3. 参加技术交流会议，多方协调交流各自管线排查中遇到的设备和线路问题，提供维修和保养建议。(技术交流)

城市轨道交通检修工工作场景二

9点：

1. 排查管辖区段内关键点隐患、检查设备区安全，及时接报调度故障。(安全隐患排查)

城市轨道交通检修工工作场景三

2. 记录当天工作内容和维护情况，撰写相应的报告和文件，及时向上级报告。（数据分析和报告撰写）

11 点：

1. 收发传阅各类通知文件，参加应急演练，登乘车辆全线巡视，实地观测轨道设备的工作状态。（实地观测）

2. 工作交接，交代作业情况和注意事项。（值班交接）

二、什么是城市轨道交通检修工

职业定义。城市轨道交通检修工是指使用制动测试台、车轮轮缘尺、红外热像仪、扭矩扳手、液压起道器等检测设备和维护工器具，检修及维护保养城市轨道交通设备和设施的人员。

定义解读。城市轨道交通包括地铁、轻轨、有轨电车等，它们在提供便利的同时，也需要定期维护与保养，因此，城市轨道交通检修工这一新兴职业应运而生。城市轨道交通检修工是一项内容丰富的职业，从业人员使用专用工具和仪器设备检修、维护、保养城市轨道交通相关设备和设施，他们就是城市轨道交通的“保健医生”。

关联职业。密切关联的职业有道路交通工程技术人员、公路养护工、桥隧工、铁路综合维修工。

相应岗位。城市轨道交通车辆检修工、城市轨道交通机电检修工、城市轨道交通线路检修工、城市轨道交通桥隧检修工、城市轨道交通站台门检修工、城市轨道交通自动售检票检修工。

三、城市轨道交通检修工的主要工作职责

1. 使用扭矩扳手、双踪示波器、液压起道器等工器具和设备，拆装、调试城市轨道交通设备和设施。

2. 使用车轮轮缘尺、车轮轮径尺、水准仪、轨距尺、红外热像仪、绝缘电阻测试仪、土壤电位梯度测量仪、桥梁挠度检测仪等工器具和设备，检修城市轨道

交通机械、电气等设备和设施，测量、调整参数。

3. 进行现场巡检，发现并判断城市轨道交通机械、电气等设备和设施故障。

4. 检查和维护轨道交通的信号系统，确保信号灯、信号设备和通信设备的正常运行，保障轨道交通的安全运行。

5. 使用制动测试台、阀类测试台、继电保护校验箱、超声波探伤仪、钢轨磨耗测量仪、裂缝综合测试仪等工器具和设备，处理城市轨道交通机械、电气等设备和设施的故障、伤损。

6. 使用管路清洗机、保压测试台、液压捣固机等设备，维护和保养城市轨道交通机械、电气等设备和设施。

7. 使用、驾驶城市轨道交通设备，检测城市轨道交通机械、电气等设备和设施的性能。

8. 记录并保存相关数据，撰写相应的报告和文件，为城市轨道交通的发展提供决策依据。

9. 定期进行安全检查，包括车辆的安全性能检查、设备的安全性能检查等，确保轨道交通系统的安全可靠。

四、城市轨道交通检修工的薪酬福利待遇

平均薪酬水平。根据招聘平台 2023 年 8 月的公示数据，一线城市和经济发展较快的城市，如北京、上海、杭州等，城市轨道交通检修工的薪酬为 8000~10000 元 / 月，高于其他城市城市轨道交通检修工的薪酬（如武汉为 6000~8000 元 / 月，南京为 6000~9000 元 / 月）。

与类似职业对比。根据招聘平台 2023 年 8 月的公示数据，在上海地区，该职业的薪酬一般要高于公路养护工、桥隧工、铁路综合维修工的薪酬，低于道路交通工程技术人员的薪酬。类似职业薪酬水平见表 6-29-02-17-1。

表 6-29-02-17-1　类似职业薪酬水平

职业名称	薪酬水平（元 / 月）
城市轨道交通检修工	8000~10000

续表

职业名称	薪酬水平（元/月）
公路养护工	6000~8000
桥隧工	7000~9000
铁路综合维修工	7000~9000
道路交通工程技术人员	7500~12200

五、从事城市轨道交通检修工工作需要哪些本领

该职业从业人员需具备的知识和技能主要包括轨道交通车辆及系统相关的机械、电气、自动控制、轨道结构、信号系统及安全知识，以及较强的逻辑思维能力、应变能力，良好的安全意识、团队合作精神和沟通协调能力等。

城市轨道交通检修工需具备的知识和技能见表 6-29-02-17-2。

表 6-29-02-17-2　城市轨道交通检修工需具备的知识和技能

职业功能	工作内容	知识和技能要求
作业准备	防护用品准备	了解职业病危害因素、职业健康相关知识，能正确佩戴和使用劳动防护用品，对劳动防护用品配置提出合理建议
	项目作业准备	熟悉项目作业任务所用工具和设备的工作原理、使用方法，能对工具和设备进行调试，具有创新意识和工程实践能力
线路巡检	线路巡视	熟悉扣件、钢轨、道岔、道床的状态，掌握线路病害变化规律，能在巡查中及时发现问题、解决问题
	线路检查	掌握制动测试台、车轮轮缘尺、红外热像仪、扭矩扳手、液压起道器等检测设备和维护工器具的工作原理和使用方法，能正确设置防护、显示和使用各种信号，具有创新意识和工程实践能力
轨道例检	轨道检修	掌握轨距尺的工作原理和使用方法，具备良好的沟通能力、团队协作能力

续表

职业功能	工作内容	知识和技能要求
轨道例检	数据记录与分析	了解轨距、水平、高低、方向、三角坑等几何数据的记录与数据处理方法，能通过数据分析及时发现问题、解决问题
道岔检修	检修	掌握道岔标准化调试的方法与步骤，能对道岔开展现场联调，能对故障点制定维修方案并现场实施方案，具有良好的发现问题、解决问题的能力
	数据记录分析	能及时记录道岔检修数据，具有良好的文字处理和数据分析能力、良好的团队协作和沟通能力
设备维护与线路保养	设备维护	了解常用工量及设备的工作原理及维护方法，能根据设备运行状况辨识事故隐患，了解污染风险，具有环境保护和安全生产能力
	线路养护	了解环境和载荷对线路的影响，掌握钢轨、联结零件及轨枕磨损知识，能对道床进行清筛、捣固、边坡整理，确保线路平顺性和稳定性
技术服务	技术服务	熟悉城市轨道交通技术咨询、规划设计、安全检测、质量检测、固定资产管理等方面的基础知识，能开展城市轨道交通技术服务，具有学习新技术、新工艺、新方法的能力
资料整理与技术管理	资料整理	熟悉设备及线路病变规律，能开展技术攻关活动，能制订检修、维护、保养计划，具备良好的语言文字和表达功底，具有节能环保意识和安全生产的能力
	技术管理	能分析和总结线路检修、诊断及故障维修相关数据，制定相关技术文档，实施技术改进措施，具备较强沟通协调能力与团队管理能力

六、城市轨道交通检修工的专业教育现状

（一）相关专业

目前，普通本科院校、职业院校都开设了与本职业相关的专业。普通本科院

校相关专业有车辆工程、机械工程、交通运输等。职业院校相关专业有城市轨道交通车辆运用与检修、城市轨道交通运营管理、智能交通技术等。

（二）开设相关专业的院校（排名不分先后）

★ 相关院校：东南大学、西南交通大学、北京交通大学、中南大学、北京航空航天大学、同济大学、大连海事大学、哈尔滨工业大学、武汉理工大学、长安大学等。

◆ 相关院校：北京交通职业技术学院、南京交通职业技术学院、广东交通职业技术学院、常州工业职业技术学院、德阳城市轨道交通职业学院、重庆建筑工程职业学院、湖南交通职业技术学院、武汉交通职业学院等。

七、城市轨道交通检修工的就业创业信息

城市轨道交通检修工是保障城市轨道交通运输安全运营的核心人才。随着城市轨道交通的快速发展和广泛应用，城市轨道交通网络不断扩大和完善，城市轨道交通检修工在城市轨道交通及其相关领域从事巡视、检查、维护、管理等工作。吸纳城市轨道交通检修工就业较多的用人单位如下。

1. 地铁城轨领域：上海申通地铁股份有限公司、中国中铁股份有限公司、北京市地铁运营有限公司等。

2. 公交领域：中车时代电动汽车股份有限公司、长城汽车股份有限公司、杭州市公共交通集团有限公司等。

3. 市政路桥领域：中铁大桥局集团有限公司、中国交通建设集团有限公司、中交路桥建设有限公司等。

4. 物流领域：京东集团股份有限公司、德邦物流股份有限公司、顺丰速运有限公司等。

5. 汽车领域：比亚迪股份有限公司、上海汽车集团股份有限公司、广州汽车集团股份有限公司等。

注：以上机构信息仅供参考，不代表编写出版方对其推荐或认可。

八、城市轨道交通检修工的职业贯通发展

该职业的发展路径主要有四条。管理路线，即从员工逐步上升为项目管理者。专家路线，即不断提升技能水平，成为高级技师。复合人才路线，即向其他行业跨越或职业转型，如通过学习和积累智能控制相关知识，发展成为过程控制工程师等；学习和积累相关环境保护知识，发展成为化工环保工程师等。创业路线，即基于个人兴趣爱好进行创新创业。城市轨道交通检修工职业贯通发展如图 6-29-02-17-1 所示。

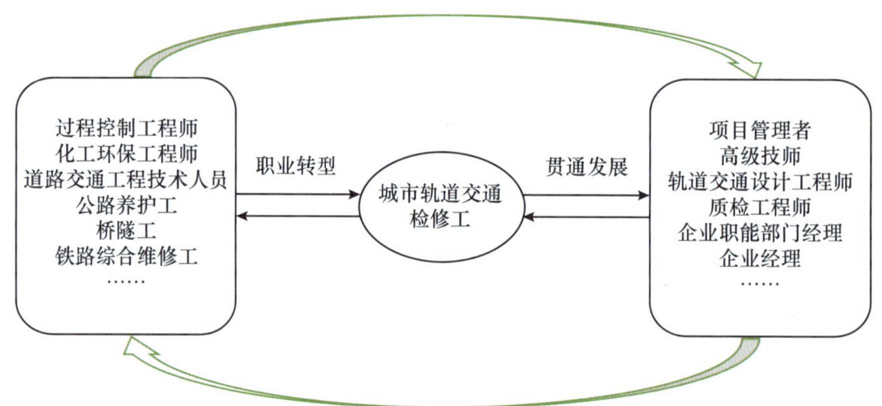

图 6-29-02-17-1　城市轨道交通检修工职业贯通发展

九、城市轨道交通检修工的发展前景

从市场供需看。2023 年的政府工作报告中有一项指标引人关注——五年来，轨道交通运营里程从 4500 多公里增加到近 1 万公里。2023 年 9 月，31 个省（自治区、直辖市）和新疆生产建设兵团共有 55 个城市开通运营城市轨道交通线路 299 条，运营里程 9859.5 公里，实际开行列车 318 万列次，完成客运量 24.9 亿人次，进站量 14.9 亿人次。依据国际轨道交通专业人才配备标准，每建设一公里城市轨道交通线路，至少需要 60 名管理及技术人员；每开通一条地铁线路，需要各类专门人才 1000 余人，因此，市场为城市轨道交通检修工提供了非常广阔的职业发展空间。

从产业发展看。中国已经成为全世界轨道交通发展最迅猛的国家，铁路和城

市轨道交通每年新建线路遥遥领先，伴随着轨道交通运营里程的持续增长，中国轨道交通运营维修保养市场将步入黄金发展期，未来中国城市轨道交通运维检修市场规模将进一步扩张。同时，随着科技的不断创新，轨道交通检修设备行业技术水平不断提高。各种新型设备不断涌现，如智能洗车机、智能轨道车、轨道车运行状态监控系统等，这些设备的出现对城市轨道交通检修工提出了更高的要求。

从政策红利看。交通运输是国民经济中具有基础性、先导性、战略性的产业，是重要的服务性行业和现代化经济体系的重要组成部分，是构建新发展格局的重要支撑和服务人民美好生活、促进共同富裕的坚实保障。为加快建设交通强国，构建现代综合交通运输体系，国务院于 2021 年 12 月发布了《“十四五”现代综合交通运输体系发展规划》。在对城市轨道交通运营里程进行规划的同时，也为我国城市轨道交通的智慧化发展指明了方向。各省市根据自身地理地形情况、经济发展状况以及交通运输发展需要，制定了城市轨道交通行业的相关发展政策，以促进城市轨道交通的建设和运营。这些政策和计划将为城市轨道交通检修工提供更多的就业机会和发展空间。

十、相关内容链接

国家职业标准：暂缺。

相关政策文件：见表 6-29-02-17-3。

表 6-29-02-17-3　城市轨道交通检修工相关政策文件

发布或通过时间	发布或通过机构	文件名称
2021 年 3 月	全国人民代表大会	《中华人民共和国国民经济和社会发展第十四个五年规划和 2035 年远景目标纲要》
2021 年 12 月	国务院	《“十四五”现代综合交通运输体系发展规划》

供稿：咸宁职业技术学院　卢珊

机电设备维修工

职业编码：6-31-01-10

在先进智能制造生产车间里，高度自动化的冰箱生产流水线正在有条不紊地进行着冰箱装配，突然，流水线停止了工作，车间的安灯系统红灯闪烁，并有急促的铃声响起。监视大屏幕的工作人员立刻发现情况并报警，马上联系车间的机电设备维修工，而此时正在工作室里查看设备运行情况的机电设备维修工也看到了报警信号。于是，他立刻回复收到报警，马上带上工具箱赶往生产现场的故障设备处。他就像医生对“病人”一样，对故障设备进行诊断和维修，快速排除故障，确保生产恢复正常。无论是在普通的加工制造企业还是在高度智能化的无人车间，机电设备维修工就像故障设备的“白衣天使”，尽心尽责地保障着设备的正常运行。

一、机电设备维修工的一天

记录时间：2023 年 6 月 10 日　　记录人：林某睿

上午工作情况

8 点：

1. 在车间生产管理系统查看设备情况。（设备检测）
2. 根据设备情况记录，按照报警等级制订维修计划。（制订维修计划）
3. 根据计划准备维修工具并前往现场执行维修任务。（设备维修）
4. 根据现场设备情况确定维修方案，查看备件库并确定所需备件。（检查备件库）

5.领取备件并断电，进行设备维修，如需支持则呼叫维修中心获取帮助。(维修设备)

10点：

1.完成设备维修后，重新上电进行设备测试，确保设备正常工作。(设备测试)

2.清理维修现场，完成与现场设备操作人员的工作交接。(工作交接)

3.根据维修情况及时更新看板管理系统设备信息。(设备数据化管理)

4.根据维修计划奔赴下一个维修站点执行维修任务。(日常维修)

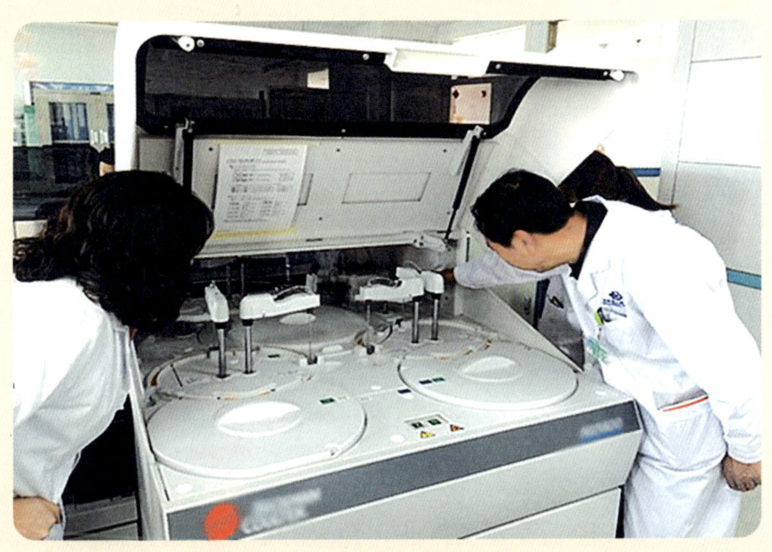

机电设备维修工工作场景

下午工作情况

13点：

1.根据上午工作计划及具体维修情况进行小组讨论交流，汇报工作进展。(分析汇总)

2.小组负责人根据汇报情况，确定启动紧急方案，紧急联系供应商调用

备件，并启动设备应急方案。（制定维修方案）

3. 在设备档案中及时更新设备状态，记录设备情况。（设备数据化管理）

4. 接到新的设备报警信号，立即赶赴现场了解设备情况，确定维修方案，执行设备维修计划。（执行维修计划）

5. 维修任务执行完毕，清理现场，完成交接，及时记录更新设备状态，并记录维修情况。（设备数据化管理）

16 点：

1. 根据工作方案进行工作检查，确认日常保养计划完成。（检查落实）

2. 编写设备维修工艺文件及其作业指导书。（文件编制）

3. 进行小组讨论交流，汇报工作进展，并提出改进方案。（优化改进）

二、什么是机电设备维修工

职业定义。机电设备维修工是指使用设备、仪器仪表、工具、机具等，对机电设备机械、电气、通信及控制系统进行维护、检修、故障诊断和排除的人员。

定义解读。机电设备是机械工程技术与电子工程技术的融合，同时包括软件技术和信息技术，机电设备维修工使用设备、仪器仪表、工具、机具等，对机电设备机械、电气、通信及控制系统进行维护、检修、故障诊断和排除。目前机电设备遍布制造、电子、轻工等多个行业，新兴的智能制造更离不开机电设备。这些机电设备的日常保养、维护、维修、安装、调试都需要机电设备维修工。由于物联网在制造业中的应用，网络技术也是目前机电设备维修工要掌握的重要技能。

关联职业。密切关联的职业有管廊运维员和无人机装调检修工。这三个职业的从业人员都是维护机电设备运行的技术工作人员，但工作对象有差别。管廊运维员的工作对象是在城市综合管廊运行的各种机电设备，无人机装调检修工的工作对象是无人机相关的机电设备。

相应岗位。快递设备运维师、印刷设备维修工等。

三、机电设备维修工的主要工作职责

1. 维护、保养机电设备。

2. 阅识检修计划，编制检修工艺，准备检修所需设备、机具、工具，检修机电设备。

3. 诊断、排除机电设备的机械、液压、气动故障和电气系统故障。

4. 安装系统软硬件，进行测试与可靠性维护。

5. 采集和监控工业大数据，评估设备运行效率及状态，优化及调整机电设备性能，提出检修、维护建议。

6. 调试修复后的设备机械、电气及系统。

7. 进行机电设备技术改造与优化。

8. 维护保养工、夹、量具和仪器仪表，填写设备运行情况和设备检修记录。

四、机电设备维修工的薪酬福利待遇

平均薪酬水平。根据《中国统计年鉴 2021》，2020 年，制造业城镇非私营单位就业人员平均工资为 82783 元，比上一年度的 78147 元增长 5.9%。招聘网站 2023 年 6 月份数据显示，机电设备维修工平均薪酬为 6000 元 / 月，其中 3000~4500 元 / 月占比为 21.1%，4500~6000 元 / 月占比为 31.6%，6000~8000 元 / 月占比为 31.6%，8000~10000 元 / 月占比为 15.8%；东部地区从业人员薪酬高于东北地区和中西部地区从业人员薪酬。

与类似职业对比。招聘网站 2023 年数据显示，在江浙地区，该职业的薪酬水平为 3000~10000 元 / 月。类似职业薪酬水平见表 6-31-01-10-1。

表 6-31-01-10-1　类似职业薪酬水平

职业名称	薪酬水平（元 / 月）
机电设备维修工	3000~10000
装配电工	3500~8000
维修电工	4500~9500
数控机床操作员	5000~10000

续表

职业名称	薪酬水平（元/月）
工业机器人系统操作员	4600~15800
智能制造工程技术人员	6000~25000

五、从事机电设备维修工工作需要哪些本领

该职业从业人员需具备的知识和技能主要包括基础加工和制造技术，基础控制技术，基本的机械和电气系统装配调试知识，车间信息化应用及网络数字化生产等领域知识，应用智能制造与物联网等相关技术解决跨学科复杂工程及经济问题的能力，支持大型企业自动化、数字化、智能化转型的能力，自动化、数字化、智能化设备的开发、改造和运行管理能力。

机电设备维修工需具备的知识和技能见表6-31-01-10-2。

表6-31-01-10-2　机电设备维修工需具备的知识和技能

职业功能	工作内容	知识和技能要求
气动控制系统装调及维修	典型的气动控制（气动逻辑控制，时间与压力控制）	能根据图纸正确连接回路，熟悉气动元件的图形符号和各连接口的标准；能使用减压阀调节系统，熟悉各类执行元件和阀的结构
	气压元件日常维护及故障维修	能熟练拆卸、清洗各类元件，更换密封圈及部件；能进行过滤器排水、清洗、更换，进行气动元件的清洁、更换、维修；能分析设备各项情况，判断运行情况
液压控制系统装调及维修	常用的液压回路的控制	能根据图纸正确连接液压回路，了解基本知识，熟悉液压元件的图形符号和各连接口的标准
	液压元件日常维护及故障维修	能使用各类阀进行系统调速，熟悉液压元件的结构和工作原理；能排除系统中气体，保持液压油的清洁，控制油温，处理废油；能使用液压万用表测量液压系统中的各种参数，理解压力、流量、温度在液压系统中的意义；能记录上传设备各项情况，判断运行情况

续表

职业功能	工作内容	知识和技能要求
电气控制系统装调及维修	电气系统装配准备	能识读机电设备电气原理图、电气接线图、电器布置图等，根据电气系统装配要求选用装配工具、仪表、仪器，根据要求选用电器元件、导线
	电气系统安装	能根据图纸完成电气系统装配并与设备连接，设置安全防护等电气线路
	电气系统功能检查与调试	能通断机电设备的主电源及电气柜电源，并启动、停止机电设备及周边配套设备，检查机电设备功能与连接线路的可靠性
	电气系统故障排除及维修	能判断设备电气系统故障，完成日常保养维护以及维修工作
	PLC 操作	能识读 PLC（可编程逻辑控制器）程序，并能进行程序输入
机电系统操作、装调及维修	机电设备硬件组装	能识读机电设备硬件装配图和装配工艺文件，根据装配要求选配零部件、工具、工装夹具，完成硬件组装，连接液压和气动系统，安装安全防护装置
	机电设备功能测试及调整	能测试机电设备各部件的功能，对设备整体进行功能测试及调整
	机电设备功能故障排除及维修	能判断机电设备功能故障，并排除故障，完成日常维护保养工作及相关工艺文件制定，按照要求记录运行情况并提出优化措施

六、机电设备维修工的专业教育现状

（一）相关专业

目前已有较多的院校开设了与该职业相关的专业，普通本科院校有机械电子工程、机械设计制造及其自动化、电气工程及其自动化、自动化、智能制造工程等，职业院校专业有电气自动化技术、机电一体化技术、机械制造及自动化、智能控制技术等。

（二）开设相关专业的院校（排名不分先后）

★ 相关院校：南京理工大学、北京航空航天大学、东南大学、哈尔滨工业大学、华南理工大学、上海交通大学、西北工业大学等。

◆ 相关院校：河南机电职业学院、深圳职业技术大学、无锡机电高等职业技术学校、常州机电职业技术学院、山东科技职业学院、苏州健雄职业技术学院、南京技师学院、广州市机电技师学院、北京市工贸技师学院、山东技师学院、新乡市技师学院等。

七、机电设备维修工的就业创业信息

该职业从业人员遍布全国各地，从国内制造业地域分布来看，江苏、浙江、广东、上海、山东、湖北等地制造业相对发达，大型制造业国企和外企较多，科技资源丰富，企业实力雄厚，制造业基本实现了机械化向自动化的转型，领先企业甚至实现了无人化工厂、黑灯工厂，生产车间从事生产的技术工人逐渐被机器人代替，但是负责机电设备运行及维修的机电设备维修工是必需的岗位，并且技术要求越来越高也是不争的事实。

吸纳机电设备维修工就业较多的用人单位如下。

1. 汽车制造领域：东风汽车集团有限公司、广州汽车集团股份有限公司等。

2. 家电领域：海尔集团公司、珠海格力电器股份有限公司、TCL 科技集团股份有限公司、杭州老板电器股份有限公司、西门子（中国）有限公司、美的集团股份有限公司、小米科技有限责任公司等。

3. 仓储物流领域：常德东风快递有限公司、东方航空物流股份有限公司、南京音飞储存设备（集团）股份有限公司等。

4. 电子领域：环旭电子股份有限公司、京东方科技集团股份有限公司等。

5. 医疗器械领域：英科医疗科技股份有限公司、浙江东方基因生物制品股份有限公司、深圳市理邦精密仪器股份有限公司等。

注：以上机构信息仅供参考，不代表编写出版方对其推荐或认可。

八、机电设备维修工的职业贯通发展

该职业的发展路径主要有四条。管理路线，即从普通员工晋升到主管 / 中层，再晋升到经理 / 领导层，甚至向更高的领导职务发展。专家路线，即不断提高技能水平，成为领域内技术技能专家。复合人才路线，即向其他行业跨越或职业转型，如通过学习相关知识和技能转型为智能制造工程技术人员或管廊运维员。创业路线，即基于个人兴趣爱好进行创新创业。机电设备维修工职业贯通发展如图 6-31-01-10-1 所示。

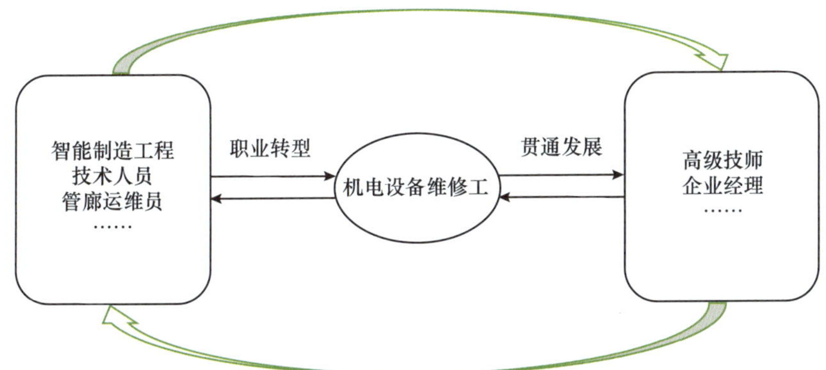

图 6-31-01-10-1　机电设备维修工职业贯通发展

九、机电设备维修工的发展前景

从市场供需看。随着我国制造业产业升级，完成自动化升级的各类制造行业机电设备安装调试、维护与运行管理以及维修等现场技术型人才存在巨大缺口。根据教育部等部门 2016 年发布的《制造业人才发展规划指南》，到 2025 年，制造业十大重点领域人才缺口预测将达到 2985.7 万人，机电设备维修工的供需从长远来看存在严重失衡。

从产业发展看。近年来，随着我国机械电子系统的逐步成熟和稳定，机械电子工业在国际上的竞争力也在不断上升，现阶段更一跃成为世界机械电子工业的主要出口国家之一。在发展的过程中，产品更加多样化，发展方向也更加明确，虽整体上与发达国家，如德国、日本、美国等还有一定的差距，但中国机电产品出口存在着发展新机遇。2021 年，我国机电产品出口 19860.4 亿美元，同比增长 29.1%，占外贸出口比重达到 59%。机电产品出口规模和出口增量均创历史新高。

从政策红利看。2023 年 6 月，国家发展改革委等 8 部门印发《职业教育产教融合赋能提升行动实施方案（2023—2025 年）》，在重点行业深度推进产教融合。在新一代信息技术、集成电路、人工智能、工业互联网、储能、智能制造、生物医药、新材料等战略性新兴产业，以及养老、托育、家政等生活服务业等行业，深入推进产教融合，培养服务支撑产业重大需求的技能技术人才。在试点城市及其所在省域内打造一批区域特色鲜明的产教融合型行业，打造一批高水平产教融合行业协会和促进会，推动行业组织更好融入产教融合改革。目前各地相继释放一系列政策红利。

十、相关内容链接

国家职业标准：暂缺。

相关政策文件：见表 6-31-01-10-3。

表 6-31-01-10-3　机电设备维修工相关政策文件

发布或通过时间	发布或通过机构	文件名称
2020 年 12 月	人力资源社会保障部	《关于进一步加强高技能人才与专业技术人才职业发展贯通的实施意见》
2021 年 6 月	人力资源社会保障部	《"技能中国行动"实施方案》
2021 年 9 月	人力资源社会保障部等 6 部门	《专业技术人才知识更新工程实施方案》
2023 年 6 月	国家发展改革委等 8 部门	《职业教育产教融合赋能提升行动实施方案（2023—2025 年）》

供稿：南京工业职业技术大学　芮红艳

航空发动机修理工

职业编码：6-31-02-04

航空发动机是飞机的心脏，它驱动飞机飞行，是飞机安全、高效运行的保障，也是飞机上最昂贵的部件。航空发动机是由众多关键组件组成的复杂机械装置，这个装置功能正常与否关系着飞机上数百名乘客的生命安全，可以毫不夸张地说，航空发动机的性能状态直接影响着整架飞机的安全。有这样一个群体，他们精通发动机的构造和工作原理，能够细致入微地检查、排查和修复每一个故障，他们是飞机安全的守护者，他们就是航空发动机修理工。

一、航空发动机修理工的一天

记录时间：2023 年 6 月 13 日　　记录人：王某莉

上午工作情况

8 点：

1. 与上一班航空发动机修理工交接工作，检查工具、设备和安全装备运行状况，填写交接单。（交接班）

2. 根据涡轮故障维修的工作任务，阅读工作指导书，与团队成员讨论维修方案。（方案拟定）

10 点：

1. 召开安全会议，讨论维修过程中的注意事项和安全措施。（方案制定）

2. 根据讨论的结果分配任务，按照之前的部署逐项开展检测任务。（方案实施）

3. 拆卸航空发动机，先拆卸外围非金属部件，然后依次拆卸低压压气机、高压压气机、燃烧室、涡轮等部件。（拆卸工作）

4. 把拆下来的部件按照顺序依次摆放到工作间，做好标号，每个小组负责一个部件。（标号摆放）

下午工作情况

14 点：

1. 技术人员对本组负责的部件进行逐项检查。（部件检查）

航空发动机修理工工作场景一

2. 清洗部件，将受损零部件的表面进行修复，去除损伤层，使其恢复平滑状态。若零部件无法修复，修理工将更换零部件，将新零部件与旧零部件逐一对照，确保尺寸和形状一致。（部件清洁 / 检查）

3. 按预定的顺序和标准，将各个部件组装在一起。确保组装完整、没有遗漏。（部件组装）。

16 点：

1. 发动机被固定在专用的试车台上，确保发动机安全稳定，连接燃油系统、冷却系统、润滑系统和控制系统，以便在试车中模拟各种操作。（测试前准备）

2. 启动发动机，使用仪表板监测发动机参数，如温度、压力、转速等。然后进行性能测试和故障测试。最后关机冷却，记录测试数据。(功能测试)

二、什么是航空发动机修理工

职业定义。航空发动机修理工是指使用工具和设备，分解、修理、加工航空发动机零部件；组装、试验航空发动机的人员。

定义解读。航空发动机包括喷气式发动机、涡轮螺旋桨发动机和涡轮喷气发动机等。航空发动机修理工负责确保飞机发动机安全、可靠和高效运行。航空发动机修理工需要掌握航空发动机的工作原理、结构和系统，以便准确判断故障和进行修复。他们需要遵循航空发动机制造商的维修手册和标准操作程序，确保维修过程符合规范。

航空发动机修理工工作场景二

关联职业。密切关联的职业有航空器机械维护员、航空器部件修理工、航空器外场维护员。

相应岗位。活塞发动机修理工、涡轮发动机修理工等。

三、航空发动机修理工的主要工作职责

1. 维护和保养。定期进行发动机的维护和保养工作，包括更换润滑油、过滤

器，检查和调整零部件，确保发动机处于最佳工作状态。

2. 修理和故障排除。诊断和解决发动机的故障和问题，进行必要的修理和更换受损的零部件。

3. 检查和评估。进行各种检查和评估，使用测试设备和工具检测发动机性能，确保其符合设计和安全标准。

4. 调试和调整。根据性能数据和测试结果对发动机进行调试和调整，以确保其性能最佳。

5. 记录和报告。详细记录维修和保养工作，包括所用材料和工具，汇报工作结果和发现的问题。

6. 遵循规程和标准。严格遵守航空业的相关法规和标准，确保维修工作符合航空安全要求。

7. 更新知识。持续学习和了解最新的发动机技术和维修方法，以保持在该领域的专业水平。

8. 持续学习。跟进航空发动机技术的发展和更新，进行持续学习和培训，保持专业知识的更新。

四、航空发动机修理工的薪酬福利待遇

平均薪酬水平。从区域看，一线城市航空发动机修理工薪酬会高于其他城市航空发动机修理工薪酬。薪酬会根据不同岗位和经验水平而有所差异。一般来说，高级职位和经验丰富的航空发动机修理工薪酬更高。根据招聘平台 2023 年招聘信息，工作经验 1~5 年的航空发动机修理工的月平均工资为 6000~12000 元，工作经验 5~10 年的月平均工资为 12000~28000 元。

与类似职业对比。类似职业薪酬水平见表 6-31-02-04-1。

表 6-31-02-04-1　类似职业薪酬水平

职业名称	平均薪酬水平（元/月）
航空发动机修理工（1~5 年）	6000~12000
机务工程师（3~5 年）	8000~15000

续表

职业名称	平均薪酬水平（元/月）
航空器部件修理工（1~3年）	6000~12000
签派员（3~5年）	8000~18000

五、从事航空发动机修理工工作需要哪些本领

该职业从业人员需具备的知识和技能主要包括技术知识、维修技能、故障诊断能力、安全意识、团队合作能力、学习能力等。

航空发动机修理工需具备的知识和技能见表6-31-02-04-2。

表6-31-02-04-2　航空发动机修理工需具备的知识和技能

职业功能	工作内容	知识和技能要求
技术知识	了解航空发动机的构造、原理、工作过程，各部件的功能和操作原理，不同类型和型号的发动机维修要求	熟悉航空发动机原理、发动机构造和部件、维修手册和规范
维修技能	拆卸、装配发动机部件，检查、测试发动机性能和功能，修复或更换故障部件，调整和校准发动机系统	熟悉拆卸和装配技能、故障排除和修复技能、调整和校准技能
故障诊断能力	通过检查、测试发动机参数和指标，分析、判断故障原因，制定修复方案	熟悉故障诊断方法，具备数据分析和解读能力、故障排查经验
安全意识	遵守安全规范和程序，正确使用个人防护装备，确保工作过程安全	熟悉安全操作要求，具备风险识别和防范知识、急救知识
团队合作能力	与其他维修相关部门合作，共同完成维修任务	具备沟通和协调能力、团队合作能力、解决问题的能力
学习能力	持续学习新技术、工艺，更新知识和技能	具有学习动力和意愿，跟踪行业发展，持续进修和参加培训

六、航空发动机修理工的专业教育现状

（一）相关专业

已有较多的院校开设了与该职业相关的专业，涉及普通本科院校、职业院校

等。普通本科院校专业有航空航天工程、飞行器动力工程等。职业院校专业有航空发动机制造技术、飞行器维修技术、飞机机电设备维修等。

（二）开设相关专业的院校（排名不分先后）

★ 相关院校：北京航空航天大学、北京理工大学、南京航空航天大学、哈尔滨工业大学、西北工业大学、中国民航大学、中国民用航空飞行学院、沈阳航空航天大学、上海工程技术大学等。

◆ 相关院校：上海民航职业技术学院、广州民航职业技术学院、曹妃甸职业技术学院、江苏航空职业技术学院、长沙航空职业技术学院、三亚航空旅游职业学院、西安航空职业技术学院等。

七、航空发动机修理工的就业创业信息

航空发动机修理工就业前景较好的城市包括上海、北京、重庆、广州、天津、武汉、南京、成都和深圳。航空发动机维修行业对于航空发动机修理工的需求一直相对稳定，随着新型飞机的制造和飞机数量的增长，社会为航空发动机修理工提供了增加就业机会的机遇。

航空发动机修理工通常具有相对稳定的就业前景，吸纳航空发动机修理工就业较多的用人单位如下。

1. 航空公司和航空维修公司：四川国际航空发动机维修有限公司、珠海保税区摩天宇航空发动机维修有限公司、广州飞机维修工程有限公司、北京飞机维修工程有限公司等。

2. 航空发动机制造商：中国航发商用航空发动机有限责任公司、中国航空发动机集团有限公司等。

3. 航空培训机构：华普航空发动机培训中心有限公司、中国民用航空飞行学院航空发动机维修培训中心等。

4. 航空设备供应商：中国航空工业集团有限公司、中航直升机股份有限公司、陕西航空电气有限责任公司。

注：以上机构信息仅供参考，不代表编写出版方对其推荐或认可。

八、航空发动机修理工的职业贯通发展

该职业的发展路径主要有四条。管理路线，即从员工晋升到主管/单位中层，再晋升到经理/单位领导层，甚至往更高的领导职务发展。专家路线，即不断提升技能水平，成为航空发动机维修领域的专家。复合人才路线，即向其他行业跨越或职业转型，如通过学习相关知识和技能转型为职业培训师，为行业培养更多的维修人才，或者成为民用航空器维修与适航工程技术人员、民航空中交通管理工程技术人员、民航通用航空工程技术人员等。创业路线，即成立自己的航空发动机维修公司或相关服务机构。航空发动机修理工职业贯通发展如图 6-31-02-04-1 所示。

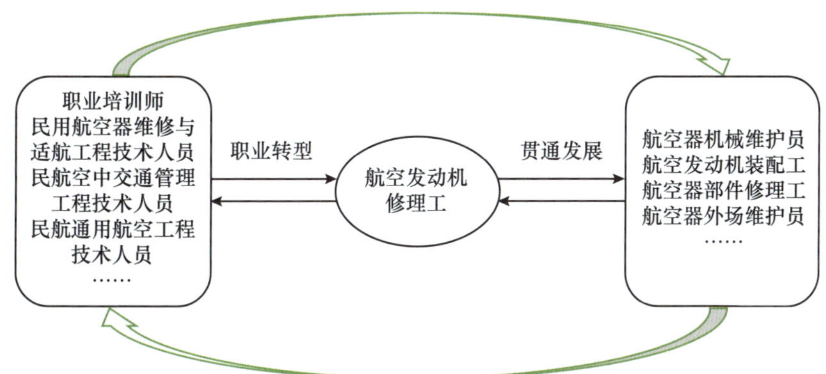

图 6-31-02-04-1 航空发动机修理工职业贯通发展

九、航空发动机修理工的发展前景

从市场供需看。波音公司发布的《2018 年飞行员、机务需求展望（2018—2037 年）》提出，未来 20 年（2018—2037 年）民航业将需要 75.4 万名新机务人员维护全球机队，亚太地区的维修技师需求量会达到 25.7 万名。而根据我国现有的数据可知，整个民航业机务人员的人机比在 30∶1 左右，保守估计每年需要新增航空发动机修理工 7000 人以上。

从产业发展看。航空发动机被誉为“现代工业皇冠上的明珠”，被视为大国科技实力和综合国力的标志之一。新时代背景下，航空发动机关键和重要零部件修复、制造的新技术、新产业和新业态显得格外重要，行业发展潜力巨大。空客公

司发布《2018—2037 年空客市场预测报告》，认为在 20 年内（2018—2037 年）需要 3.74 万架客货机，亚太地区的飞机新需求量会达到 1.56 万架，其中我国就会需要 7400 架新客机与货机。除了商用飞机外，2016 年，国务院办公厅发布《关于促进通用航空业发展的指导意见》，主要内容为科学有序推进通用机场规划建设，促进通用航空业持续健康发展，推动通用航空“热起来、飞起来”。通用航空业是民航领域供给侧结构性改革的重要抓手，是航空业发展的新增长点。按照“分类管理、放管结合、有序发展”的原则，加快通用航空业发展，有利于完善综合交通运输体系，提升公共服务水平，促进产业转型升级，释放消费潜力，培育新的经济增长点。商用飞机、通用飞机的不断增加，必然带来航空发动机数量迅速增加。因此，航空发动机市场面临专业维修保障人才数量不足的问题，如何加快相关人才培养成为亟待解决的问题。

从政策红利看。根据《“十四五”民用航空发展规划》，预计到 2025 年，民用运输机场数量将达 270 个，保障航班起降 1700 万架次，旅客运输量 9.3 亿人次；地市级行政中心 60 分钟到运输机场覆盖率达 80% 以上，枢纽机场轨道交通接入率达 80%；通航国家数量超过 70 个，其中通航共建“一带一路”国家数量超过 50 个。智慧民航是未来民航发展的大蓝图，“十四五”时期将全面实施以智慧民航建设为牵引的发展战略。

十、相关内容链接

国家职业标准：暂缺。

相关政策文件：见表 6-31-02-04-3。

表 6-31-02-04-3　航空发动机修理工相关政策文件

发布或通过时间	发布或通过机构	文件名称
2021 年 12 月	中国民用航空局等 3 部门	《“十四五”民用航空发展规划》

供稿：珠海翔翼航空技术有限公司　郑宇